大 学 问

始 于 问 而 终 于 明

实践社会科学系列 001

黄宗智　　主编

意欲何为

清代以来刑事法律中的意图谱系

［美］胡宗绮（Jennifer M. Neighbors）　　著

景风华　　译

GUANGXI NORMAL UNIVERSITY PRESS

广西师范大学出版社

·桂林·

意欲何为：清代以来刑事法律中的意图谱系
YIYU HEWEI: QINGDAI YILAI XINGSHIFALÜ ZHONGDE YITUPUXI

图书在版编目（CIP）数据

意欲何为：清代以来刑事法律中的意图谱系 /（美）
胡宗绮著；景风华译. --桂林：广西师范大学出版社，
2020.8
　（实践社会科学系列）
　ISBN 978-7-5598-3129-3

　Ⅰ．①意… Ⅱ．①胡…②景… Ⅲ．①刑法－法制史－
研究－中国－清后期 Ⅳ．①D924.02

　中国版本图书馆 CIP 数据核字（2020）第 166069 号

广西师范大学出版社出版发行
（广西桂林市五里店路 9 号　邮政编码：541004）
（网址：http://www.bbtpress.com）
出版人：黄轩庄
全国新华书店经销
广西广大印务有限责任公司印刷
（桂林市临桂区秧塘工业园西城大道北侧广西师范大学出版社
集团有限公司创意产业园内　邮政编码：541199）
开本：880 mm ×1 240 mm　　1/32
印张：10.875　　　字数：220 千
2020 年 8 月第 1 版　　2020 年 8 月第 1 次印刷
印数：0 001~4 000 册　　定价：68.00 元
如发现印装质量问题，影响阅读，请与出版社发行部门联系调换。

"实践社会科学系列"总序

　　中国和美国的社会科学近年来多偏重脱离现实的抽象理论建构,而本系列丛书所强调的则是实践中的经济、法律、社会与历史以及由此呈现的理论逻辑。本丛书所收入的理论作品不是由理论出发去裁剪实践,而是从实践出发去建构理论;所收入的经验研究则是那些具有重要理论含义的著作。

　　我们拟在如下三个子系列内收入精选后的重要作品,将同时推出中文版和英文版;如果相关作品已有英文版或中文版,则将其翻译出版。三个子系列分别是实践法史与法理、实践经济史与经济学,以及中国乡村:实践历史、现实与理论。

　　现今的社会科学研究通常由某一特定的理论立场出发,提出一项由该理论视角所生发出的研究问题,目标则是证明(有时候是否证)所设定的"假说"。这种研究方法可以是被明确说明的,也可以是未经明言的,但总是带有一系列不言而喻的预设,甚或是无意识的预设。

因为当下的社会科学理论基本上发端于西方,这种认识论的进路经常伴随着西方的经验(诸如资本主义、自由市场、形式主义法律等)以及其理论抽象乃是普适真理的信仰。而在适用于发展中的非西方世界时,社会科学的研究基本上变成一种探索研究对象国家或地区的不足的工作,经常隐含或者公开倡导着在西方"模式"道路上的发展。在经济学和法学领域内,它表现得最为明显,这是因为它们是当前最形式主义化和意识形态化的学科。而中国乡村的历史与现实则是最明显与主流西方理论不相符的经验实际。

我们的"实践社会科学系列"倡导把上述的认知过程颠倒过来,不是从源自西方的理论以及由此得出的理论假说出发,而是从研究对象国家的实践历史与现实出发,而后进入理论建构。近代以来,面对西方在经济、军事及文化学理上的扩张,非西方国家无可避免地被卷入充满冲突性斗争的历史情境内——传统与西方的"现代性"、本土与引进的、东方与西方的矛盾。若从西方理论的视野去观察,发展中国家的历史社会实践中所发生的几乎必然是悖论式的。

我们从实践出发,是因为不同于理论,实践是生成于研究对象国家自身的历史、社会、经济与政治的情境、视域和话语内的。而且由实践(而非理论)出发所发现的问题,更有可能是所研究国家自身的内生要求,而不是源自西方理论/认知所关切的问题。

实践所展示的首先是悖论现象的共存——那些看起来自相矛盾且相互排斥的二元现实,却既真实又真切地共存着。例如,没有(社会)发展的(全球化的)商业化、没有民主的资本主义,或者没有相应的司法实践的西化形式主义法律。它挑战着那些在它们之间预设因果关系的主流西方理论的有效性,因此呼吁新理论的构建。此外,理论往往由源自西方的形式演绎逻辑所主导,坚持逻辑上的前后一贯,而实践则不同于理论,惯常地容纳着看起来是自相矛盾的现象。从实践出发的认知要求的是,根据实践自身逻辑的概念化来建构理论——比如中国的"摸着石头过河"。

从实践出发的视野要求将历史过程作为出发点,要求由此出发的理论建构。但是,这样的实践和理论关怀并不意味着简单地拒斥或盲目地无视西方的社会科学理论,而是要与现有理论进行自觉的对话,同时自觉地借鉴和推进西方内部多样的非主流理论传统。此类研究还可以表现在实际层面上,在西方主流的形式主义理论以外,有必要结合西方主流以外的理论传统去理解西方自身的经验——例如,结合法律实用主义(以及马克思主义和后现代主义)和主流的"古典正统"法学传统,去理解美国法律实践的过去和现在,或者结合马克思主义与实体主义和主流的亚当·斯密古典自由主义经济学传统,去理解西方的实践经济史。更重要的还在于,要去揭示这些存在于实践中的结合的运转理论逻辑,在这些看起来相互排斥的二元对立之间,去寻找超越"非此即彼"之逻辑的道路。

我们的丛书拟收入在实践法史与法理、实践经济史与经济学,以及中国乡村的实践历史、现实与理论研究领域内的此类著作,也包括讨论中国创新的著作,这些创新已经发生在实践内,但却尚未得到充分的理论关注和表述。我们的目标是要形成一系列具有比主流形式主义研究更适合中国自身的历史和现实的问题意识和理论观念的著作。

黄宗智

致　谢

　　对于那些给予我帮助、指导和包容的人,我感激不尽。这份感谢的清单很长,首先要感谢的是黄宗智(Philip C. C. Huang)教授和白凯(Kathryn Bernhardt)教授,起初他们是我的研究生导师,此后又在我的学术生涯中一如既往地为我提供巨大的支持。当我怀着对中国法律史的热切与兴奋出现在他们的门口时,是他们帮助我将这种热情转化成某种实实在在的东西。他们试图传授给所有学生的那种谨慎、批判的眼光,我也希望能够将它们传递给自己的学生。而且,从他们对中国法律问题的研究成果和研究方法中,我持续不断地获得了巨大启发。

　　同样,我还要向许多在这项写作工程的不同阶段对其予以评论的人致以谢意。他们有人点评了它作为论文的早期阶段,有人点评了稿件新近展开的部分,有人点评了完整的手稿,还有人点评了与之相关的会议报告。他们包括匿名评审人和白凯、Baudouin Dupret、Zouhair Ghazzal、黄宗智、Lynn Hunt、徐欣吾(Danny Hsu)、郭贞娣（Margaret Kuo）、麦科德（Edward McCord）、Fred Notehelfer、彭德（Pitman Potter）、罗威廉（William T. Rowe）、史嘉伯（David Schaberg）、David F. Smith、苏成捷（Matt Sommer）、陈美凤（Lisa Tran）、樊德雯（Elizabeth Vanderven）以及 Patricia Thornton。我还要感谢早期的导师和老师们——白德瑞（Brad Reed）、司马安（Anne Kinney）、王及耳（Gilbert Roy）、邵式柏（John Shepherd）、黄运昇（Huang Yunsheng）、易杜强（John Israel）、丁博（Ronald Dimburg）以及 Sara Cleveland。他们为我打开了步入中国研究和学术界的神奇大门。感谢我在杜兰大学（Tulane University）的同事们，特别是 Sam Ramer，感谢他们在我任职期间给予我支持和协助。感谢乔治·华盛顿大学（George Washington University）的席格尔亚洲研究中心（Sigur Center for Asian Studies），特别是 Shawn McHale，在卡特里娜飓风过后的一个学期里，为我提供了一个临时但热情友好的学术港湾。感谢普及湾大学（University of Puget Sound）历史与亚洲研究领域的同事们，这是一群才华横溢、慷慨大方的学者和老师。

在进行实地考察的过程中，我从许多学者的热心支持中获益良多。中国政法大学的朱勇教授和他在西南政法大学的同事陈金全教授不惜其宝贵的时间给予我支持。对于他们的热情好客以及在译解复杂文献方面给予我的帮助，我表示由衷的感谢。感谢台湾政治大学的黄源盛教授爽快地允许我查阅他所收集的民国时期大理院的案件。我也要感谢重庆市档案馆、四川省档案馆、北京市档案馆、中国第一历史档案馆、中国国民党党史馆、北京大学古籍馆、台湾"国史馆"的工作人员，特别是中国第一历史档案馆的朱淑媛女士和四川省档案馆的马小彬副馆长。我还要感谢美国国会图书馆法律图书室的 Wendy Zeldin，感谢她慷慨地支持我使用那里的资料。在这项写作工程的后期，我也极大地受惠于尤陈俊，他帮助我解决了在获取新材料的过程中所遇到的诸多困难。田野则帮我复制了北京市档案馆的文件；在同景风华的邮件通信中，我厘清了清律当中的一些细节。感谢罗若林（Chris Laughrun）和杨奇英（Elizabeth Chen），尤其是孙珞（Lotus Perry），他们帮我阐明了材料当中的一些段落。还有，如果没有台湾大学中文研究校际项目的语言教师的耐心指导，这项研究也就不可能完成。

我也非常感谢博睿（Brill）出版社 Qin Hagley 和 Victoria Menson 的大力支持。他们的耐心、鼓励和对细节的注重，在我花了许多年努力的最后阶段给了我极大的帮助。同样，我也要感谢理查德·古德（Richard Gunde）在编辑过程中的专业眼光。此外，我还想对将此书出色地译为中文的景风华博士、对译文进行精心校对的张田田博士，以及在本书出版过程中付出巨大努力的广西师范大学出版社的刘隆进编辑、孟建升编辑和其他工作人员致以深深的谢意。

当然，书稿中所有剩余的错误和疏失都由我负责。

在这个项目的不同的阶段，我从加利福尼亚大学洛杉矶分校（UCLA）历史系、加利福尼亚大学洛杉矶分校中国研究中心、美国南加州大学—加州大学洛杉矶分校（USC-UCLA）联合东亚研究中心（JEASC）、威廉·富布莱特外国奖学金委员会、中国时报文化基金会、亚洲研究学会—中国与内亚研究理事会（AAS-CIAC）和蒋经国基金会获得了经济支持，并获得杜兰大学研究促进基金、马丁·

尼尔森（Martin Nelson）暑期奖学金、特林布尔（Trimble）亚洲研究专业发展奖和格雷夫斯（Graves）人文学科奖。

我还要感谢许多朋友、同事、档案工友和以前的同学。他们的支持、友谊和反馈不但使得这个项目能够开展，而且有时还富有乐趣。他们是：安舟（Joel Andreas）、Norm Apter（已故）、张勉治（Michael Chang）、丛小平、杜克雷（Clay Dube）、杜博思（Thomas Dubois）、Kathryn Edgerton-Tarpley、冯素珊（Sue Fernsebner）、徐欣吾、胡明辉、黄一兵、唐泽靖彦（Yasuhiko Karasawa）、郭贞娣、罗若林、李怀印、麦柯丽（Melissa Macauley）、Cecily McCaffrey、麦叔迪（Tom McGrath）、林枫（Marco Moskowitz）、阮思德（Bruce Rusk）、田菱（Wendy Swartz）、陈美凤、樊德雯、Jodi Weinstein、张家炎和赵刚。特别是陈美凤和冯素珊，你们过去这二十年的友谊对我完成这个项目的帮助比你们所了解的还要大。

最后但同样重要的是，感谢我的父母——Thomas 和 Gabriele Neighbors，以及我的祖父母和外祖父母——Joachim 和 Hildegard Daluege，Thomas 和 Lillian Neighbors，感谢你们坚定不移的支持。还有 Ron 和 Callie，谢谢你们所有的一切。

本书第一章的早期版本发表在黄宗智和尤陈俊主编的《中国的法律、社会与文化：从诉讼档案出发》（法律出版社 2009 年版）；黄宗智和白凯主编的"Research from Archival Case Records：Law，Society，and Culture in China"（Brill，2014），以及 Modern China（2014 年第 40 卷第 3 期）。第五章的早期版本发表在 Modern China（2009 年第 35 卷第 1 期）。

　　在本书出版发行之际，我了解到梅凌寒（Frédéric Constant）最近发表的一篇文章，题为《明清法律中的死伤赔偿》（Compensation of Injuries and Homicide in Ming and Qing Law，载《法律与历史评论》[*Law and History Review*] 2017 年 11 月第 35 卷第 4 期，第 977—1016 页）。然而可惜的是，我想将作者的研究成果纳入自己在第六章对于相关问题的讨论时已经太迟了。

斗殴酿命——摘自《点石斋画报》

魯莽肇事——摘自《点石斋画报》

目　录

图表列表

绪　论

　　清光绪二十七年（1901）十二月，一名北京涂漆店的老板郭里长，将他之前的学徒毋致明召唤到店中（刑部现审案件：福建，10660）。尽管这两名男子数年间曾一起生活工作，关系和睦，但最近毋致明结束了学徒生涯，开了一家自己的涂漆店，与他师傅在业务上形成了竞争关系。郭里长对这种情况非常生气，因此待毋致明一到，郭里长就严厉斥责他偷走了自己的客户。但是毋致明顽固地拒绝道歉，被激怒的郭里长抄起一根木棍敲在毋致明的头上，之后又拿着铁钉追打毋致明，击中了他的面部。毋致明此时尚有意识，对郭里长发出咒骂。郭里长彻底丧失了理智，他狂怒地操起一块板砖拍在毋致明的头上，又用铁钉反复刺戳，最终导致毋致明死亡。为了销毁犯罪证据，郭里长与他现在的学徒一起，将尸体扔过围墙，抛在邻居的院子里。没过多久，邻居就发现了毋致明的尸体，报告给当地官府。很快，郭里长被逮捕并受到审判。

　　那么司法机构，在该案中就是中央的刑部，会对这个案件做出怎样的裁决呢？① 郭里长的罪行与清律所规定的六种主要杀人罪类型（六杀）中的三种都有相似之处。郭里长对毋致明心怀怨恨已有一段时日，后来他假意召唤毋致明来到家中，证明这可能是一起谋杀案。另一方面，尽管郭里长与毋致明关系紧张，但并没有马上袭击毋致明，而是首先与毋致明对峙，命令他为抢生意一事向自己道歉。即使郭里长最后攻击了毋致明，这也可能是出于一时冲动，可看作一起故杀案。最后，杀人者与受害者在事发期间相互争吵，不难想象郭里长是在争吵的过程中激起了怒火，并非存心想要杀死受害者。在这样的情境下，这起案件似乎又可以被归入斗殴杀。

刑部最后采纳了第二种方案，按照故杀的法律规定对郭里长进行宣判。然而，得出这个结论并非易事。杀人罪位列最为严重的刑事犯罪当中，在清代，所有的杀人案都涉及对生命的剥夺——不仅包括受害人的生命，也包括被判处死刑的加害人的生命。因此，做出判决需要格外审慎，在宣判前会经历多次审核和复审。清代法律为了满足精确性和明晰性这种至关重要的需求，会根据犯罪发生时犯罪人的犯罪意图程度，用一系列精细的层级对杀人罪的种类予以界定和区分。这一仔细建构的主观有责性谱系从底端无故意的意外犯罪延伸至顶端的预谋犯罪。

毋致明死亡四十年后，在 1941 年仲夏的一个夜晚，郭公庄自卫队的两名成员——张寿才和王维宗，正在位于北京南郊的街区巡逻（北京地方法院：J65.4.313—315）。凌晨两点左右，两人遇到一名蜷缩在庭院角落的人。由于天黑看不清楚，并且认为这个时间

---

① 关于清代司法机构的组织结构，参见［美］布迪和莫里斯（Bodde and Morris）1967：113—131。有关地方基层对于法律事务的处理，参见瞿同祖 1962：116—129。

不应该有人外出走动,两名民兵提高了警惕,高声命令对方报明身份,但是没有收到任何回应。由于担心遇到不法分子,加之最近刚发生过土匪无端枪杀当地自卫队成员的事件,张寿才在大约三十尺外鸣枪示警。然而,这颗子弹,以及后来张寿才坚称是因为枪支走火才误射出的第二颗子弹,双双击中并杀死了那名身份不明的陌生人。但当两人走近尸体才发现,那根本不是陌生人,而是李赵氏,一名半夜出门解手的当地妇女。张寿才和王维宗立刻呼救,张寿才随后到警察局投案自首。

张寿才的律师张荫棠(两人并无明确亲属关系),声称他的委托人并不构成犯罪——张寿才并没有枪杀李赵氏的主观意图,而仅仅是作为自卫队的一员在执行公务,守卫受到威胁的村庄。[①] 张荫棠还引用现行刑法的条文来支持自己的观点:"行为非出于故意或过失者不罚。"(《中华民国刑法》1935:12 条)然而不幸的是,这些论点并未受到重视,法庭的关注点在于如何给这一犯罪行为定性。在清代,审判机关有多个选项可供选择——谋杀、故杀、误杀,或者过失杀。但是在民国时期(1912—1949),他们只有两个选择,即故意杀人和过失杀人。它们与清代的"故杀"和"过失杀"虽然名称相同,但却经过了再定义、再包装,适用范围也与此前不同。[②]

当地警方最初试图从一个较为宽泛的角度、运用能唤起清代法律受众共鸣的分析术语来处理这起案件。因此,早期的警方报

---

① 请注意,张荫棠所言并非夸张。当时中国北方的大部分地区被日军占领,土匪的活动也非常猖獗。所以在审判过程中,当地自卫队向法院申请返还作为证据而被封存的枪支,因为它还需要用于巡逻。

② 参见附录 1"杀人罪的主要类型及其刑罚"。

告将张寿才的行为定性为"误"。这一表述可以立刻使人联想到清代的"误杀"——某人的行为具有一定程度的故意性，但是伤害到了错误的对象。但此后的警方报告和法庭文件向民国时期的新式法律文本靠拢，不是以过失杀人，就是以故意杀人来描述张寿才的行为。最终，北京地方法院选定了故意杀人罪的有罪判决，河北高等法院和最高法院再审维持原判。

不过，在做出判决的时候，很多其他因素也在发挥作用，包括被害人丈夫的证词、张寿才射击后的行为分析，以及对于郭公庄安全的讨论。当法庭对罪行的认识达成一致后，确定适当的刑罚就成为更具争议性的问题。北京地方法院判处张寿才五年有期徒刑，是法定最低刑期的一半。但高等法院仍然认为量刑稍重，并进一步将刑期缩减至三年。而五年或三年的刑罚，同过失犯罪而非故意杀人的法定刑更为吻合。所以，官方虽然裁定为故意杀人，却得到一个事实上的过失杀人的结果。

20世纪前四十年，中国的法律体系经历了巨大的变革。这些变革包括撰写新法典、创建新式司法体制、引入新型法律职业、改革刑罚和监狱系统。在所有这些领域中，中国都会从海外寻求灵感。但是，民国时期的法律体系并非简单照搬国外的法制实践，也没有完全抛弃清代司法体系的基石，即帝制晚期的法律文化与社会理想。与此相反，这四十年见证着一个接纳、适应、抵抗的复杂过程。

学术与法律中的传统性和现代性

对于中国帝制时期的法律来说,西方的批评意见主要围绕着中国法律缺乏司法独立及其严酷的刑罚体系。其他的批评则带有更强烈的哲学属性,影响也更加深远。以社会学家马克斯·韦伯(Max Weber)为例。韦伯识别出若干个现代的、或曰"理性的"法律体系才具备的特征,其中三个至关重要的因素是:第一,不受统治者的干涉;第二,标准化、程序化、非任意的法律程序和准则;第三,法律意味着能够与每个案件的具体情况相匹配的抽象概念及法律规则。([德]韦伯 1978:652—666,809—815)在韦伯看来,中国帝制晚期的法律在各个方面都是失败的。

许多关于中国法的研究著作已经指出,韦伯对于中国的诠释存在着一定的缺陷。其中部分著作更加系统而明晰地阐释了这一点。瞿同祖在《清代地方政府》(1962)一书中率先以较为含蓄的方式对韦伯的观点予以反击。通过观察大量正式与非正式权力(衙门内外)中的地方治理和司法诉讼行为,瞿同祖提出了一个压倒性的观点:包括法律体系在内的政府运作机制是高度规范化和高度程序化的。白德瑞的著作《爪牙:清代县衙的书吏与差役》(2000)则揭示出,地方衙门中的书吏和差役活动在国家与社会的中间地带。在地方行政管理的运作当中,他们使可供利用的正式及非正式渠道最大化。书吏与差役的这种高度自主性并不意味着清政府在达成适度理性化方面的失败,这只是确保地方政府能够顺利运转的流程而已。与白德瑞有关地方行政的著作类似,黄宗智关于中国民事法律的研究(1996,2001,2010)同样挑战和消解了韦伯式的类型学。黄宗智将中国的民事正义体系描述成一种"实用道德主义"，它同时包容利用正式和非正式渠道获得正义，使中国帝制晚期低官民比的官僚制的优势得到发挥和增强；其法典既是精细的、规范化的、统一适用的，又浸润着儒家的伦理道德。黄宗智发现，这种"实用道德主义"在清代、民国时期，以及1949年以后的中国都能觅得踪迹，尽管道德主义在上述每个法律体系中的表现方式不尽相同，有时又有所发展。这些作品都揭示了一个规范化、程序化的基层官僚体系与司法制度，有力地驳斥了认为清代司法任意专断的观点。①

在韦伯关于中国法律的评论中，基本未受质疑的一点是他对现代的、理性的法律所提出的最后一条标准，即具备能够与每个个案的事实情境相匹配的抽象法律范畴。韦伯认为，一个专制政权不仅与司法独立水火不容，而且在诉讼程序中，司法官员也无法运用客观、理性的推论来评估个案情境，识别与个案最为切近的一般规则([德]韦伯1978:811—813)。众多学者对于中国帝制晚期法律的研究，甚至包括上文提及的挑战了韦伯其他论断的著作，都默默接受了韦伯关于中国法律缺乏抽象法律概念的观点。瞿同祖的第二本奠基性著作——《中国法律与中国社会》([1961]1980)，聚焦于中国法律的"家族法"特性，强调帝制晚期法律的特殊性以及根据当事人在家族系统中的相对位置而产生的刑罚差异性，即尊

---

① 这一观点在有关中央司法体系的中外文研究著作中也得到证实。这些研究还强调，司法系统基本上不受来自上层权力的干涉。参见[美]布迪和莫里斯1967；[英]马若斐(MacCormack)1996:146—149；郑秦1988,1995。

长对卑幼实施犯罪行为,减轻处罚;反之,卑幼冒犯尊长,加重处罚。布迪和莫里斯在《中华帝国的法律》一书中,强调了中国法律视域下的犯罪行为所具有的"特定情境"属性。在帝制晚期的法典中,这种"特殊主义"在清代的条例中可见一斑([美]布迪和莫里斯1967:29—38)。马若斐的著作(1988,1996)也表达了与瞿同祖、布迪和莫里斯相似的观点。而且,他还进一步明确指出,在帝制晚期的法典中,抽象化或一般化的规则是有限的(1988:35—36)。只有黄宗智(2010)挑战了认为清代法律缺乏概念性的观点,并对法律原则与具体情境在中国民事法律中的复杂关系予以探讨。

晚期的中华帝国,一个由受命于天的皇帝统治国家与万民的君主政体,显然很符合韦伯所描绘的专制国家的形象。① 但是,本书将会展示,专制政体,或曰君主统治,并没有阻碍帝制晚期的中国法律获得高度的抽象性和概念复杂性。事实上,深度检视清代刑律,会发现法律的抽象范畴与基于具体情境的范畴之间并不存在严格的二分。纵使帝制晚期的法律确实高度"特定情境"化,它也是意在使用具体的事实情境去阐明犯罪意图的不同分类,而不是使其更加晦涩艰深。更何况,在帝制晚期的法典对犯罪意图进行精细的层级划分时,形势与情境都是需要格外关注的因素。

因此,相较于西方学者对于帝制晚期刑律的关注点总是落在其特定情境性上,清代律学家的关注重点更加复杂和微妙。在律

---

① 不过,对于这一政治体系的实际运作,更加准确的描述是"世袭官僚制"(参见[德]韦伯1978:1047—1051;[美]黄宗智1996:229—234)或"官僚君主制"(参见[美]孔飞力[Kuhn]1990:187—222)。

学注释和刑名幕友的官箴书当中，①杀人罪被认为主要有六种类型（六杀）：谋杀、故杀、斗杀、误杀、戏杀和过失杀。② 其中五种类型都标示着它们所独有的犯意程度。③ 而犯罪意图，被认为是犯罪人实施犯罪之时，依照其主观目的的严重程度排列而成的精细的层级谱系。这一谱系由顶端的预谋犯罪开始，以逐步递减的方式向底端延伸。对于谋杀来说，杀人的意图在犯罪实施之前已经产生；而故杀的杀人意图，是在下手的瞬间萌生的；斗杀则涵盖了犯罪人仅有伤害受害人的意图、而无杀人意图的命案；戏杀是性质稍为轻微的一个类别，它意味着在打闹嬉戏或恶作剧的过程中因为鲁莽冲动而致使对方死亡。最后一类是过失杀，它既包括因为低位阶的疏忽而致人死亡，也包括意外事件致人死亡。对于由意外造成的过失杀案件，杀人者根本没有任何犯罪的意图或心态。

除了杀人罪的六种主要类型，还有许多律例规定了剥夺他人生命的其他罪行，诸如车马杀人、弓箭杀人、失火致人死亡等。尽管对这些罪行的界定在某种程度上是基于其周遭的环境，律例仍然对它们背后的心理因素给予了充分重视，要求对犯罪人的心理状态进行敏锐的分析。这些罪行同杀人罪的六种主要类型，都有助于说明情境与意图在清代法律当中的关系。即犯罪意图是抽象

① 主管地方政务的官员在处理辖区内发生的案件过程中着多重角色，包括最高侦探和裁判官。对于他们的职责及其刑名幕友向他们提供的帮助，参见瞿同祖 1962：93—101,116—129。
② 薛允升在其对于《大清律例》的分析中，称此六杀为杀人罪的主要类型（《读例存疑》：292.04 条，292.11 条）。
③ 误杀是其中的例外，它可以投映到其他种类的犯罪意图当中。具体内容请参阅第三章。

概念与具体情境的联结,这使得我们可以对犯罪意图进行详细的区分,并且在六种主要杀人类型之外,还能对杀人罪进行精细尺度的衡量。

中国帝制晚期杀人罪的衡量尺度比欧洲历史上大多数仅以"过失—故意"二分法为特点的法典要复杂得多。① 过失犯罪在欧洲历史上是从何处以及如何发展起来的仍是一个有争议的问题。乔治·弗莱彻在其著作(George Fletcher 1971:415)中写道,过失犯罪出现在大陆法典中的时间不会晚于 16 世纪,可能早在罗马帝国晚期已经出现。雷·莫兰德(Ray Moreland 1952:5—6)则认为,普通法传统首次注意到犯罪中的心理因素是在 12 世纪晚期。彼时刑法上的过失行为开始在法典中得到处理,纵使它还没有被冠上"过失"的名号。而过失犯罪这一概念在普通法传统中的发展要追溯到 17 世纪([美]莫兰德 1952:101—104)。

然而,中国对于杀人罪的衡量,有着非常精细的层级划分。其谱系涵盖了从无过失责任、低位阶的疏忽,到鲁莽冲动、意图伤害,直至故意杀人。中国帝制晚期的法律对于心理因素的处理,比西方古今的法律都要复杂得多。这提醒我们不仅要对中国法律体系的类型做出反思,还要重新界定现代法律与前现代法律的范畴。通过检视清代有关杀人罪及犯罪意图的律例,我们发现韦伯借以

---

① 正如《德国刑法》(1946:第 16 章)所讨论的,1871 年德国刑法典规定了主观有责性的三种类型:预谋、临时起意和过失。但在 1941 年,"预谋"作为犯罪意图的基本范畴被删除了,此后它仅仅是犯罪意图更加恶劣的加重情节之一。意大利、瑞士、南斯拉夫、罗马尼亚,以及南美的一些国家,其刑法典同样遵循着这种"加重情节"模式(《刑法第二次修正案》:第 280 条)。其他一些欧洲国家的刑法典,例如波兰和俄罗斯,甚至都没有讨论过预谋的问题(《德国刑法》1946:125)。

评价中国法律的第三大支柱，以及他对于法律现代性的定义崩塌了。当我们转而探究民国时期的刑事法律时，会发现这种崩塌更为彻底。

断　裂

在 20 世纪初期，为了结束治外法权，并以此为动力实现现代化，清廷发出呼吁，主张按照当时西方的"现代"法律理论进行法制变革。修订清代既有法典与起草新法典的复杂工作一直从 20 世纪初延续到 1935 年。这项事业在清末修订法律大臣沈家本和伍廷芳的主持下展开。①

在沈家本和伍廷芳的领导下，修订法律馆起草了两部刑法典。第一部《大清现行刑律》是对《大清律例》的修订，另一部《大清新刑律》则是在参照近代西方和日本刑法典的基础上编纂而成。② 早在 1907 年，沈家本就向清廷提交了《大清新刑律草案》，然而该草案遭到强烈反对，改革者们不得不转向对《大清律例》的修订工作。1909 年 10 月，修订法律馆向朝廷提交了《大清现行刑律草案》，并于 1910 年 5 月 15 日得到清廷批准的诏书。1910 年修订的清律对

---

① 沈家本(1840—1913)，进士出身，历任刑部右侍郎、大理院正卿。沈家本是一位著作颇丰的学者，对中国法制史的诸多方面进行了广博而权威的著述。伍廷芳(1842—1922)是一名律师，早年在英国接受训练，曾在香港立法局任职，后来成为李鸿章的幕僚和中国外交公使。关于这两位人士的详细传记，请参见 Joseph Cheng 1977：75—85；[美]梅耶尔(Meijer)1967：17—18；黄源盛 1990：262。
② 自 1903 年，作为模板的外国法典开始被译介到中国([美]梅耶尔 1967：47)。从 19 世纪 70 年代至 1907 年，日本刑法也经历了类似的改革过程，参见[日]高柳贤三(Takayanagi)1963：15—23。

刑法的基本结构和诉讼程序基本未作改动(黄源盛 2002:38—42),主要变化集中在对法定刑体系的全面检视,删除了斩、绞以外所有的死刑执行方式,并用罚金刑取代了肉刑(《钦定大清现行刑律案语》,1910:1 条)。① 此外,改革者们还废除了《大清律例》先前版本中的 600 条例文([美]梅耶尔 1967:56)。然而,1910 年颁布的法典并没有使用太长时间。1911 年,《大清新刑律》曾短暂地颁布实施。此后的 1912 年 3 月 10 日,参照国外刑法模式制定的、一度极富争议的刑法典在北洋政府时期以《中华民国暂行新刑律》的名称正式生效。② 直到 1928 年,它才被《中华民国刑法》所取代。此后,在 1935 年,《中华民国刑法》又经历了一次修订。

乍看来,民国时期的第一部法典,1912 年《中华民国暂行新刑律》,似乎是对日本和德国刑法模式的直接采纳,从而全盘否定了清代的律法。梅耶尔(1967)和 Joseph Cheng(1977)的著作对清代最后十年当中复杂的法律修订过程的讨论,就是围绕着这些主线展开的。他们强调民国法律与清代法律传统之间的突然断裂,诸如废除特定大罪中的连坐责任,对死刑的合并,以及终结根据加害者和受害者之间的身份关系予以同罪异罚的法律规范。

杀人罪也在清代与民国的转型当中经历了重大变革。这些变革同样是对现代欧洲和日本法律模式的采纳。在韦伯所说的这种法律形式理性化的趋势中,产生了韦伯式理想型的法典创制,即法

---

① 这些变化早在 1903 年至 1907 年间就已经实施([美]梅耶尔 1967:24—25;[美]黄宗智 2001:17)。

② 1910 年现行律中的民事有效部分一直沿用到 20 世纪 20 年代末。参见[美]白凯 1999:74—76;[美]黄宗智 2001:18—20。

典仅由原则导向的法律规范构成，旨在涵盖所有可能的犯罪情形。因此，中国现代的杀人罪被提炼为两种主要类型：故意杀人与过失杀人。这一变化也许同欧洲及日本刑法典所勾勒的"现代性"法律蓝图相一致。但事实上，清代法律已经拥有了基于犯罪意图而划分的杀人类别，而且与故意和过失两种意图类别不同，它拥有五个主要的意图类别。

犯罪意图种类的缩减造成了很多影响。自从杀人行为只能被视为故意或过失，清律中拥有精细层级结构的犯罪意图——有区别的预谋和临时起意、程度不同的疏忽大意和不计后果，都被压缩成为两种刑法意义上的主观过错。在清律当中，认真检视犯罪人的主观状态对于确定犯罪意图的准确级别以及相应的准确罪名是至关重要的，但到了民国时期却不再适用。此时寻找相应的法律规范不再要求区分预谋杀人和临时起意杀人，它们都被归入同一法律条款之下，即一般故意杀人罪行为。即使根据清律，预谋杀人是杀人犯罪的一种独立类型，且是最严重的类型，但在民国时期的法律中，预谋仅仅是量刑的众多因素之一，而且这一因素并不比犯罪人的性格或受害人的态度重要。

此前的研究基本在错误的印象下进行，即认为中华帝制晚期的法律完全基于情境，而且缺乏抽象概念。确实，传统观点认为，基于情境的犯罪类别同基于概念的犯罪类别相互排斥，后者则是更先进和更高级的模式。因此，在清代到民国的转型中，杀人罪的流变一直被视作进步的标志——它使中国法律从具体走向一般，从而更接近韦伯心目中理想的现代、理性的法律规范。然而，一旦我们理解了清代法律在处理抽象概念时的真实复杂程度，我们就会意识到,这种转变实际上是一种限制。中国法律对主观有责性的细致入微的处理方式——将抽象与具体交织在一起的方法——现在受到了限制。正如我们所看到的,民国时期的法院在使用新的、抽象的、但是有限的犯罪意图种类时所遭遇的困难,在将清代的复杂方法运用于抽象概念时就会获得明显的缓解。这反过来又是对韦伯关于中国法律论断的第三个支柱——专制国家与立法概念的复杂性水火不容的最后致命打击。

延　续

1911 年的辛亥革命推翻了清王朝,随之结束了帝制时代。1912 年,中华民国宣告成立,然而数年之间,这个新生的共和国就支离破碎,取而代之的是一个持续到 20 世纪 20 年代末的破坏性的军阀时期。此后,国民党执掌政权,然而它的统治是脆弱的。1945 年日本战败后,中国又陷入内战,直到 1949 年中华人民共和国成立。

尽管在关于中国历史的研究和教学中,1911 年和 1949 年一直被视作传统转折点,但学者们认为,这种断代只是沙滩上的划痕,而非石碑上的铭刻。围绕辛亥革命的学术研究表明,尽管在政治上,它不啻一场爆炸,但政权的更迭和王朝的终结并不等同于社会和文化的变革。1911 年的事件也许是革命行动的起点,但如果革命行动有终点的话,它在几十年后才会来临(参见 Mitter 2011)。

近些年来,同样的关键性视角也在对于 1949 年的研究中打开。黄宗智(1995)提出了中国共产主义革命的另一种分期方式,即放弃 1949 年的分界点，以 1946—1976 年取而代之。利用这些时间点来构建革命，不仅可以考虑到政治体制的变化，还能涉及"大规模结构性变革"（［美］黄宗智 1995：106）。保罗·柯文（Paul Cohen）同样指出"突破'1949 年'藩篱"的必要性（［美］柯文 1988：519；2003：131—147），须看到改革和自强的目标（尽管不一定始终如此）从最初的 19 世纪中期一直延续到 20 世纪末。正如柯文所指出的那样，在一定程度上，1949 年更多关乎解放话语（中国）和冷战政治（西方），而非与过去在真正意义上的决裂。

　　尽管 1911 年和 1949 年的壁垒在政治、经济、性别和文化研究领域都有很大程度的下降，但直到 20 世纪 90 年代，它们仍然牢牢把控着对于中国法律的研究，对于法律的某些方面来说，这些壁垒至今依然存在。这一现象在很大程度上可以通过能够被利用的文献材料来解释。从事中国法律研究的第一代学者只能依赖奏折、出版的案例集、法律草案及其评注、法律改革家的著作集。除了对中国台湾一部地方案例集的研究产生过两部作品外（［美］包恒［Buxbaum］1971；Allee 1994），直到学者们开始访问中国大陆的档案馆，他们才能够超越官方对于中国法律体系的表达，从而探索法律在实践当中的真正运作。比如白凯和黄宗智的著作（［美］白凯、［美］黄宗智 1994；［美］白凯 1999；［美］黄宗智 2001），都使用了比较的视角来研究清代和民国在民事正义体系方面的变革及连续。最近，这一比较的视角已经扩展至 1949 年后的中国（［美］黄宗智 2010；丛小平 2013，2014；［美］陈美凤 2015）。

　　然而，以往对于中国刑事法律的研究并没有如此深入。无论是梅耶尔（1967）还是 Joseph Cheng（1977），都没有使用案例记录，也没有将他们的讨论推进到 1912 年第一部中华民国刑法典颁布之际。由于材料来源和时间跨度的双重局限,他们对法律改革过程的描绘使得人们对刑事法律的变化形成了过于刻板的印象。诚然,中国正义体系的诸多方面在 20 世纪初期经历了深刻变革。本书也强调了从帝制晚期到共和国时期,中国法律在处理抽象概念时的方法差异。尽管存在这些差异,本书仍将通过考察整个民国时期的刑法典和案例,将其与清代对照,论证清代与民国法律的延续性从某种程度上来说要大于这些变革。

通过对此后民国法典的考察,我们至少可以发现以下几个延续性:1912 年《中华民国暂行新刑律》的部分修改内容在此后的《中华民国刑法》中被推翻,不只一处法律条文恢复了清律中的字句——1912 年刑律中删除的谋杀条款,被 1928 年刑法典重新引入(详见第四章)。而且,通过考察民国时期的法律实践,研究基层法院、上级法院和最高法院的判例,其他延续性也变得清晰可见。我们发现,清代律例与民国法律的断裂有时在实践中并不成立,民国法官们的判决不时会映射出清律当中的内容(详见第五章)。此外,在法庭上,民国时期对伤害致死的刑事法规讨论演化成为清律中斗杀的镜像(详见第二章)。这些向清代模式的转变——民国时期对清律的复兴——并不意味着是对"现代"的背离。相反,它们表明中国正在形成自己的现代化道路——这是一条反映了 20 世纪早期的文化与社会规则的道路。这条道路不仅承认从国外引进的部分重大变革具备优势,也承认中国在接受西方与韦伯模式之前的概念框架具备优势。

理论与实践中的正义内涵

帝制晚期的刑事司法体系具有多重面相。它在惩罚性与教育性之间流转,同时关涉到法律的正确实施和正义的实现。给予惩罚是为了帮助纠正错误。犯罪造成了人类世界和自然世界的失衡,惩罚罪犯有助于恢复这两个世界的平衡。虽然法律的首要任务是确保疆域的安全,但它也从上述系统中吸取了不少经验。惩罚违法者将警示他人什么事是不该做的。整个司法系统也会提醒所有接触到案件的人——包括受害者、违法者、证人和旁观者——他们的儒家义务、对家庭和国家的责任,以及协助维系一个有序社会和有序世界的职责(瞿同祖[1961]1980;[美]布迪和莫里斯1967)。

通过对从晚清到20世纪70年代百年法律历程的研究,迈克尔·达顿(Michael Dutton 1992)、冯客(Frank Dikötter 2002)、杨凯里(Jan Kiely 2014)等学者对中国司法体系优先考虑事项的变化予以探讨,试图理解并诠释刑罚、监禁和拘押的内在逻辑。除仔细考察刑罚理论之外,他们的作品还检视了犯罪人在司法体系中的地位,以及其在审判前、审判中和审判后的待遇。此外,他们还就国家对犯罪人进行司法裁决的过程以及在对犯罪人进行裁决时的优先考虑事项展开论述。

对中国民法的研究则看到了另一面:当事人,在某些情况下是被害人,通过各种手段向国家寻求司法救济。从帝制晚期的家庭寻求法律帮助以确保合理的家产分割或契约履行([美]黄宗智

1996），寡妇或女儿主张其遗产继承权（［美］白凯 1999），到民国时期追求离婚自由的妻子（［美］郭贞娣 2012），主张获取生活费和赡养费的小妾（陈美凤 2015），学者们探讨了个人寻求国家援助的方式，以确定根据法律、在某些时候根据当时的社会规范，什么是正确的、公平的和恰当的。

中国帝制晚期的刑事法律回避了这一领域。毕竟，传统观点认为，律典在本质上完全是刑法性质的。即使中国民事法律领域的浮现有效地驳斥了上述理论，但人们仍旧普遍认为，至少刑事法律还是一个纯粹的刑罚体系。正如本书将会揭示的那样（参见第六章），即便在刑事司法系统中，也有类似于民事赔偿的因素在发挥作用。这种赔偿与帝制晚期民事法律及民国时期司法体系中赔偿金制度的区别在于，在帝制晚期，国家是代表受害者索取赔偿的行为人；即使受害人并没有要求赔偿，国家也主动提供。

这种状况何以可能？部分原因在于帝制晚期法律的组织形式。与当代西方不同，帝制晚期的刑事审判并没有单独的量刑阶段。相反，一旦确定了某项罪行，具体的刑罚也随之确定（参见第五章）。因此，一旦刑事制裁之外附加了赔偿金的要求，赔偿的种类和数额也就被法言法语固定下来。它与罪行相适应，是预先确定的和标准化的。

然而到了民国时期，不仅民事和刑事司法体系第一次被分开，而且定罪和量刑也成为相互独立的过程。这意味着自动赔偿受害者的理念终结了。赔偿将不会伴随着犯罪的宣告而自动产生，其必须在另一个独立的法律领域被提出；而且只有受害人提出诉求，才可能获得赔偿。国家不再代表个人寻求补偿性正义，这种正义现在需要个人自己去追求。

帝制晚期与民国时期在法律上的这种断裂为我们提供了一个窥探中国正义含义之变、获取正义途径之变，以及正义实践之变的窗口。无论是在帝制晚期还是在民国时期，法律都是获取正义的官方工具，而正义的内涵包括公平、公正，尤其是儒家语境中的"正义"。当一个人遭受冤屈时，他/她可以寻求司法介入，由国家出面来平反冤屈。不过，这种正义的性质如何？本质又是什么？

在中国早期的历史上，官方裁判与天理或天道的概念联系在一起。① 皇帝则是连接天、地、人的关键（冯友兰 1953：46—47）。上天赋予他统治的权威，因而他的行为和判断体现着上天的意志。虽然在实践中，这种神圣的观念随着帝制时代的进程而逐渐减弱，但它们仍然在法言法语及法律体系的意向中留下了印记。例如，一些涉及过失杀人的犯罪人会被判处死刑，而这种死刑可用支付罚金的方式来赎。但是，最初的死刑判决，使得法典至少在名义上实现了杀人偿命，从而纠正犯罪行为可能导致的宇宙失衡。

补充"天理"与"天道"观念的是"报"的概念，它可被解释成"报应"、"报偿"或"报复"。但从某种意义上说，"报"也暗含着"裁判"的含义——一个经过恰当裁量的司法判决（"根据罪行的轻重，依法判处适当的刑罚"[《汉语大词典》2010]）。② 尽管"报"带有宗教（佛教）色彩，但是与"天理"或"天道"是由上天赋予或上天裁

---

① 对于天理和天道以及它们在明代法律体系中的作用，参见姜永琳 2011。

② 对不公正待遇的报复可以与儒家互惠律中"报"的积极面向形成对比，尤其是在五种伦理关系中（君臣、父子、夫妻、兄弟、朋友）。有关"报"的这些面向，以及"报"在中国经典中的起源，参见杨联陞（L. S. Yang）1957。

断不同,"报"是可以在"下界"寻求到的东西。虽然政府更倾向于将"报"视作国家的专有权力,但是它是普罗大众可以接触到的,如果必要的话,也可以通过他们自己的行动来获取。

"报"作为裁判的观念无论是在过去还是现在,都在中国大众意识中普遍存在。这可部分归因于中国小说对报应情节浓墨重彩的描述,从《金瓶梅》等明代白话小说,到蒲松龄《聊斋志异》中的短篇故事,到写于晚明及清代的中国公案小说,再到当代的武侠电影中处处可见([加]高辛勇1989;[美]林郁沁[Lean]2007:36)。① 此外,这还可部分归因于这一概念在民间宗教中的重要作用。正如康豹(Paul Katz 2009)在他关于"司法连续性"的研究中所指出的那样,民间佛教和道教传统构建了一个强大的场域。在那里,受到冤屈的灵魂可以向冥司申诉,对那些侥幸逃脱了人世审判和人间制裁的恶人施以刑罚,使得"报"即使没有在今生,也会在来世获得。

虽然到了清代,上天或神灵的介入在正式法律领域已趋于消亡,严格的司法报应观在法典中也不如前朝普遍,但认为官方正义是由某种上级的或超越的权威所授予的观念仍然存在。就我们的讨论而言,"上级权威"是指国家,特别是法律体系及其官员。当一起刑事案件引起当局注意时,相关机构将展开侦查、逮捕与审判。他们确定罪行及法典规定的必要制裁。

在一些涉及人命的案件中,正义在本质上仅是刑事的,其制裁方式包括笞杖、徒流,以及死刑。在其他情况下,刑事制裁的程度较轻,是对受害者或受害者家属的直接赔偿的补充。帝制晚期的

---

① "报"并不总是直截了当的。对于"报"在帝制晚期小说中的复杂性和矛盾性,参见 Youd 2007。

法律体系对正义采取了一种整体性的态度。它倾向于我们所谓的"泛社会正义"：一种惩罚（罪犯）、警示（他人不做同样的事情）、教育（民众懂得是非对错）的正义。尽管如此，它也承认有必要为某些种类的犯罪向受害者个人提供补偿性正义，在这些犯罪中，社会正义可能并不那么紧迫，但个人的损失可能非常大。国家严格界定了这种正义的界限，但只要在刑事领域内被定罪，这些案件的补偿性正义就可以得到保证。

随着民国时期的来临，伴随着法院体系被划分为民事和刑事领域，以及审判中定罪和量刑程序的分离，一种新的法律互动方式形成了。在当代中国，刑法是公民—国家互动的场域，而民法是公民—公民互动的场域，国家只在这里扮演第三方的角色，在两方主体之间调停裁断（［美］黄宗智 2010：255—256）。在民国时期，民事法庭的法官所扮演的角色要活跃很多。与他们的清代同行在缺乏法典指导方针的情况下仅是很少被启用的调解员不同，民国时期的法官是处理民事纠纷的最终权威，他们根据大理院的裁定做出判决，最终在 20 世纪 30 年代，新法典明确涵盖了民事案件。①尽管民事案件是在公民之间提起的，但民事领域中"新的"和富有存在感的官方、正式的司法权威——国家的存在——被强调和称颂，被抬举为新法律体系现代化的标志。这种对国家及国家制定规划的强调并非法律体系所独有，它由民国早期和晚期政权的多

---

① 黄宗智（1996）指出，对于清代法官的这种描述并不正确——清代法官同样利用清律中的具体规定，积极审理民事案件。不过，对于那些试图将帝制晚期的法律定义为前现代、而将后帝制时期的法律定义为现代的人来说，这种描述仍是有用的。

重因素所促成,是新的、"现代的"民国政府最明显的标志之一。①

　　尽管清代与民国时期的法官积极参与正式法律程序的程度差异值得商榷,但在公民参与的问题上答案则很明确:民国时期的民事法律要求一方当事人采取比清代更多的行动。正如我们将在第六章所看到的那样,对位于清代杀人罪谱系底端的那些案件,民国时期的法院让公民承担了更多积极作为的义务。根据民国时期的法律,低级别的杀人犯罪跨越了刑事和民事司法体系。刑事制裁将在刑事领域宣判,但如果受害者寻求赔偿,他们往往会被送上民事法庭,这意味着第二次审判。与清代政府主动为受害者寻求民事类型的正义不同,在民国时期,应由公民个人主动表达诉求并追求他们自己的目标和正义。国家最终会做出判决,但它不会代表个人采取行动,也不会在法庭证据之外来保证正义的实现。在杀人案件中,寻求民事正义的诉讼当事人将面临更昂贵、更漫长的法律之旅。因此,那些处于社会经济地位底层的人在获得正义方面可能面临比清代更大的障碍。这当然不是立法者预期的情景,也不是现代性理论所设想的情景。

　　民国时期的民法学者呼吁人们注意,在新分离的民法领域中,公民个人在追求自身权利的过程中所具有的能动性越来越多。从那些卷入民刑交叉案件的当事人的角度看,个人的能动性也可能被重塑为个人的负担。无论是能动性还是负担,它都为个人表达开辟了一个全新的舞台。在那些表达诉求与证明痛苦、磨难和损

---

① 关于民国时期法律改革与政权建设的相互作用,参见[美]徐小群 2008;chs. 2—3;有关民国时期政权建设与机构设置的相互作用,参见 Strauss 1998;有关民国时期国家在专业组织发展中的作用和日程,参见[美]徐小群 2001,esp. 13—19。

失的过程中，受害者能够发出自己的声音，并且为了成功，提出个体化的正义观念，或者说"报"，这是清代法律体系所不具备的。[①]在这种情况下，"报"不是上级所赐予的，而是下层所主张的。[②]

在 20 世纪初期，国际社会非常重视中国司法体系优先考虑的事项，这是伴随治外法权而来的对中国法律的不断评估、评价和批判的重要组成部分。到了 20 世纪后期，随着中国新的法律体系的形成以及对当代中国"法治"的可能含义和可能现状的争论，国际社会再一次审视中国司法。

在接下来的章节中，我不认为清代法律优于民国法律，但我也不认为民国法律优于清代法律。通过仔细研究法典，尤其是两个时代的法律实践，我们会发现，清代与民国的法律体系各有其优点。清代与民国法律之间的部分连续性来自民国时期的立法者，在实践中，他们重新引入了更适合当时中国社会文化状况的清代法律元素。与此同时，清代与民国法律之间的一些分歧也反映了法律与社会在优先考虑事项上的变化。

各章内容

第一章考察了清代杀人犯罪谱系的底层。探讨了过失杀（包括意外致人死亡和低级别的过失杀人）及一系列罪责重于过失杀、

---

① 尽管帝制晚期的文学作品中已经出现了此种情况。参见［加］高辛勇 1989。
② 正如林郁沁在考察刺客施剑翘案的审判及赦免时所讨论的那样，施剑翘的行为是个人不仅利用法庭审判，也利用犯罪本身来宣扬和寻求"报"的一个实例（［美］林郁沁 2007：第 2 章）。

但轻于故意伤害的个人犯罪。实质上,这是一个包含疏忽大意和鲁莽行为的精细分化的序列。1912年,随着第一部以现代欧洲模式为基础的刑法典的出台,这一杀人犯罪谱系的底端经历了戏剧性转变:过失杀人的范畴既缩小又扩大。首先,根据新法典,只有出于故意或者过失的行为才可被视为犯罪。因此,此前属于过失杀范畴的意外致人死亡不再被起诉,这意味着根据民法刑法,应受惩罚的行为范围比清朝的法律要小。其次,"过失"一词现在已涵盖了所有因疏忽大意而犯下的罪行,这意味着诸多行为被划入先前的过失谱系当中。这些行为此前都有其独立的地位,现在则被压缩成一个同种范畴。此外,重于过失犯罪行为、但轻于故意犯罪行为的个人犯罪似乎在法典中已不再有立足之地。正如我对法庭记录的检视所显示的那样,这些变化导致了法学家们在试图对旧术语和大量含糊不清的法律规范赋予新含义时产生了诸多困惑。

在中国帝制晚期杀人罪的主要类型当中,对故意杀人的判决最为严厉。这些杀人者乃是故意违反法律并故意对受害者施加伤害的,因此应当受到严厉制裁。

第二章考察了斗殴杀的种类和伤害意图。它揭示的是清代杀人犯罪谱系中混乱的中层部分。在斗杀中,犯罪意图是在具体情形下被定义的,它会被敏锐地加以分析,从而区分伤害的意图和杀人的意图。而民国时期的立法者试图剔除意图与环境之间的联系,剔除斗杀的类别以及清朝法律对意图伤害的关注。取而代之的,是一个被简单命名为"伤害致死"的新类别。正如我们将会在其他类别的杀人罪以及刑法的其他方面所看到的那样,当这些法律规范被证明在法庭上不实用时，清代法律对犯罪意图细致入微的关注、连接犯罪意图与具体情境的倾向，又通过另一种方式回归到了民国法律的实践与著作当中。

第三章通过杀人犯罪谱系中涉及伤害意图的部分，进入该谱系的最高层，考察了帝制晚期法律中的故杀和谋杀。正如律典和成案所显示的那样，清代法律将犯罪人的主观状态放在首位，并对犯罪意图进行了高度细致的区分。例如，根据犯罪人的动机，谋杀罪在律典中得到了进一步的正式区分。

第四章探讨了这些杀人罪给予民国法律的遗产。首个民国法典将这些精细区分的杀人类别压缩成为一个旨在涵盖所有杀人意图的标准化杀人法规，而不论其意图的性质如何、动机如何。根据清代的法律，谋杀处于杀人谱系的顶端，然而根据民国的法律，预谋被降级为"情境"，仅仅是决定刑责时所要考虑的众多因素中的一个。后来，受挫的立法者们在1928年《中华民国刑法》中成功地引入谋杀条款，进一步证明人们想要回归几个世纪以来一直平稳运行的清代模式的冲动。

第五章考察了司法权力领域和刑事司法范围在民国时期的变化。根据清代的法律，对罪行的命名就意味着对该项罪行相应刑罚的自动指定。律典中的每个条款都载有对应相关罪行的精确刑罚。这一原则在民国时期的法典中被废除了，一项罪行的命名和对其刑罚的命名实现了首次分离。与此同时，法官的自由裁量权大大增强。由于这些变化，当新的法律（特别是那些涉及通奸杀人和家庭内部杀人的法律）与帝制晚期遗留下来的传统正义观念相抵触时，就会产生不可预见的后果。民国的法官们则利用他们新近扩大的量刑权力来复制清代的裁决,从而使民国时期的司法与帝制晚期的司法和社会规则更加接近。

第六章又回到对过失杀人的讨论,但转向对侵权行为以及刑事与民事审判交叉领域的考察。民事与刑事司法体系在民国时期的分离经常被视为中国司法步入现代的主要进步之一。这一章则表明,清代与民国法律这一经常被强调的差异,并不像表面看到的那样明显。可以肯定的是,在民国的司法体系下,个人可以向新的民事法庭提起诉讼,为他们所遭受的身体上或精神上、短期或长期的创伤寻求金钱赔偿。而在帝制晚期,仅有一个法律体系,但法律仍然确保许多与民国时期相同的罪行可以获得"民事"赔偿。对于过失杀人来说,这意味着清政府会通过诉诸刑事制裁来解决象征性的宇宙失衡问题,但也要求犯罪人直接向受害者家属支付赔偿金。清代的刑事司法与民事司法在本质上是共生的。纵观民国时代的非正常死亡与伤害案件,我们发现民国的法律体系在行动中创造了一种类似的共生关系:过失杀人案中的刑事判决影响着民事法庭对于非正常死亡案件的审判结果,而且值得注意的是,民事法庭对于非正常死亡的判决也可能影响刑事审判的结果。

材料来源

本书的主要材料来源有三类:清代和民国时期法学家的著作;法典和法律评注;地方、省和中央各级的法律案件。第一种类型的资料,我主要依赖沈家本的论文汇编和《牧令书》——这是一部从清代著名律学家的著作中摘取出来的关于施政治民权威方略的论纲。

对于中华帝国晚期的各个朝代，除元朝以外，我都使用了至少一个版本的当朝律典。唐朝律典是后世帝国律典的基础，也是宋代刑事法律的基石，宋代对唐律的变更极少。与此相类，清代的法律规范也是对明代法律事实上的翻版。除律注之外，二者的主要区别在于条例，而对于例文的增删则几乎贯穿了整个清代。进入20世纪之后，我对清末法律改革和民国时期法律的讨论主要使用了1910年的《大清现行刑律》、1911年的《大清新刑律草案》总则部分及沈家本的评注、1912年的《中华民国暂行新刑律》、1928年及1935年修订版的《中华民国刑法》《中华民国民法》，以及写于20世纪初期的一系列未曾颁布的刑法草案。

本书所使用的法律判例来自多种渠道，包括档案和出版物。已经出版的清代中央一级的案例，皆摘自《刑案汇览》及其附录，这些案件往往聚焦于对法律疑难问题的讨论。已经出版的民国时期中央一级的案例主要来自《大理院刑事判决全文汇编》，这是1912年至1927年间最高法院判决的汇编；《最高法院判例汇编》，汇集了1929年至1937年间最高法院的判决；《大理院解释例全文》，这是1928年之前民国最高法院的法律解释；《司法院解释例全文》，此为司法院在1929年至1946年间发布的对于法律条款的解释。

清代和民国时期的档案材料则来自中国的两个地区——北京、重庆及四川。对于北京地区，我收集了清代的北京现审案件，现藏于中国第一历史档案馆。这些现审案件是北京当地的纠纷，故由刑部直接处理。而对于民国时期的北京，我使用了馆藏丰富的北京市档案馆的案卷,其中包括北京地方法院的刑事案件。① 其中的许多材料不仅包括地方法院的审判记录,还包括高等法院和最高法院的上诉案件,从而可能追踪部分民国案件从一审到终审的历程。

对于重庆及四川地区,我使用了当时四川巴县(包括现今重庆)的清代地方案例,这些案卷现藏于四川省档案馆。这一地区民国时期的案例主要来自重庆市档案馆收集的 20 世纪 30 年代和 40 年代重庆地方法院及省级法院审判的案件,以及藏于重庆市和四川省档案馆的四川高等法院档案。这些文件,特别是地方一级的案件,载有证词、证据、尸检报告、诉状和裁判意见,是了解法律实践运作的最佳资料。

---

① 这个法院的正式名称为北平地方法院。在 1929 年以前,它被称作京师地方审判庭([美]白凯 1999:83)。

第一章 犯罪意图谱系的底层：从过失杀到戏杀

　　犯罪的心理因素，无论被正式命名为犯罪意图、犯罪心理、有责性、"主观"因素，还是一般意义上的主观罪责，它在很早的时候就是中西方法律的标志。过失犯罪位于故意与意外之间的灰色地带，涵盖了由于某种程度的疏忽大意而犯下的罪过。过失犯罪涉及较低的主观罪责。因为犯罪者要么在其行为中没有尽到足够的注意义务，要么忽视了这种行为可能会对他人造成伤害的风险。

　　将主观罪责划分为故意和过失的二分法，直到20世纪早期仍然是西方刑法的标志。随后，英美法系的普通法传统引入了另一法律范畴来填补故意与过失之间的空档，即鲁莽冲动（Robinson 1980:845）。① 在20世纪，欧洲大陆的法律传统（特别是德国和荷兰）在其法典中维持了基本的故意—过失二分法，尽管根据法学工

---

① 鲁莽冲动包括某人"意识到、但却漠视了某项重大风险"（Robinson 1980:819）。

作者和法律学者对故意的讨论，该犯罪意图本身可被细分成三类：直接故意、间接故意和附条件故意（Blomsma 2012:8—10;Blomsma and Roef 2015:104—108;Bohlander 2009:63—65）①。

在西方法律处理这些问题之前，中国法以经远持久而细致入微的形式对该问题进行了几个世纪的关注。甚至在中国第一部法典诞生之前，治国方略文件就强调了犯罪人主观心态的重要性。例如，《尚书·康诰》写道：

> 呜呼！封，敬明乃罚。人有小罪，非眚，乃惟终，自作不典。式尔，有厥罪小，乃不可不杀。乃有大罪，非终，乃惟眚灾，适尔，既道极厥辜，时乃不可杀。

在这里，讲话者（通常被认为是周代的创始人周文王）勉励封认真评估一名犯罪人的主观罪责——如果是故意犯罪的，就应该受到比意外事件更严厉的惩罚。虽然那时中国的法律还没有法典化，但是犯罪意图在法律体系中已经作为一个重要因素被强调。中国最早的法典同样包含了对犯罪人主观状态的这种关注。正如 Wallacher 和何四维（Hulsewé）所说明的那样，中国法律早在汉代

---

① 直接意图包括有目的或故意犯下的罪行。间接意图包括有意进行的行为，并导致"行为人明知几乎肯定会发生"的副作用（Blomsma and Roef 2015:106）。最后，附条件故意包括行为人明知其所从事的活动可能会造成他人损伤的行为。换句话说，它是"有意识的冒险"（Blomsma and Roef 2015:108）。附条件故意相当于普通法传统中的鲁莽冲动（Taylor 2004:99）。不过，附条件故意被认为是故意的一个子类别，而不是一项独立的主观罪责。因此，德国和荷兰法律中的"故意"范畴比普通法更加广泛（Blomsma 2012:9;Blomsma and Roef 2015:115）。

(前206—220)就提出了比同时期西方更为精细的有责性行为的层级结构:除了故意犯罪行为,汉律及后世王朝的法律同样惩罚非故意但有过错的罪行,这与此后西方观念中的过失颇为接近(Wallacher 1983:262—267,316;[何]何四维1955:262—267)。①

固然,作为犯罪行为连续体的一部分,过失的概念很早就在中国法律中存在了。但学术界并没有认识到中国法律中这些抽象概念的真正复杂性。犯罪意图的概念是依据其严重程度的谱系予以精细的层级划分,从顶层的谋杀、故杀,降到底层的过失杀,这是中国法律杀人犯罪中有责性最低的一个种类。过失杀人既包括那些纯属意外的行为,也包括那些具有轻度过失的行为。除了过失条款,中国帝制晚期的法律还包括一系列单独的条例,蕴含着愈发严重的刑罚处罚。它们绘制出一幅精细的、依层级不断攀升的主观有责性图谱。在中国帝制晚期的法律中,过失犯罪不是一种单一类型的犯罪。中国的法律是通过逐层分析的方式来界定过失犯罪的概念的。

此外,中国帝制晚期的法律也涵盖了今天被认为是鲁莽冲动或附条件故意的罪行。虽然这些概念范畴在前现代的西方法律中并不存在,但中国法律从很早的时候就通过戏杀的范畴来处理这些问题。综上所述,中国传统法律中犯罪意图谱系的底层被精心构建,考虑到主观有责性最精细的可能层级。

从1912年民国第一部刑法典开始,晚清法律中关于过失犯罪和相关条款的法规,就被压缩成了一条有关过失的综合规定,保留

---

① Wallacher(1983:315—316)指出,戏杀的概念大致相当于西方的过失。

了"过失"这一原本不仅包括某些过失犯罪，也包括意外犯罪的称谓。其他位于犯罪意图谱系底端的犯意种类都被排除了。本章考察了这些思想和法律的变迁在实际处理杀人案件时所起的作用，揭示了民国时代的法院系统在努力适应和接纳这一系列法律法规，而这些法律法规在对犯罪的有责性所做的层级划分上，并没有晚清的法规那么精细。通过对民国与清代法律的比较，可以看出，清代法律对于犯罪意图的处理是高度复杂的，比民国时期的法律和近代西方法律体系都更加细致。在思考中国杀人律的概念本质时，我们对近代西方法律模式具有进步性和优越性的惯常假定也需要更新。

清代的过失杀

在杀人犯罪中，过失杀在清律中的惩罚最轻。[①] 过失包含了较为宽泛的犯罪行为，其主观方面可以分为两类：缺乏主观意图（意外犯罪）和较低程度的过失。以下我将探讨过失杀在清律中的两种面相，以及涉及疏忽大意致人死亡的非过失杀条款。

作为意外事件的过失杀

在这部分中，我将探讨由意外行为造成的过失杀。有必要指出的是，在清代法律中，意外致死通常被看作意外"犯罪"的结果，

[①] 参见薛允升对法典的评述："过失乃六杀中之最轻者。"（《读例存疑》：292.11 条）

而非意外行为本身。换言之，即使没有任何犯罪意图，该行为仍可被看作一项犯罪。帝国晚期法典关于过失条款的要旨及其法律注释，都强调了过失在本质上是一种意外。在唐、宋、明、清的法典中，过失的定义如下：

> 过失谓耳目所不及，思虑所不到。如弹射禽兽，因事投掷砖瓦，不期而杀人者；或因升高险，足有跌，累及同伴；或驾船使风，乘马惊走；驰车下坡，势不能止；或共举重物，力不能制，损及同举物者。凡初无害人之意，而偶致杀人者，皆准斗殴杀伤人罪，依律收赎，给付被杀被伤之家，以为茔葬及医药之资。（《读例存疑》：292.00 条）

唐宋的法典中对这些概念有详细解释，注明"耳目所不及"是指"耳不闻人声，目不见人出"——确实没有意识到有人在身旁（《唐律疏议》1996：289；《宋刑统》1984：410）。此外，"思虑所不到"意味着事件发生在"幽僻之所，其处不应有人"，因此没有预见到有人出现或其行为可能伤到人（《宋刑统》1984：410）。

到了清代，法律对过失的描述发生了转变，不再强调地域的偏远性，从而允许过失情节发生在人口密集的城市环境中。因此，在1777年的一份判决中，刑部将关注重点放在了犯罪人的总体意识上，而非其外观上的独立。"过失杀伤皆事出意外"（《刑案汇览》：31.39b）。

既然过失杀人是出于预料之外，受害者到底是死于何种犯罪手段就不那么重要了。刑部认为"无论其凶器系汤火、金刃、手足、他物，总应核其是否思虑所不到……"(《刑案汇览》：31.42a)。在刑部看来，没有犯罪的主观意图才是最重要的。因此，意外杀人者都被允许用收赎的方式免除绞监候的法定刑①，而非通常情况下只有父母年迈的独生子、七十岁以上的老人、官员等特定群体才有收赎的资格。过失杀的赎金为 12.42 两银子(《读例存疑》：292.02条)。

以下是三起发生在北京的过失杀案件。这三起案件中都涉及马车失控，并且皆援引过失杀的律条对意外行为提起诉讼。

第一个案例发生在 1874 年的北京。姚朋元，一名运水工，被当地居民崇桂失控的马车轧死(刑部现审案件：江苏，9421)。崇桂的供词如下：

> 十二月初五日晚，我赶着空车走至五道营地方，突遇扛皮子一人……因马眼岔惊跑，我赶紧收勒不住，当即摔倒。适姚朋元推着水车走至，不及躲避，被马撞倒。致车轮将其右肋等处轧伤……我赶上去将姚朋元扶起……不料至次日早姚朋元身死……只求恩典所供是实。

当时在五道营巡街的福禄目击了这起事情的经过并证实了崇桂的供词。刑部裁定该案属于过失杀，理由如下："因马眼岔惊跑，

---

① 关于清代法定刑的一览表，参见附录 2"清代的标准刑罚条款"。

该犯一时收勒不住，当即摔倒……核与耳目所不及、思虑所不到，初无害人之意而偶致杀人。"（刑部现审案件：江苏，9421）

刑部裁定此案为一起意外事件：崇桂已竭尽全力，然而马受惊是无法预见的情形。根据律文，刑部发布了一份标准的过失判决：犯罪人处以绞监候，但可以 12.42 两银子收赎，这笔赎金将交付给受害人的家庭。根据大清律例，尽管在这一过失案件中，犯罪人并没有犯罪意图，也没有受到哪怕是轻微的指责（因此能自动赎回死刑），但还是要承担一定的责任（向受害者家庭支付赔偿金）。由于要向受害者的家庭支付赔偿金，行为人事实上仍是受到了处罚。而最初的死刑判决则是在象征性地迎合"抵命"原则：当一个人因为他而失去生命，他就必须以自己的生命来偿还。①

在本案中，刑部在给出判决理由时直接引用了过失律。当过失案件的情形被认为确属意外，行为人在清代司法体系所认定的杀人罪中也最接近无辜，刑部便会如此例行公事地办理此类案件。

例如，在 1897 年，刑部复核了田德润的案件，此人失控的骡车将一名当地工厂里的中年厨师郑大撞死（刑部现审案件：江苏，9433）。田德润以用骡车运送货物维持生计。在本案事发当天，他驾车经过北京的前门时，车绳突然断裂。据他的供词："骡子眼岔惊跑，我未揪住。"田德润受伤之后从车上摔了下来，跌到地上失去了意识。虽然他很快清醒了过来，但这时骡子已经跑出了城门。郑大当时正站在城门外，和他的朋友陈二聊天。陈二作证说："不

---

① 抵命的观念在帝制晚期逐渐衰落，至少在法律上是这样。参见［美］梅耶尔 1980；黄源盛 2002。

料由里门洞惊来骡车一辆，并无赶车之人。我赶紧跑开，郑大躲避不及，被车辕碰伤倒地。"郑大随后因伤身亡，仵作也验明死因为骡车造成的撞伤。

在做出判决时，刑部再一次援引了过失律："核与'耳目所不及，思虑所不到'，'初无害人之心而偶致杀人'之律相符。"田德润的骡子受惊并将他摔倒在地，使他无法再控制骡车，郑大的死亡纯属意外。田德润被判处死刑，不过依律可以12.42两银子收赎。在此案中，他只得把骡子和车卖给受害人的侄子以获取必要的资金。在此处，我们再一次看到了行为人因为意外行为被判有罪，被迫支付赔偿金的例子。此外，在本案中，交纳赎金实际上是相当严厉的惩罚，因为田德润是一位送货员，但他不得不卖掉其赖以谋生的工具去凑赎金。

1904年，发生在北京的一起过失杀人案中，受害者卢永太是一位经营小本生意的老人，他被平民李旺儿失控的骡车踩踏致死（刑部现审案件：湖广，13602）。李旺儿到城里来送货，然后驾着装满新货物的双骡车回家。突然，其中的一头骡子咬了另一头，被咬的那头骡子开始乱跑，很快，两只骡子一起拽着车狂奔，李旺儿"揪拉不住"。随即，他们撞到了那位不幸的受害者。据李旺儿供述："我喊嚷令其躲避，不料卢永太并未听见，仍前行走，以致骡驮将他……碰伤倒地。"该供词的细节为当地一位巡逻人员所证实。验尸报告也表明，没有找到谋杀的证据。刑部传讯了卢永太的儿子卢殿有，了解到受害者不仅近视，而且耳聋，所以他很可能既没有听到李旺儿警告，也没有听到这一死亡的危险在临近时的喧闹。

在上述案件中,刑部裁决其"实属思虑所不及",而且双方既无宿怨,死亡又出于偶然,因此判决李旺儿过失杀人成立,允许收赎。① 尽管最后的罚金刑在清代的法律体系中已经算是最轻的,但李旺儿还是被认定为犯罪者。他必须要承担责任,即使最终的惩罚只是缴纳赎金。

从以上案例可以看出,过失律适用于无主观过错、无犯罪意图、但仍被认为有罪的案件。只要确定一个人的行为和另一个人的死亡之间存在某种联系,过失律便可生效。不过,清代法律在这方面并不是独一无二的。意外致人死亡或曰过失杀就是今天所说的"严格责任"的一个例子,即尽管没有任何主观罪过(包括过失),仍然要承担一定的责任。这种情况在欧洲早期的法律中就存在,当时的法律取向更加注重损害后果,而非主观意图(Robinson 1980:821—825;[美]威格摩尔[Wigmore]1894:316;Sayre 1932:977—981)。② 它也在19世纪末部分回归到英美法系(Sayre 1933:56,62),并于不久之后进入一些大陆法系国家(Werro and Palmer

---

① 其他用类似的方式援引了这条法律的案件包括刑部现审案件:江苏,9433;湖广,13592;江苏,9441。

② 鉴于欧洲大陆法律制度的多样性,很难为这种法律倾向提供具体的日期范围或终点。威格摩尔(1894:320—322)发现的轶事证据迟至14世纪和15世纪,而Sayre(1932:981)认为严格责任的终结可以追溯到12世纪。不过,一些学者对严格责任在欧洲早期的法律中是否真正存在还有争议([美]莫兰德1952:1—2;Robinson 1980:823—825)。

2004:3),而当代的一个众所周知的例子就是法定强奸(statutory rape)。①

作为疏忽大意的过失杀

除意外犯罪外,过失杀的律条同样涉及介于意外和轻微有责性之间的一些情形。在这种情况下,案件通常符合部分意外杀人的要件,但未能符合意外杀人的其他要件。例如,某些案件确实属于"耳目所不及"的情形,但并不是"思虑所不到"。

在 1826 年由江苏省移送到刑部的倪幅案很好地体现了这一主题的变化(《刑案汇览》:31.46a)。根据刑部的案卷,倪幅和朋友刘立刚坐在船中大量饮酒,已颇有醉意。刘立刚自知酒量已到极限,于是就到船尾休息。倪幅"拉住刘立刚裤带,声言起来再饮。刘立刚将身侧扭,覆致不饮"。不料倪幅因酒醉而站立不稳,在刘立刚扭开身子时滑倒,压在刘立刚身上致其死亡。经过审议,刑部将此案认定为过失杀,称"虽非耳目所不及,究系思虑所不到"。刑部还引用了发生在 1823 年的一则关于醉酒的先例来支撑这一裁

---

① Singer(1989:407—408)认为严格责任的概念出现得略晚——在 20 世纪初期才出现。由于严格责任在技术上违犯了现代西方刑法和民国刑事法律的特征,即下文将会讨论的"犯罪意图"要件,因此严格责任一直饱受争议。严格责任适用的困境,不仅在西方,而且在中国,也已渗透到民法领域。严格责任在民国时期的法律中被废除,但是黄宗智(2010:158—163)在 1949 年以后的法律中发现了更广阔的存在:"无过错民事责任。"在这种情况下,一个对受害人所遭受的损害没有任何责任的人,仍需赔偿受害人的损失。具体请参见第六章对民国时期民事法律中过错与责任界限的更充分的讨论。

37

决。在那个案件中，一名酒醉之人在雨夜被别人送回家中。他们在河堤上行走时，酒醉之人失足滑倒，跌进了河里，并把他的同伴一同拖入水中。酒醉之人得以生还，但这名同伴却不幸溺水身亡。后来，生还的醉酒者被判为过失杀人。

在这个案例中，被酒精麻痹了身体和智识的犯罪人并未遭受严厉的刑罚。犯罪人虽然仅仅部分满足过失的标准要件，却仍然足以获得过失的判决。刑部认为，这类案件并不仅仅是意外，但这并不意味着它们就不能被视为过失。

关于这一点，在 1812 年广西省的刘兰正案中得到了更好的说明。虽然此案的情形更为严重，但依然被判定为过失杀（《刑案汇览》：31:45a）。根据刑部的案卷，刘兰正"受雇在木铺搬运杉木上堆"。当他在搬运木材时，一名六岁的小男孩跑到尚未排列好的木材堆上玩耍。刘兰正在将一块木料丢到木材堆上的时候，木料压在了这个小男孩的身上，小孩因此身受重伤，不久就去世了。刑部认为，刘兰正虽然"肩木卸放，不及照顾"，但仍将此案裁决为过失。很显然，这起案件并不仅仅是个意外，刘兰正本应在工作时更加小心谨慎。不过，过失律的适用范围非常宽泛，它不仅包括意外犯罪，也包括过错程度更为严重的犯罪。

除了这些直接依据过失律来做出判决的案件外，还有一些案件选择援引其他打意外犯罪的擦边球、惩罚和意外行为一样轻的律条。它们虽然没有直接援引过失律作为裁判依据，但是通过类推，最后也被认定为过失犯罪。

例如，在 1902 年的案件中，一个拾粪的老人张二，于北京城外的大兴县，被马帅宾的马车碾压致死（刑部现审案件：贵州，

22363）。车主对于张二死时的情况供述如下：

> 拉送玉米五石到东埧街康家斗行售卖。至彼，我将玉米卸下，将大车放在东[埧]街。我即往斗行门口，正在过斛间，不料这张二在我车旁捡粪，辕马眼岔惊跑……我即前往睄看，见张二在地躺卧。我将他扶起坐地，尚有气息。

目击者证实了这一说法。张二被其子接回家中，后来在家中身亡。刑部裁定尽管张二之死"非该犯意料所及"，但车主应该知道"马性不驯"。因此，刑部认为，马帅宾具有未拉住马的疏忽，他被依据《大清律例》第234条"畜产咬踢人"宣判。该律涉及主人没有恰当管理自己的牲畜而致使他人伤亡的情形。如果造成了死亡的后果，律典规定应当按照过失杀来处理（《读例存疑》：234.00条）。因此，马帅宾被判处和过失杀一样的刑责（实际为赎金）。这也就意味着他的主观有责性很小。我们发现，这起案件并不是一起意外犯罪，毕竟刑部认为这是一种疏忽大意的行为，但在罪责上依然被划入过失杀的范畴。由此可见，过失杀既包含了纯属意外的犯罪，也包含了基于低程度的主观有责性——具备一定疏忽大意的行为。

发生在1905年的一起案件在到达刑部之前也做出了类似的处罚（刑部现审案件：云南，21690）。在此案中，两名在北京做工的年轻工人，梗脖张和张骡子，深受顽疾梅毒之苦（脏疮）。当他们的梅毒疮散发恶臭的时候，其朋友毛五和何永顺带着他们到双全处医治。双全的供词如下：

年七十二岁，①在朝阳门外大桥地方开烧饼铺为生，并医治脏症。本年三月十八日，有这素识之毛五、何永顺带同这梗脖张、张骡子到我铺内，叫我给他医治。我睄看梗脖张、张骡子俱患疳症，我俱用偏方轻粉茄秧等物熏治。毛五给我钱六千文，当各走去除。（刑部现审案件：云南，21690）

不幸的是，即便经过此番"治疗"，两人的病情在回到工厂后持续恶化。由于两人病情相当严重，毛五只好带他们去找自己的祖父——道士毛理斌。毛理斌供称："毛五同这何永顺用车拉来梗脖张、张骡子二人至我庙内养病，我应允。我见梗脖张病势沉重，我向他们查问……他们并将双全找来睄看。"另据毛五供述，双全当时说："不要紧，将梗脖张扶起，用手推按肚腹。"梗脖张于当天晚些时候身亡，张骡子五天后也死于道观之中。仵作在验尸后发现，两人都死于药物中毒。

刑部根据《大清律例》第 297 条"庸医杀伤人"来裁定本案。这一律条规定："误不如本方，因而致死者……如无故害之情，以过失杀人论。"（《读例存疑》：297.00 条）双全因此被判处死刑，但可按律收赎。于是他向两个死者的家庭交付了赔偿金。这起案件同样并非单纯的意外，它包含着轻度的主观有责性，但仍然被认定为过失。

---

① 此处的"岁"是指虚岁，是按照所经历的中国农历新年的数目来计算的。一个人一出生就被视为一岁。因此，在虚岁计龄法的体系下，一个人的年龄通常比按照西历计算的年龄大一到两岁。

与此相似，在 1791 年的四川省，李秀玉在配药的时候使用了成分不纯的药材。他将药卖给了吴贵祥，导致两人在服药后死亡。（《刑案汇览》：33.28a）刑部试图援引前述清律第 297 条来判决此案。李秀玉被允许用金钱来赎回死罪，但由于致死的不止一人，刑部还附加了杖一百、带枷三个月的刑罚。本案的情形可被视作较低程度的疏忽大意。在致使多人死亡的情形下，所遭受的刑罚也比标准的过失判决更为严厉。

非过失的疏忽大意杀人

以上的案例，不管是未恰当地拴好马匹，还是涉及庸医，都说明清代法律在处理犯罪的主观因素时具有非常复杂的概念体系，远非意外与故意的简单二分。除了那些等同于过失、并非纯粹意外的犯罪外，大清律例还有一系列的律条来处理并非故意、但程度比意外犯罪严重得多的犯罪。这类犯罪的刑罚重于过失杀，但轻于故意伤害。从本质上来说，此类犯罪属于中等层级疏忽大意的范畴。

第一种值得考虑的此类犯罪是"弓箭伤人"。《大清律例》的相关律条为："凡无故向城市及有人居止宅放弹、射箭、投掷砖石者……因而致死者，杖一百，流三千里。"（《读例存疑》：295.00条）[1]《大明律》中有关弓箭杀人的律文与此相同，只在一个字上有所区别（《大明律集解附例》1989：19.30a）。在《大明律》中，律文的

---

[1] 一里约等于三分之一英里。

第一行包含了"故"字："凡故向城市及有人居止宅放弹……"律注对此处"故"的解释为："故者,非因事而故意之谓也。"为了表意更加明晰,"无"字在1725年被加进了《大清律例》(《读例存疑》:295.00条)。然而,这两个版本的律文,都非常关注一个人的行为及其可能的后果。1801年对该律增修例文时,增加了被鸟枪打死的情形(《读例存疑》:295.01条)。清代律学家薛允升注解道:这则新例与狩猎致人死亡的法律是一致的,即"非无故施放"(《读例存疑》:295.01条)。换言之,该条律文针对的是犯罪人在一个可能造成他人损伤或死亡的地方开枪或射箭的情形。这种行为就不再是单纯的意外或过失,也因此将会受到更加严厉的杖刑和流刑。①

《大清律例》同样认为,车马杀人比过失杀人更为严重。其相应的律文为："凡无故于街市、镇店驰骤车马……致死者,杖一百,流三千里。若无故于乡村无人旷野地方驰骤致死者,杖一百。"(《读例存疑》:296.00条)更早的《唐律疏议》在注疏中将此条的相关内容称为"车马唐突杀人"(《唐律疏议》1996:324)。因此,如果某人在街市上莽撞地驾车疾驰,致使他人伤亡,就应当受到惩罚。即使是在一个偏僻的地方飞驰,由于纵马狂奔这件事本身就具有危险性,行为人应当意识到这种危险。

在1771年,刑部表达了它对于应当按照车马杀人律论处的犯罪可能会错误地被按照过失犯罪处理的忧虑："车马杀伤与过失杀之条最易牵混……查过失杀律注内有乘马惊走之文,盖因马惊杀

---

① 一项涉及狩猎致人死亡的相关律条为"穿作坑阱"和"安置窝弓"(《读例存疑》:298.00条;《唐律疏议》1997:459)。如果犯罪发生在偏远地区,刑罚将比用弓箭杀人低一等。如果犯罪发生在非偏远地区,刑罚将与用弓箭杀人相同。

伤则与无故驰骤不同。"（《刑案汇览》:31.38b）刑部继续引用过失律来细致阐明为何车马杀人不属于意外行为："若无故驰骤车马，其伤人之事并非意料所不及。故止减凡斗杀伤一等①……过失律注内乘马惊走之文，自专指马骡因他故惊逸，骑御之人不能控制者而言。若无故疾骋，因致杀伤，既非思虑所不到。"（《刑案汇览》:31.39b）②

车马杀人被认为比弓箭杀人还要稍微严重一些。因此，除了法定的杖刑和流刑外，犯罪人还要缴纳烧埋银。其原理在大明律的律注予以阐释：在弓箭杀人的情况下，行为人看不到受害者；而在车马杀人的情况下，则属于"人在眼前，全无控驭之心"（《大明律附例注解》1993:715）。

最后还有失火的情形（《读例存疑》:382.00条）。根据这条律文，任何人因失火致使他人死亡，都要被处以杖一百的刑罚。失火皆非故意（故意纵火规定在《大清律例》另一条单独的律文中，即第383条），不过，既然这一犯罪的法定刑是杖刑，说明该犯罪应受谴责的程度比过失犯罪要高。同前面已经讨论过的两条律文一样，该罪同样比过失更为严重，因此所受的惩罚也就更重。

为了更好地检视这些涉及疏忽大意杀人的律条如何在实践予以裁定，我们先来看一起1826年发生在山东省的方小六火器案（《刑案汇览》:33.25a）。方小六前往观看一户崔姓人家出殡。根据刑部的记载，方小六注意到，"受雇施放铁铳之吕泳志将铳装好

---

① 清代对于斗杀的刑罚是绞监候（《读例存疑》:290.00条）。该刑罚减一等的判决结果为杖一百、流三千里。关于判决结果的增减，请参见附录2。
② 《大清律例》的该条律注与《大明律》中的文字完全相同。

火药,安放门首"。方小六料想此处不会伤到人。刑部继续记载:
"该犯拿铳点放,适马承统从家走出,致误伤右太阳穴。"马承统后
来因伤死亡。刑部裁定,方小六应当根据"弓箭杀人"律来做出判
决,即"向……有人居止它舍施放……误伤人"(《读例存疑》:
295.01条)。由于死者在受伤后很久才"因风身死",流三千里的刑
罚被减为徒三年,但这仍旧是一个比过失杀的判决结果严重得多
的刑罚,也确定无疑地表明此案位于意外和故意的中间地带。

还有发生在1902年的刘二案。刘二是一名茶室老板,他和妻
子刘陈氏及他们的女儿居住在朝阳门外(刑部现审案件:福建,
10842)。一天晚上,刘二进入梦乡,但茶炉里的火苗仍在燃烧。棚
子着火了,接着整间屋子都被烧毁。尽管刘二侥幸逃生,但他的妻
子和女儿却命丧火海。刑部裁定刘二懈怠疏忽——"遗火""失
检",入睡前未将火熄灭。因此,刘二被认为犯有失火致人死亡的
罪过(《读例存疑》:382.00条),被判处杖一百的刑罚。在此类犯罪
中,行为人虽然不是有意为之,但也是出于粗心大意,而非纯粹不
可控的意外,甚至也不是低级别的疏忽,因此,法律对犯罪人科以
更沉重的罪责。

还有一起案件发生在1864年的四川巴县。一个名叫陈伦复的
年轻人,因为疏忽大意造成主人王兴顺家失火而被判有罪(巴县档
案:1467)。火势最后蔓延失控,不仅烧毁了王兴顺的店铺,也殃及
了同一条街上大量的货栈和住户。大部分居民得以逃生,但两名
寄居在王兴顺邻居家的客人却命丧火海。由于他的疏忽引发火灾
并造成他人死亡的后果,陈伦复被判鞭刑,带枷三个月。

最后还有两个1815年的案例。第一个案例发生在江苏,王六

在市镇中纵马疾驰,将一名正从侧巷拐入大街的老人撞倒(《刑案汇览》:33.27a)。王六曾大声示警,不过就像前面提到的卢永太案一样,老人因耳聋而没有听到警告。但是,与卢永太案不同的是,本案并非失控的马匹或马车,这是某人有意在街市上纵马疾驰。因此,此案显然属于"车马杀人"的范畴(《读例存疑》:296.00 条),即骑手在城中纵马奔驰,这种行为被法律认为本身就具有相当的危险性,很容易对他人造成伤害。另一个相似的案例发生在黑龙江,一个五岁的孩子在此案中身亡。刑部将犯罪人纪长春的行为描述为:"实属疏忽,并非耳目所不及,思虑所不到。"(《刑案汇览》:33.27a)由于纪长春的行为明显超出了过失杀的范畴,因此他被按照"车马杀人"律论处。在这两个案例中,犯罪人都被处以杖一百、流三千里的刑罚。

上述案例中的犯罪所遭到的各种判决结果,都比过失杀人中的赎金刑要重得多。这些犯罪具有更高程度的有责性,但是还没有严重到要被判处死刑的地步。这些罪犯行为的多样性以及逐渐递增的刑罚严厉程度表明,清律中的犯罪意图谱系是一个高度复杂化的层级连续体。

戏　杀

在清代关于杀人的法律当中,戏杀律同样介于故意与意外之间的灰色地带。尽管戏杀不是涉及故意杀人或故意伤害的犯罪,但它比以上所讨论的过失杀及疏忽大意杀人具备更高程度的有责性,也因此要受到更加严厉的惩罚。戏杀可被纳入当今普通法传统中的鲁莽冲动犯罪的范畴，即犯罪人能部分意识到他的行为可能会对他人造成伤害，却"故意忽视"了这种风险（LaFave 2000：249）。① 戏杀相较于过失杀的这种严重性及其中等程度的疏忽大意也反映在了刑罚上——绞监候，并且不可收赎。

戏杀犯罪被规定在《大清律例》第 292 条，即"以堪杀人之事为戏，如比较拳棒之类"（《读例存疑》：292.00 条）。《牧令书》的相关条目也有类似的定义："原由相打以决胜负，因而致死之类，曰戏杀。"（《牧令书》1848：19.1a）这些精炼的定义似乎是将戏杀律限制在了危险博击的范围内。然而，刑部在 1811 年对这一定义予以详尽阐述，指出戏杀还可能发生在其他情形下："手足、他物、金刃皆可杀人，辄以之为戏。"（《刑案汇览》：31.53b）这一宽泛的解释，实际上将人的肢体也算作致命武器，从而将戏杀界定为一个非常宽泛的范畴，并为法律注入了未写明的鲁莽冲动的概念，即游戏本身就包含危险性，那些参与可能造成伤害的活动的人，或是做出有可能伤害他人的肢体活动的人，都应当意识到这种潜在的危险。如果行为人参与了这类危险活动而造成他人死亡，他们将会被处以绞监候的刑罚。

除了原初关于戏杀的律文部分，其后的例文部分也描述了"与戏杀相等"的其他情形："若知津河水深泥淖，而诈称平浅，及桥梁渡船朽漏不堪渡人，而诈称牢固，诓令人过渡，以致陷溺死伤者，与

---

① 关于当代普通法中对鲁莽冲动的概念界定，以及鲁莽冲动与疏忽大意的关系，参见 LaFave 2000：246—256。在属于当代大陆法系的德国和荷兰，戏杀的范畴大致相当于附条件故意，这是程度最低的故意，是指行为人"意识到他的行为可能会造成负面影响，但他仍然决定如此行为，并接纳了那些副作用"（Blomsma and Roef 2015：108）。

戏杀相等。"(《读例存疑》:292.00 条)

　　由于这些情形都"与戏杀相等"，因此它们也同样会被判处绞监候的刑罚。然而，本条第二部分所描述的这些情形，远比在打斗过程中造成的单纯杀伤要更为严重。它们既包括对迫近的危险（而不仅仅是潜在的危险）的明确认知，还包括故意欺骗行为。这是一种恶意的诡计，犯罪人在已经预见到风险的前提下，还有意忽视这种风险。①

　　"戏杀"这一术语源自唐律。在唐律中，它是有着不同层级的犯罪（［日］诸桥辙次［Morohashi］1992:11681.54；Wallacher 1983:272）。唐律将最低一级的戏杀定义为："谓以力共戏，至死和同者。"(《唐律疏议》1997:382) 其后的注疏将其称为"戏斗"(《唐律疏议》1996:288)。对于这种犯罪，原本杀人罪的标准刑罚绞刑被减两等论处，降为徒刑。戏杀的第二层级涉及危险性更大的嬉戏活动，即双方虽然和同，但"或以金刃，或乘高处险，或临危履薄，或入水中。既在险危之所，自须共相警戒"(《唐律疏议》1996:288)。如果没有警戒，有人因此身亡，那么杀人罪的标准刑罚绞刑只会被减一等论处，降为杖一百、流三千里。第三等也是最高的一个层级，为"诈陷人致死"(《唐律疏议》1996:321)，相当于清律中"与戏杀相等"的那些情形(《读例存疑》:292.00 条，引文见上)。在唐律中，这一条款没有被划入人命律的类目之下，而是被列在"诈伪"篇当中(《唐律疏议》1997:25 卷)。在唐律中，被认定身犯此罪的犯罪人将会被处以杀人罪的标准刑罚——绞刑，而且既不能减刑，也

----

① 帝制末期的法典，正式承认了欺骗致人死亡更加严重的属性，在律典中以新增律间注的形式注明诈伪杀"较戏杀为重"。(《钦定大清现行刑律按语》1910:532)

不得收赎(《唐律疏议》1996:264)。

然而,这三个层级的刑罚被戏杀律所附加的一则条款部分修改了。这则条款允许对前两个层级的戏杀"依过失法收赎",不过仅限于犯罪人是老幼废疾这类特殊群体的情况(《唐律疏议》1996:288;Wallacher 283:275)。① 那么在这种情况下,前两个层级的戏杀,无论是戏斗还是更加危险的行为,都会受到相同的刑罚,实际上被压缩成为一个层级。而在唐律中,所有的过失杀都允许收赎,②唐律对过失杀和戏杀的这些特殊情形给予了相同的刑罚。注疏对其原理的阐释是:在这些案件中,都不存在犯罪意图。而前述第三层级的戏杀,在刑罚上同前两个层级的戏杀条款区别开来,第三层级的戏杀并不允许收赎,它具有更高的有责性。

但是到了明代,普通的戏杀犯罪被科以更高的有责性,而且对于犯罪意图更加深入的讨论也进入该则律文中。在明代,唐律中的"诈陷人致死"律第一次被划归戏杀条款之下,而且普通戏杀与诈陷人致死第一次被给予了相同的刑罚。戏杀被纳入有责性更高的杀人犯罪的范畴,表现在刑罚上,戏杀者被处以绞刑,秋后处决,不得收赎。因此,从犯罪意图的角度来说,我们发现明律将戏杀与另一类更为严重的犯罪——斗杀做比较(Wallacher 1983:279)。例如,《大明律集解附例》提道:"戏虽与殴不同……但其杀伤实由我

---

① 在这一点上,法律试图保持公平:标准的减刑将会使戏杀的减刑结果轻于过失杀,这颠倒了事物的正常秩序(《唐律疏议》1996:289;Wallacher 1983:275)。
② 赎金同样为120斤铜。

下手也。故各以斗殴条杀伤论。"(《大明律集解附例》1989:19.24a)[1]此外,我们也发现就此类犯罪相关的潜在犯罪意图的层级所做的探讨。另一部关于明律的评述《大明律附例笺释》,对"戏杀"这一术语的解释为:"戏谓明许相击,搏以角胜负者也。故晋人谓之两和相害,言知其足以相害,而两相和以为之,则其杀伤非出于不意。"(《唐明律合编》:490)

尽管刑部于1817年指出,戏杀和过失杀"皆无害人之心"(《刑案汇览》:31.55a),但清律仍旧对各类戏杀判处绞监候,不得收赎。正是戏杀和过失杀在刑罚严重程度上的合法差异,即死刑与赎金的差异,使得刑部能够强调并明确二者在概念上的不同:"戏与过失两律判然不容牵混。"(《刑案汇览》:31.55b;Wallacher 1983:282)刑部这样阐述二者的差异:"若本与人无戏谑之事而偶致杀人者,实系耳目所不及,思虑所不到,则谓之过失。"(《刑案汇览》:31.53b)与此相反,刑部认为因嬉戏而致人死亡的犯罪表明行为人本来能够预见这一结果的发生:"戏则耳目思虑已有专注之人,其杀人本可计及。"(《刑案汇览》:31.53b)此外,刑部还在别处评论道:"戏杀各案多系彼此角力,其事本可伤人,并非无知。"(《刑案汇

---

[1] Wallacher(1983:281)将戏杀判决结果的加重称为"从主观归罪理论到客观归罪理论的标志性转变"。例如,唐宋法律中将戏杀视为一种减轻罪责的正当理由,明清律却减弱了对于缺乏杀人故意的考量,而加重了对所造成的实际伤害的考量,因此将刑罚加重为死刑。如果按照这一理论,从宋到明的法律变革中,过失律也应该在刑罚上有所加重,但事实上并没有。所以我认为,戏杀在刑罚上的这种改变,其实体现了在杀人犯罪的谱系当中,法律对犯罪意图层级划分的更多关注。尽管在戏杀中,犯罪人没有伤害他人的意图,但他有意识地参与了具有明显危险性的活动,这种鲁莽冲动、不计后果的举动与故意伤害相邻近。这在被认为"与戏杀相等"的"诈陷人致死"的案件中体现得尤其明显。

览》：31.47b；Wallacher 1983：282）在清律看来，角力打闹本身就具备危险性，因此那些参与人也应当为最后的结果承担起相应的责任。①

通过惩处非故意的戏杀犯罪，并着重阐释其与过失杀在概念上的不同，《大清律例》不仅强调了故意与意外之间的灰色地带，也强调了在这两极之间存在着多重责任的划分。可以肯定的是，在戏杀犯罪中，本无伤害的意图，过失杀中也没有。但二者在有责性上有所区别：过失杀是意外或程度较低的疏忽大意，而戏杀条款则是带有犯罪意图色彩的"诈陷人致死"律的归宿。这一事实更加强了二者在有责性上的区分。

清代基层的一些人命案件表明，大部分按戏杀律裁定的案件，都是从以下两方面中的其中一条来考虑的：第一，具体情形到底是嬉戏还是过失；第二，具体情形到底是戏耍还是打斗。对于前者的考虑，我们可以从 1810 年的一起案例来分析。此案被提交至刑部之前，陕西巡抚的裁定认为，石光德在与宋立升摔跤角斗的过程中致使对方受伤死亡（《刑案汇览》：31.56a）。巡抚引用过失律，声称死亡结果的造成"实属思虑不到"，因此将此案裁定为过失杀。然而刑部不予认同，以戏杀裁定推翻了陕西巡抚先前的判决。其理由为：双方打闹"非耳目所不及……亦非思虑所不到"，恰恰相反，

---

① 若需进一步考察帝制晚期戏杀法的立法演变过程以及过失杀与戏杀的重要分界线，可见 Wallacher 1983：272—284 和［英］马若斐 2011。同时，如上所述，Wallacher 认为戏杀大致等同于疏忽大意，他（2011：200—201）指出，戏杀既非疏忽大意，亦非鲁莽冲动，而是另一种类别的犯罪。在这种犯罪中，行为人"参与的活动包含着潜在的危险属性，他们也明知其行为可能铸成过错……即使他们并没有造成伤害的意图"。

这"正与因戏而杀之律相符"。

显然,石光德并没有杀害宋立升的意图,他只是与被害人进行了一场友好的摔跤比赛。但是,正如法律已经明确指出的那样,这种摔跤角斗活动的危险性是石光德能够认知、也应当认知到的。既然他自愿加入此类活动当中,并对他人造成如此严重的伤害,石光德自然也就满足戏杀律的构成要件,也因此要对被害人的死承担比意外杀人更高的有责性和更重的责任。①

不过,关于戏杀最常见的争议,并非其与意外或低程度的疏忽大意之前的区分,而是该案有多大可能涉及非善意的打斗和攻击,换句话说,就是戏杀和斗杀之间的区别。比如,在1804年的一个案件中,一具仆倒在地的无名尸体在北京东四牌楼的北面被人发现(刑部现审案件:江苏,9409)。尸体被发现不久,一个名叫方智刚的男子就认出了这正是他的哥哥方大。方大在邻近牌楼的孙成的剃头铺子里做帮工。除了为孙成工作外,方大和另一名叫作尤大的店铺伙计及一名叫作金六的看街兵都借宿在孙成的铺子里。孙成告诉刑部,当天早饭之后方大就失踪了。他声称自己腹痛,于是请了一天假。孙成推断方大是在此之后遭遇了袭击。但是验尸报告表明,方大死于上午9时至11时之间,致命伤为上腹部的内伤。如果是一起发生在大白天公共场所的致命袭击,怎么会没有引起他人注意?刑部因此产生了怀疑。经过推断,刑部认为,既然方大的死亡时间是他离开店后不久,尸体被发现的地点也靠近店铺,那

---

① Wallacher 的著作(1983)也引述了这一案例及《刑案汇览》中的大量其他案例。

么方大岂非是在店内受的伤？于是，金六和尤大都被带去接受审讯。金六供述道：

> 我与他铺移方大并尤大才起来时，方大笑骂我像个王八样。我也笑说清早起来就这样骂我吗？随走近他铺边，攒住他两手大指向前推去，方大站立不稳……我被他带拉，也仆压他身上，意欲挣起，致膝盖跪伤他肚腹。当两下松手，爬起还说笑了几句，尤大原看见的。

尤大在自己的供词中证实了金六的这一说法。而且他和孙成都断言，金六和死者之间"并无仇隙"。刑部裁定本案"始总并无争殴情形"，并援引戏杀律，判处金六绞监候。

根据方大的尸体被发现时的情形，刑部首先关注的问题是确认这一杀人案究竟是由袭击造成，还是在嬉戏的过程中所致。一旦确定金六和方大两人之间不存在恶意，两人只是在玩笑打闹而未曾真正地产生冲突，就可以确定本案的确切情形是嬉戏而非打斗，刑部也就可以因此将之裁定为戏杀。

一起相似的案件发生在1899年的北京（刑部现审案件：直隶，1255）。吴德喜是一名在顺天府做小买卖的商人，事发当天，他进城去做生意。根据吴德喜的供述，当天下午回家时，他碰到了四位熟人：唐玉田、陈文山、吉贵和恩鉴。据吴德喜说：

> 四人在彼扔接石锁。我因好练，亦上前随同他们玩要，传

流扔接。那睄看热闹之人都在外边缘看。我下去扔至两轮，正值恩鉴扔出，我接住石锁，弯身转向唐玉田扔去时，适这不知姓名的一人由南往北走来。我们见势不好，即刻喊躲。唐玉田赶接不及，那人亦未躲开。

石锁正中那人头部，简直没有比这更倒霉的事情了。尽管各个参与者都跑去帮忙救治，但此人还是在第二天身亡。四天以后，一名叫作杨纯的农民确认了受害人正是他的儿子杨牛子，并告知官方，他的儿子本是要到京城买东西的。据杨纯说，他听到了他的儿子被一群人打死的传言。吴德喜和其他人否认发生过这种攻击，仵作也证明受害人是被石头击中头部而死。

在确定没有打斗的情形后，吴德喜被根据戏杀律判处绞监候（《读例存疑》：292.04 条）。而其他几名被告，则被根据"不应为"律判处杖八十（《读例存疑》：386.00 条）。

以上几个案件的审议意见揭示，戏杀不仅被认为比过失杀更为严重，而且也具备更高程度的罪责，在主观要素方面只和斗杀有微小的区别。事实上，由于戏杀和斗杀在主观有责性上颇为相似，它们都被设置了相同的初始刑，即秋审后处以绞刑。二者在刑罚严重性上的区别，也即两种犯罪微妙的层级区别，是通过初始判决后的情况，即死刑的复核程序来体现的。戏杀罪犯的死刑判决，在第一次秋审后即可减为流刑或徒刑（［美］梅耶尔 1967：29；《读例存疑》:18.04 条,411.27 条;Wallacher 1983:282)。① 而斗杀犯罪则没有这种保障。总而言之,在清代法律中,戏杀是链接犯罪意图谱系底端和中端的桥梁。帝制晚期的法律将戏杀视作一种鲁莽冲动的杀人,在刑事责任的阶梯上只比有意图的伤人犯罪低一个等级。

民国时期的刑法

作为民国刑法的基础,现代西方法律认为,犯罪的构成要件不仅包括犯罪行为(actus reus),犯罪意图或者犯罪的主观状态(mens rea)同样必不可少。② 这种要求具备两大要件的根本理念,在拉丁法谚中的表述是"actus not facit reum nisi mens sit rea",即"单是一个人的行为不构成犯罪,除非他有主观恶意"(LaFave and Scott 1986:212)。在这两大要件中,现代西方法律更注重后者:"刑法所关注的是被告在做出某种行为时的意图性程度。换言之,即被告在行为时的故意、明知,或应当明知的情况……认定任何犯罪都需要主观构成要件,因此,它是至关重要的。"(Kadish and Schulhofer

---

① 所有的法律案件都需提交复核,而对于杀人案件来说,复核是一个漫长的过程。当基层官员审理完案件并提出一个初步裁定后,案件被移送到府一级,随后是省一级的长官再审。此后,该案件被提交到中央刑部再次复核。最后的复核是由刑部、都察院、大理寺三法司共同进行,而最终名义上批准定案的权力掌握在皇帝手里。在复核的任何阶段,案件都可能被发回做进一步的调查。在判决是斩/绞监候的情况下,该案将会被提交秋审。正是在第一次秋审程序中,戏杀案件的刑罚会被自动减等。参见[美]布迪和莫里斯1967:113—143;[美]梅耶尔1984。这种对戏杀死刑判决的自动减等非常标准化,以至于在清末,沈家本提议将律典中对这些犯罪所列的正式刑罚改为真正的、事实上的刑罚([美]梅耶尔1967:29;黄源盛1991:182)。

② 参见 LaFave and Scott 1986:第3章;Williams 1961:第1章。

1989：217—218）某人在做出行为时的意志最为关键，它同行为本身一样重要，而且比行为所处的任何外部环境都要重要。

民国前期 1912 年《中华民国暂行新刑律》（民国时期的第一部刑法典）草案和后期《中华民国刑法草案》及多个版本都确立了这一理念框架。1911 年，由沈家本（修订法律大臣）和修订法律馆拟定的《大清新刑律草案》总则部分第 13 条的按语写道："无犯意即非暴力犯罪。"（《大清新刑律》1911：13）其他法学家也赞同这一点："要构成犯罪，必须既要有行为，又要有意图。"（*China Law Review* 1927：133）因此，如果仅有意图而无行为，则不构成犯罪。反之，同时也更为重要的是，如果只有行为而无意图，也不构成犯罪。民国法律与清律在此处的侧重点有所不同：民国法律认为，若要论及行为，就必须涉及意图；而清律，部分源于受报应原则的长期影响，对于即使没有任何主观意图的犯罪行为也要予以惩处。犯罪意图谱系的底端——出于意外的过失杀，在清代是要负"严格责任"的犯罪行为。随着这种严格责任在民国刑法典中的删除，中国法律中可罚性行为的范围有所缩减。

民国刑法典中的过失

过失杀人的类别在清代至民国时期的法律转型中得以存留，但是其内涵却有所变化。正如我们所看到的那样，在清律中，过失律不仅包括有较低程度的疏忽大意的案件，也包括意外致人死亡的情形。此外，其他有责性稍高一点的杀人类别，如法典中注明的由于粗心大意或未尽适当的注意义务而导致的杀人犯罪，也可以比照过失律来处理。

但从 1912 年民国第一部刑法典《中华民国暂行新刑律》开始，过失这一术语的含义就发生了变化。与清律使用"过失"一词来表述大部分无法预见的情形不同，民国刑法典用"过失"来表述完全相反的情形——不仅可以预见，而且应当预见。这就导致了对清律"过失杀"这一术语潜在的混淆和偏差。这一变化同样意味着意外致人死亡不再被起诉了。这一类别的缺失，缩小了民国法律中可罚性行为的范围。

过失内涵的演变同样意味着对疏忽大意杀人在法律处遇上的变化。在清代律典中，有多种律条来处理疏忽大意的犯罪，而在民国的刑法当中，却只有关于过失致人死亡的一条法规。在帝制晚期的法律当中，关于疏忽大意行为的层级区分是如此的细微——从层级最低、可以比照意外杀人处理的粗心大意行为，扩展到接近冲动鲁莽或故意的行为。而它们在民国刑法中不再存续了。现在，所有的疏忽大意行为都被归入刑法典中的一个条款内进行规定。至于那些鲁莽冲动的行为，例如曾经被划入戏杀类别的犯罪，它们在新法典中的归宿则暧昧不明。

从清代到民国，"过失"及"疏忽大意"的概念转变朦胧晦涩。在 1912 年的《中华民国暂行新刑律》当中，两次主要提到"过失"这一术语时，都没有做出明确定义，这就使人更难理解其准确内涵。1912 年的《中华民国暂行新刑律》仅仅写道：

> 非故意之行为不为罪，但应论以过失者不在此限。(《中华民国暂行新刑律》:13 条)

因过失致人死伤者，依左例①处断。

1.至死或笃疾者，五百圆以下罚金。

2.致废疾者，三百圆以下罚金。

3.致轻微伤害者，一百圆以下罚金。(《中华民国暂行新刑律》:324 条)②

由于"过失"的精确定义在刑法中付之阙如，于是就为民国早期的法学家们沿用这个术语在清代的用法大开方便之门，即过失杀人同时包含意外及低程度的疏忽大意致人死亡。③

20 世纪初修订《中华民国暂行新刑律》草案的法学家们已经意识到这个问题，他们抱怨道：在 1912 年《中华民国暂行新刑律》中，"故意及过失之范围未尝确定"(《刑法第二次修正案》:19 条)。

---

① 译者按，当时书写习惯为从右向左写，所以引文中的"左例"指的就是下列三条。下文之"左例""左列"同此。

② 在 1918 年和 1919 年的《刑法草案》及《中华民国刑法》(1928 年和 1935 年版)中，过失杀人的刑罚被加以修订，增加了对犯罪人处以两年以下有期徒刑的选项(《刑法第二次修正案》:291 条；《中华民国刑法》1928:291 条；《中华民国刑法》1935:276 条)。在更早的 1912 年《中华民国暂行新刑律》当中，仅对犯罪人处以罚金，似乎是借鉴了晚清试图取消对其他形式的杀人罪进行象征性惩罚的刑制改革。例如，在 1910 年修订的清律中，针对戏杀犯罪的虚拟死罪被废除，而以徒三年代替。对于过失杀人，原初的虚拟死罪也被废除，而以可自动收赎的徒刑替代(《钦定大清现行刑律案语》1910:532—533)。因此，1928 年的《中华民国刑法》再次对过失犯罪引入徒刑选项，意味着对清代判决模式的回归。

③ 在 1907 年《中华民国暂行新刑律》草案的评注当中，提供了一条不清晰、甚至是更加含混的对于"过失"的定义。其指出，过失的情形是指犯罪人"不知注意"(《大清刑律总则草案》1907:13 条)。这并没有打破清代的先例，因为它意味着不是有意地缺乏注意，而是犯罪人甚至都没有意识到自己需要注意的情形。而这种情形正构成了清代出于意外的过失犯罪的主体。

而像意大利、俄罗斯、暹罗和瑞士这些国家，都用单独的法条对过失做出了定义，因此他们建议中国的法律也应予以效仿（《刑法第二次修正案》：19条）。①

与此同时，法学家还必须设法应对由大理院的裁决所给出的定义。例如，大理院在1914年宣布的一项判决中解释了出于故意和出于疏忽大意的犯罪之间的区别。所谓疏忽大意行为是"无犯意而因不注意致成犯罪事实。故是否过失，应以对于其行为之结果有无认识为标准。若明知有此结果，犹复悍然为之，则不能谓之过失"（郭卫1946:54）。因此，如果一个人意识到其行为的可能后果却仍然执意实行，那么他就是有意为此行为并意图达到某种结果，这就是故意。相反，如果此人并未意识到其行为的后果，这就是过失。

第二年，大理院又发布了一个与之前稍有不同的关于过失的定义："过失犯之成立，应以不注意于可以预知之事实为条件，如系不能预知之事实，即属无从注意，自不能发生过失问题。"（《刑法总则》1944:58）如果说第一份裁决描述了故意与过失之间的区别，第二份裁决则描述了过失和纯粹意外之间的差异，这有效标志着清代和民国新时期的法律对于过失定义的部分差别。

民国时期的法学家不再相信某个行为的后果（比如死亡或者伤害）可以单独作为裁决犯罪责任的理由。因此我们发现，1918年《刑法草案》的注释者对过去的法律予以批评。根据作者所言，那

---

① 1871年的德国刑法典和日本明治刑法典也没有对"故意"和"过失"进行概念界定。参见《德意志帝国刑法》（1917），《日本刑法》（1907）和Taylor（1994:101）的论述。

时的法律最看重的是某项行为的结果,而非犯罪意图(《刑法第二次修正案》:22 条)。由于过失不再包括意外行为,只包括那些疏于尽到注意义务而导致的犯罪,因此宇宙失衡和回复原状的观念现已不复存在。① 现代西方法典常用"理性人标准"来解释过失的概念:如果任何一个理性的人都能够通过充分的注意和充分的小心来避免犯下某项罪过,那么犯下此类罪过的行为人就被认为存在过失,因而他是有责任的。这一标准也出现在了民国时期的一些过失案件当中。②

直到 1928 年《中华民国刑法》正式颁布,"过失"的正式定义才首次出现在法典之中。这个术语也终于有了为其提供标准定义的法律条款:

> 犯人虽非故意,但按其情节应注意并能注意而不注意者,为过失……虽预见其能发生,而确信其不发生者,以过失论。(《中华民国刑法》1928:27 条)

该条款实质上规定了两种可能的过失犯罪的角度。第一种,行为人未预见到其行为会产生的后果,虽然他应当有所预见。第二种,行为人对所发生的结果有所预见,但确信其不会发生。

---

① 例如,在 1933 年最高法院的一项裁决中就强调了过失和意外的区别。在这个案例中,法院裁定,如果某起事件在潜在的注意范围之外,它就不是过失案件(《中华民国刑法判解释义全文》:84)。法院还裁定,某起事件"若事实上本属不可能,自不应合其负刑事责任"。不可预见的行为不再被认为是犯罪。

② 该术语有时也被称为"自然人"或"通常人"。参见《中华民国刑法判解释义全文》(729),《大理寺刑事判决全文汇编》(2663)和《刑法总则》(1944:57)。

定义"过失"的条款紧邻对"故意"给予法律定义的条款。"故意"的部分定义如下："犯人对于构成犯罪之事实，明知并有意使其发生者，为故意。犯人对于构成犯罪之事实，预见其发生，而其发生并不违背犯人本意者，以故意论。"（《中华民国刑法》1928：26条）因此，过失和故意犯罪的行为人可能都拥有伤害将会发生的预期。两者之间的区别在于行为人是相信犯罪行为不会发生，还是不反对该行为的发生。这些定义第一次将过失犯罪和故意犯罪的距离拉近。

在西方，犯罪意图（mens rea）的概念通常来说并不包括过失。正如 Glanville Williams（1961：31）所指出的那样："过失并不一定是一种意识状态；因而这类犯罪最好被认为不需要犯意。"但是，Williams 进一步指出，过失"是一种法律上的过错，从这方面来说，它与那些需要犯意的犯罪是类似的……其责任……或许仅仅是由于疏忽了应尽的注意义务所致，此处的主观状态并非积极的，而是消极的或被动地犯错"（Williams 1961：31，100）。在 19 世纪与 20 世纪之交，部分德国法学家认为，用于表述 mens rea 的德国术语实际上更多的是指有罪的情形，因此既包括过失又包括故意（[美]弗莱彻 1971：413）。因此，尽管过失的定义意味着缺乏故意，它仍然描述了一种通常意义上应受谴责的主观状态——按照理性的标准来看，应当注意避免发生该行为。

到了 20 世纪 30 年代初，民国的法学家们也提出了这一问题，因为它涉及区分过失条文第 2 款所规定的"预见"和犯罪故意的问题。《法律评论》上发表的一篇文章举出若干可能的理论来阐述过失的概念。其中，过失犯罪的概念与故意犯罪紧密相连："出于其人之意思，惟对于行为之结果，非所预见。关于此点，虽与犯意有别，然其认识行为，自体则与犯意无异。"（平平 1930：1）[1]也就是说，过失犯罪之人和故意犯罪之人，都是有目的地做出了造成伤害的行为。在过失的案件中，结果可能并非所追求的或所预见的，但其行为本身仍然是自愿的或有目的的。

民国时期过失与故意的相近，揭示了民国和清代法律在定义"过失"这个术语上的又一不同之处。清代法律对过失杀和故杀有非常明确的区分。它们事实上处于犯罪意图谱系的两极，中间是所有其他类别的杀人罪。法庭不需要为绘制区分这两种类别的指南而耗费时间。过失杀和故杀的鸿沟在清代是如此巨大，因此将两者混淆的问题无论是在法典中、注释中，还是在案例中都从未出现过。而民国的法律，由于对主观有责性的两种类别的定义含糊不清，使得当时的法学家大感为难。

民国时期的过失案例

为了检验"过失"这一术语在范围和定义上的变化是如何在实践中上演的，我们需转向对民国时期关于过失案件的法庭档案的研究。民国法院的过失案件可以被分为三类。在第一类案件中，民国时期的过失法律被用来裁决因疏忽大意致人死亡的犯罪，这与中华民国刑法典中对过失的定义相一致。在第二类案件中，下级法院依照过失法律来判决意外致死的案件或那些依照民国法律

---

① 另可参见《刑法总则》（1944：58—59）。

不符合过失定义的犯罪。而意外致人死亡依据民国刑法本不应该
受到惩处。当这种情况发生时，上级法院必须重申民国对该术语
的新定义以组织意外行为受到处罚。在第三类案件中，法庭无法
区分过失杀人和故意杀人。这两大类别在1912年以前一直是作为
犯罪意图谱系的两极而截然分离，但现在，作为仅存的两种杀人犯
罪的种类，它们变得越来越难以区分。

标准的过失

符合民国法律关于标准过失界定的案件，有些类似于前述部
分所讨论的清代法律中通常被裁定为因低级别的疏忽大意而导致
的过失犯罪案件。1920年由甘肃省高等审判厅发送至大理院的询
问，为新的过失法律的适用提供了一个很好的例证（《大理院解释
例全文》：1377）。这个案件的起因为：一名来自甘肃省庆阳县的男
子，在一场倾盆大雨前离家。根据案卷记录，其邻居从他紧锁的大
门的缝隙中注意到，他所居住的窑洞进了水。于是，该邻居"将甲
门跟下挖一小孔，以便窑内之水泄出"。然而，当这名男子回到家
后，却将所有的损失归咎于他的邻居，认为正是邻居所挖的洞使水
流入了自己家中。双方因此发生了争吵，当地保卫团也介入进来。
保卫团派了几个人前来调查此事，其中一人还带了一支来复枪。
在调查过程中，携枪的保卫团员与一名旁观者发生了争执，遂用枪
支殴打这名旁观者。结果来复枪走火，打死了最初那名因雨水泛
滥而受灾的倒霉男子。大理院解释道，这名保卫团员应当依据过
失杀人的法律论处（《中华民国暂行新刑律》：324条），并同意下级

法院的论断，即行为人"意在持枪把捣庚"①，而非故意开枪。如果杀人罪的相关法律在当时是有效的，那么这样的裁定显然是合适的。那名保卫团员本无意开枪，而且明显没有意识到枪已上膛，因此这不是一起故意杀人案。但是，他应该意识到用装载了弹药的武器殴打他人的潜在危险，却未对此给予适当的注意，因而要负过失杀人的罪责。

这个案例被认为是低层级的疏忽大意所导致的过失犯罪之一，其裁决与清代类似。实际上，这个案件的具体情形，与19世纪初期刑部处理过的一起案件非常相似。在那个案件中，某人购买了一根旧铁铳，没有意识到它仍装有火药。"因铳口被铁锈堵塞，用火焙烧，欲烧去铁锈，以致药燃骤发"，杀死了他人（《刑案汇览》：31.42b）。这起案件中的犯罪人被以过失杀论处。

另一个符合民国时期过失法律的案例，来自1915年大理院对安吉仁的审判。此人是湖南省江华县的居民，供职于地方兵勇（《大理院刑事判决全文汇编》：2663—2666）。1913年9月13日，安吉仁和两名同事刚逮捕了一个涉及鸦片买卖的男子黎上初。在返程途中，一伙劫囚的土匪袭击了他们。土匪成功地使黎上初逃脱。在激战中，安吉仁开了枪，但是子弹既未打中任何一名土匪，也没有打中逃跑的黎上初，却打死了一名无辜的牧牛人李王氏。湖南省高等审判厅一名就此案先前判决提起抗诉的检察官认为，此案"当然阻却故意，不过缺乏通常人所应为之注意，应负……过失杀伤之责任"。大理院在审查这一案件时与其意见一致。大理

---

① 译者按："庚"为案卷对那名旁观者的代称。

院首先指出，"此案例中被告当然没有杀害李王氏的意图，这点不言自明"。但是，尽管当时场面混乱，整个事件却都发生在白昼，安吉仁"明知道旁有人，自应注意"。因此，大理院根据过失杀人的法律规定，对安吉仁处以五百元的罚金。

再来看看发生在1929年5月北平城外宛平县庐城村的因土匪袭击保卫团所导致的董廷盛遭枪击死亡案件（北京地方法院：J65.4.450—452）。当时，一伙土匪与地方保卫团发生枪战，双方均有负伤，一名土匪骑自行车逃离。六天后，保卫团听说有另一伙强盗在附近出没，于是外出巡逻。在巡逻到村庄南部边界的时候，一名名叫程锦堂的保卫团成员遇到了一名骑自行车的男子。由于怀疑这就是那名"乘车逃脱之逸匪"，程锦堂命令那名男子下车。根据程锦堂的供述，"我喊令董廷盛下车检查，他不仅不听，反掏出手枪连续向我开放。我只向空鸣枪三响为记，并未向其击射"。地方保卫团的其他成员也证实了他的供词。但是，此案的其他证人却给出了不一样的陈述，程锦堂的供词也很快被证实是站不住脚的。首先，好几个人都确证董廷盛并非土匪，而是外出收取货款的木炭厂雇员。其次，法院质疑程锦堂供词所述的可行性。根据供词，董廷盛骑自行车经过时曾连续开枪射击。但法院注意到，根据枪支在犯罪现场被找到的地点，董廷盛被击中时是否持枪都很可疑。再次，法院识别出这把枪的型号为比国七。这款手枪一次只能射出一颗子弹，需要手动移除用过的弹药筒并重新装填弹药后才能再次开火。因此法院怀疑，董廷盛怎么可能在装填弹药并开枪的同时又可以骑着自行车飞速经过凹凸不平的乡间小路。另外，法院甚至怀疑程锦堂所说的向空鸣枪警告的真实性：如果他遭到袭

击,怎么可能不立即开枪还击？在驳斥了程锦堂供词中的每条理由之后,法院做出了如下判决:

> 董廷盛显系典分良民,并非盗匪,亦未携带枪械,均已如前述。且董廷盛身穿蓝布小褂,与前次穿白小褂骑车之逸匪并不相类……均系应注意并能注意之事项……并未注意。

程锦堂被判应负过失杀人的罪责——他应该知道向人开枪所导致的伤害。此案在被上诉到河北省高等法院后,仍然维持原判。

如果根据清代法律,上述两起枪杀案都难以裁决,这究竟确为低级别的过失案件,还是更类似于用弓箭杀人的罪行？这将是一个严重的问题,因为二者的刑罚差异很大:前者为缴纳赎金,而后者将会被流放。然而,民国的法院可以简单地强调犯罪人的粗心大意或缺乏适当的注意,并引用过失的法律定义("没有给予一个正常人应该给予的注意")。他们没有必要对过失或疏忽大意进行更进一步的解析。清律中大量与疏忽大意有关、但并未归在过失律下的条文,从弓箭杀人到失火杀人,都没有像过失法那样延续到民国时期。然而,在这些消失的类别中,有许多类型可以被相对容易地纳入民国时期的过失法当中。毕竟,无论是清代的过失律,还是那些其他律条,都是在处理因疏忽大意而导致的犯罪问题。

因此,《大清律例》中的"庸医杀伤人"律,本质上是一则涉及医疗事故的律条,在过失杀人的类别中找到了新的归宿(《唐律疏议》1997:281;《读例存疑》:297.00 条)。以 1929 年的陈契兰案为例,陈契兰因被指控对其病人熊兴墀的死负有部分责任而在北平市地方法院受审（北京地方法院：J65.4.377—380）。熊兴墀曾到医生陈契兰那里治疗他感染的腿。陈契兰供称，他已尽最大努力来医治病人："我自问无错处，他（指熊兴墀）左腿上有一疙疸，病名叫流注，我给他割治。"陈契兰还说，熊兴墀的死亡并非由手术所致，而是因为他在恢复的过程中又得了感冒。但法院没有采信陈契兰的说辞。法院指出，经过他的手术后，病人出血不止。法院从北平德国医院请来了一位医学专家克利氏医生。这位专家证实，熊兴墀一直患有"进步之肺痨"并伴有感染性肿胀，后者可能是他在照顾他那患有痢疾的女儿时染上的。克利氏指出："其流血之原因系因血管破裂所致，尚在下手开割范围之内。"另一位医生董子文也证实，真正的病因在于病人的肺部，肿胀则是次要因素。

北平市地方法院根据 1928 年《中华民国刑法》第 291 条认定陈契兰在执业过程中犯有过失杀人罪，处以一百元罚金。河北省高等法院将这一判决改为四个月的监禁，这一变更在次年得到了最高法院的认可。在陈述意见时，最高法院严厉谴责了陈契兰，并在关于此案的官方意见书中注明："该被告未究此病症，又贸然将该疙疸开割，致病者血管破裂，不可收拾以至于死。"

1941 由四川重庆地方法院审理的一件案例中也被判定为过失杀人。这一案例与《大清律例》中的"车马杀伤人"（《读例存疑》：296.00 条）情况类似（四川高等法院：13482,13484）。这起个案涉及一名名叫柴桂棠的司机。案发当日，据目击者称，柴桂棠在高速驾驶，并不注意路面情况。他的车撞到了一名五岁的小男孩，致使其头部严重受伤而死。法院认定，柴桂棠在此案中犯有过失杀人罪。这一判决结果后来由四川省高等法院第一分庭维持原判："上诉人既以汽车司机为业,在驾驶卡车之时,自应对于相当之距离予以缜密之注意,并不得以卡车高大为不注意之借口……显系因业务上之过失致人于死。"

意外、过失,抑或两者皆非?

在过去,意外杀人通常也是需负严格责任的犯罪行为。而在民国时期,有时候一起与清代类似的属于意外情形的过失杀案件本来已在地方法院做出裁决,但后来又被省高等法院或最高法院推翻。此外,由于杀人罪被分为过失杀人和故意杀人两大类别,往往会给法院造成如何定罪的困惑,导致实际上并非过失杀人的案件被错判为过失。

法院对过失法的引用,有时也暴露出过失的定义在当时有效性上的混乱,即清代的定义还是民国的定义是有效的。比如在1914年陈洪九上诉至大理院的案件中(《大理院刑事判决全文汇编》:1721),陈洪九曾在晚清时期担任过贵州松桃的厅同知,在清政府土崩瓦解的那段混乱时期,陈洪九带着他的官印和一些官方财产逃往湖南。而另一名叫周濂的人被新任命担任陈洪九的职位。在陈洪九回来后,双方为谁应该担任厅同知的职位发生了一场大争论。争端不断升级,最终导致了一场混战,砍刀长枪一齐出动,最终,周濂的两名支持者被开枪打死,另有一人遭受了致命的刺伤。

贵州高等法院判决陈洪九应当对周濂的支持者承担过失杀人和伤害致死的罪责。高等法院的理由是:死亡的结果属于"意料所不及"，因此构成过失杀人。高等法院还阐释了清律中的过失杀条款。大理院推翻了这一判决，认为该裁决并不恰当。大理院是正确的——高等法院对过失概念的使用来源于清律，而非案发当时有效的《中华民国暂行新刑律》。① 如果高等法院想将此案判定为意外致人死亡，那么就不应当判陈洪九有罪，因为意外杀人在民国法律中不受惩罚。如果陈洪九因故意开枪而获罪，那么可适用的法律为故意杀人（具体参见下文的讨论）。但是无论是何种情况，过失法在这里都不适用。②

再来探讨 1933 年对来自山东的赵世功、赵世恂兄弟二人的审判。这二人是一家鞋铺的店主，店里还有一名叫作王克东的学徒（《司法公报》1935：24.25）。在 1933 年 5 月 8 日的夜里，自行车铺发生火灾并蔓延到楼上的鞋铺，赵世功夺门而逃，赵世恂与徒弟从鞋铺的东面窗户边跳离火场。但在跳落的过程中，王克东头部受伤而亡。尽管引发火灾的罪责由其他人承担，但赵氏兄弟也以疏于适当照顾其徒弟而被判定承担罪责。最高法院推翻了这一判决，其指出，刑法典将过失定义为"当注意、并能注意而不注意者"（《中华民国刑法》1928：27 条）。然而，法院裁定本案发生于夜晚的火场中，赵氏兄弟之一也选择了与王克东同样的逃生方式，故而兄弟俩并无过错。以未从燃烧的建筑中恰当地救助他人为由判决自己也在逃生的两兄弟过失杀人罪，更像是清律中对过失杀的界

---

① 由于《中华民国暂行新刑律》对过失未作定义，因此这种困惑完全可以理解。

② 大理院还提出另一条证据意义上的理由来推翻原判，即并不清楚到底是谁射杀了周濂的支持者。

定。在民国刑法中，此案本应排除在过失法的范畴外，除非两名被告与火灾的发生有关或在煽风点火。最高法院纠正了下级法院的错误判决，判决被告无罪。

最后，我们来考察 1928 年发生在四川郫县的蒯德三案。在该案中，蒯德三原本被判应对其邻居高李氏和她女儿的死负过失杀人的责任（四川高等法院：2232）。作为一名有过自杀企图的母亲，高李氏被送回娘家。在她身亡当天，高李氏曾与她父亲的邻居蒯德三争吵，并且争吵不断升级。高李氏受了轻伤，失去了理智。她带着女儿投进了附近的河中，双双溺水身亡。当地法院判处蒯德三过失杀人罪，处罚金五百元，其中二百元支付给法院，三百元支付给高李氏的丈夫。这笔罚金达到了法律所允许的最高赔偿额度（《中华民国暂行新刑律》：324 条）。但蒯德三和死者的丈夫都对这项判决不满意，两人都向四川高等法院提起上诉。

经过调查，高等法院认为，蒯德三并没有强迫高李氏自杀：争吵听起来是从蒯德三的家中传出来的，但蒯德三在高李氏出门后并没有跟着她，当她投河时也不在场。这些都已得到了证人的证实。此外，高李氏从前的自杀史也应予考虑。因此法院裁定："高李氏抱女投河出于自尽，蒯德三自不负何等责任，亦无过失可言。"高等法院从而推翻了下级法院的裁决，下令将罚金尽数归还给蒯德三。即使有犯罪发生，它也不符合民国法律对于过失的界定。蒯德三不存在任何注意上的过失。即使他殴打了高李氏，也只构成伤害罪，而非过失杀人。① 在这个及其他案件中，下级法院遇到了如何使繁复的旧法与精炼的民国新法相协调的问题。如果一宗杀人案不是故意为之，那么可被用来伸张正义的唯一途径似乎就是适用新的过失法律。

过失，还是故意？

如何在新概念下区分过失杀人和故意杀人，这给法官们带来了新的难题。正如前述关于民国法典的讨论中所指出的那样，这个问题很大程度上源于法条对"故意"和"过失"这两个术语在界定上的用词含混，甚至在最初的法典中都没有一个确切的定义。1928 年的《中华民国刑法》第 26 条关于故意杀人罪的条款部分规定："犯人对于构成犯罪之事实……预见其发生。而其发生并不违背犯人本意者为故意。"（《中华民国刑法》1928：26 条）而在第 27 条中对于过失这一术语的界定则包括以下条款："犯人对于构成犯罪之事实，虽预见其能发生，而确信其不发生者，以过失论。"（《中华民国刑法》1928：27 条）由于两个定义都包含了"预见"，而评估犯罪人的主观意图向来是一件棘手之事，法庭就在术语上来回纠缠，有时将意外裁定为故意，有时又裁定为过失。在清律中就不会

---

① 高等法院认定蒯德三要对其用铁器伤害高李氏的行为负责。如果在清代，蒯德三可能会被依照《大清律例》第 299 条"威逼人致死"律定罪处罚。在该律条下，如果有证据证明受害人受到了犯罪人的威吓（如此处用铁器伤害），那么犯罪就会被判处杖一百的刑罚（《读例存疑》：299 条）。

发生这样的情形,因为过失杀人和故意杀人的概念并不临近,它们分处宽阔的犯罪意图谱系层级结构中的首尾两极。

1916年大理院对吉林省法院提出的疑问进行的回复,表明民国法院在区分这两个杀人罪的主要范畴时颇感艰难(《大理院解释例全文》:431)。在本案中,根据法庭记录:"甲与乙有仇。乙与丙、丁、戊在屋环坐。甲由窗隙用枪向乙施放。"屋中的四个人都有受伤,但无人死亡。判定甲对乙所犯的罪行很简单:他谋杀未遂。但是要判定甲对其他人所犯的罪行就不那么容易了。下级法院提供了两种相关意见。第一种法庭意见为:既然所有人都在屋中环坐,伤害所有人的可能性是"当然为甲所能预见"。因此,他同样应当被判处对其他人谋杀未遂。第二种法庭意见是:"甲对于丙、丁、戊不惟无意致死,亦并无意伤害。不过因不注意而致伤害,应各论以过失伤害罪。"

甲对屋内其中一人有故意伤害的意图似乎已是法院对其以故意杀人罪(未遂)论处的充分理由。[1] 既然其他伤害也是在杀人未遂的过程中造成的,似乎只有当犯罪人在实施犯罪的过程中出现准头偏移、未能足够精准地实施犯罪行为的情况时,过失杀人的条款才可能得到适用。而在本案的情形中,过失杀伤法并不适用。大理院因此纠正了下级法院的判决,并对其解释如下:"以甲有无预见为断。"如果甲有所预见,那么就应按照吉林省法院提供的第

---

[1] 在清律中,如果犯罪人意图杀害某人但却错误地杀害了另一人,则可按照故意杀人律论处(参见《读例存疑》:292条)。

一种意见，即按照标准的故意杀人罪（未遂）论处。①

同年稍晚由江西省提交至大理院的另一起案件也显示了法庭在区分过失和故意之时所处的困境。在本案中，有四个人合力扼杀另一个人并确信已经掐死了他（《大理院解释例全文》：489）。此后，这四个人中的其中一人将"尸体"扔到河里企图抛尸灭迹。尸体被发现后，有迹象表明此人不是被掐死的，而是被淹死的。江西法院向大理院征询意见，对于抛尸之人应定何种罪名。尽管被害人是被淹死的，但犯罪人在扼住他的时候就已经有了杀人的意图，而非在抛尸之时方才产生。在大理院看来，本案的一个可能判决是：除了和涉案的其他三人一起被判处谋杀未遂外，此人还应该按照刑法第 258 条"损坏、遗弃、盗取尸体"罪论处（《中华民国暂行新刑律》1912：258 条）。此外，大理院还裁定，尽管犯罪人在抛弃他所认为的"尸体"时并没有杀意，但是"如有过失，也应以过失杀论"。这又是一起在犯罪过程中存在过失，而非因为过失行为所导致犯罪的案例。法院在此案中的疑惑表明，他们很清楚在故意杀人和过失杀人之间存在着交错地带。

清律提供了情境性的参考方针来帮助确认犯罪意图究竟属于哪一种类，而且清律具备宽广而又具体的有关犯罪意图的谱系分类。但在民国的刑法中，在犯罪的主观有责性方面只有两大分类。

---

① 从表面上看，这份判决与上面所讨论的故意杀人的法条是一致的。不过，它同过失杀人的法条同样是一致的，因为法庭并没有说明其如何断定射伤其余三人的行为"不是和行为人本意相违背的"，法庭也没有说明这为何不属于犯罪人"相信（意外）不会发生"的情况。最后，本案纯粹是由于预见本身的存在才得以援引故意杀人的法条做出判决。然而，根据法条的字面意思，除要求具备预见性之外，还要具备其他要件才能确定这是一个故意行为。

对二者做出明确的区分确实非常重要。毕竟,过失杀人的刑罚在
1928 年以前仅仅是最高五百元的罚金,后来变成了最高一千元的
罚金(在 1935 年又变更为两千元)或最长两年的监禁——注意此
处法律并未明确规定最低罚金或最短刑期(《中华民国暂行新刑
律》:324 条;《中华民国刑法》1928:291 条;《中华民国刑法》1935:
276 条)。① 而另一方面,故意杀人的刑罚在十年有期徒刑到死刑
之间(《中华民国暂行新刑律》:311 条;《中华民国刑法》1928:282
条)。最起码,过失杀人罪的最重量刑与故意杀人罪的最轻量刑之
间有八年的监禁刑之差,这实在是一个很大的刑罚差距。如果我
们比较过失杀人罪的最低刑罚和故意杀人罪的最高刑罚,这一差
别就更大了:这是没有设定最低限额的罚金和死亡之间的差别。
考虑到在民国时期的法典中,故意和过失的定义是多么的模糊和
容易混淆,错误及缺席的正义都很容易产生。

戏杀向何处去?

　　民国时期的这些变化又把清代的戏杀类别带到了哪里? 这种
杀人类型位于犯罪意图谱系底端中的高阶,是一个复杂的类别。
在清代,那些实行了戏杀行为的犯罪人明知他们在从事危险活动,
但他们依然不管不顾地这样做。有时候,他们对于这些行为也是
无辜的——年轻人在打闹和玩耍的时候出了差错。但是,戏杀律
下的一些行为涉及了民国法律所定义的接近故意的任性或恶意。

---

① 对在工作过程中犯下过失杀人罪行的犯罪人所适用的不同刑罚,请参见第六章。

戏杀这一范畴不像它在清代那样,在民国时期的法典中它确实没有立足之地。我们可以想象,在民国时期,一些以前的戏杀案件会被裁定为过失杀人,而另一些则被裁定为故意杀人。我对民国时期提交到最高法院的 500 多起杀人案进行了研究,遗憾的是并没有发现任何可供参考的案例。这一类别的丢失进一步说明了清代法律在处理犯罪意图时所使用的部分概念上的复杂性已经缺失。

结　论

西方法律更加先进的普遍预设,使得中国对犯罪意图谱系的划分和层级在很大程度上被忽视了。本章从过失杀开始,深入研究了犯罪意图谱系的底端。这一类别涵盖了由意外导致的行为,同时也包括那些由于低程度的疏忽大意所导致的行为。除过失杀的律条之外,《大清律例》还包含了大量被认为是重于意外及低程度疏忽大意致人死亡、但又轻于故意伤害的犯罪。那些律条包括"弓箭杀伤人"律(《读例存疑》:295 条)、"车马杀伤人"律(《读例存疑》:296 条)及"失火"律(《读例存疑》:382 条)。这类中间程度的犯罪,可根据它们各自的刑罚进行区分。与对过失杀的处罚不同,这些罪行所受的惩处不能自动收赎。但是,它们仍然没有故意伤害罪所判的死刑那样严重。综上所述,这些为数众多的律条代表了帝制晚期的法律高度详尽和精细化的过失犯罪类型。最后是戏杀类型(《读例存疑》:292 条)。它所涉及的犯罪只比故意伤害低一个等级,因此它的起始刑与斗杀犯罪相同。

随着 1912 年基于现代欧洲和日本模式的刑法典的引入,非故意或过失所导致的行为不再被认为是犯罪。因此,曾被帝制晚期的过失律裁定需承担严格责任的意外致人死亡的情形,如今将不再受到起诉。另外,从低级别的疏忽大意所造成的过失杀人到中级别的弓箭杀人及类似过失犯罪,帝制中国晚期法典中为数众多的过失犯罪等级,在民国时期统统被压缩为一个总的过失类别。而戏杀类别则在故意和过失之间漂浮不定,这一概念类型失去了立足之地。

晚清和民国时期的立法者们曾打算创制一种简练有效的新型刑法,它以清晰的概念导向型法规为基本特征。尽管这样的刑法典确实成功涵盖了几乎所有的概念导向型法规,但那些法律被定义得太过宽泛与模糊,以至于要对过失和故意做出区分都变成了一件棘手的事务。在清代的法律中,过失杀和故杀原本是位于犯罪意图谱系的两极。而到了民国法律中,它们只是主观有责性的两个类别,被使用相似的术语进行界定。事实上,两者的定义实在是太过相似,以至于它们经常被法学家们所混淆。而这样的问题,在清代从未发生过。

当时大多数法学家都认为,民国刑法相较于清代是一大进步。但是,对于杀人罪的相关法律来说,这种所谓的先进性声明是需要被修正的。可以肯定的是,一个复杂的体系被一个简单的体系所取代,但是那个简单的体系在被应用到实践当中时有它的局限性。清朝的体系与此不同,它是高度复杂化的。在这种情况下,按照西方模式进行现代化并不一定意味着进步。

第二章 概念与情境的结合：斗殴杀与故意伤害

在对帝制晚期的刑法进行探讨时，往往会强调它与具体情境相关联的属性。《大清律例》由律和例构成，详细规定了独特的情境及具体情境下的刑罚。例如对于斗殴犯罪，《大清律例》包含 23 条律文和 117 条例文。律的范围涵盖了从殴故夫父母（《读例存疑》:322 条）到殴制使及本管长官（《读例存疑》:306 条）。例则进一步规定了这些具体情形，详细说明了其他情境以及这些情境应当如何予以裁决。

《大清律例》中关于杀人罪的法规也同样强调了这种对于情境的重视。不过与此同时，是否存在故意以及故意的程度在杀人罪的分类中起着决定性作用。在杀人罪的类别中，我们可以绘制出一幅关于犯罪意图谱系的图谱，从恶意谋杀一路下降到完全没有任何意图和预见的意外杀人。本章将以斗殴杀的类别来探讨杀人谱系的中间地带、故意伤害与故意杀人之间的概念灰色地带，以及清代法律当中情境与意图的关系。它将表明，清代的法律将犯罪意图的概念化同具体情境串联起来，而民国时期的法典剔除了概念与情境之间的这种连接，又引入了"伤害至死"这一类别。在实践中，民国刑法又不得不遵循着清代的模式。

我们将会看到，民国时期的法律其抽象范畴上具备了韦伯理想类型的简单性，但它需要借助一些具体化才能正常运行。这种回归清代模式的冲动既不是非理性的，也不是反现代的。这是民国时期的法学家们认识到清代视野的优势及其基本效用的结果。他们也许没有给它贴上这样明确的标签，但清代模式确实具有民国时期新法典所缺乏的复杂性。它包含了情境与犯罪主观因素之间的灰色地带。与民国时期和现代西方法律更看重其中之一不同，清代法律两者兼而有之，它在一个复杂的框架下同时运用情境与主观因素，充分处理了主观有责性的各个方面。民国时期的立法者和法学家们尽其所能地使中国法律回归到这一框架中去。

帝制晚期的斗殴杀

在帝制晚期的律典当中，斗殴杀通常与故杀联系在一起。① 唐代法律中的定义最初相当简单：

---

① 关于这些范畴及其由唐至清的法律变更，亦可参见［美］梅耶尔 1978；［英］马若斐 1988。斗殴杀这种犯罪也通常被简称为斗杀或殴杀。斗殴杀由两个不同的活动组成：斗或争，以及殴或打（《读例存疑》：302 条）。它们一同构成了打架斗殴的情境。

> 诸斗殴杀人者，绞。以刃及故杀人者，斩。虽因斗，而用兵刃杀者，与故杀同……虽因斗，但绝时而杀伤者，从故杀伤法。（《唐律疏议》1996:264）①

从表面上看，斗殴杀似乎只是纯粹的情境相关性范畴，包括在扭打或争斗过程中发生的杀人罪。然而，对唐律的注疏显示，在区分斗殴杀和故杀时，犯罪人的主观心理状态受到了极大的关注。例如，注疏扩大解释了律文，注明斗殴的情境是指在其开始的时候"元无杀心"（《唐律疏议》1996:264）。然而，在斗殴中使用兵刃的情形则表明了其有"害心"，从而构成故杀。② 沈家本（1976:2.2b）这样解释这条法律的逻辑："若金刃本可以害人之物。知其可以害人而用以伤人，与知而犯之何异？"而对于斗殴之后杀人（"绝时而杀伤"），注疏指出这意味着"忿竞之后，各已分散，声不相接，去而又来杀伤"（《唐律疏议》1997:333）。如同使用了兵刃一样，这种情形表明犯罪人有伤害他人的意图。撇去这些具体的事例不谈，唐律在注疏中同样对故杀本身提供了一条简短的、一般性的定义：双方"非因斗争，无事而杀"。这种杀人类型超越了因斗殴或争吵而轻易的、自然引发的杀戮的界限（《唐律疏议》1996:264）。

因此，唐律对斗殴杀和故杀的界定标准实际是行为上的：使用可以杀人的武器证明有杀人的意图，没有使用这种武器就意味着没有杀人的故意。同样地，在一场斗殴结束后过了一段时间再杀

---

① 在《宋刑统》中，关于斗殴杀的法条和注释与此相同。
② 关于故杀及其他具备犯罪意图的杀人类型，参见第三章和第四章。

人也表现出了杀人的意图:此人想必已有时间来整理思绪,冷静下来。而在一场斗殴当中杀人,则没有时间去形成杀人的意图。最后,在非斗殴的情境下杀人意味着这是有意识的,因此也就是故意杀伤。

但是行为分析并未展示出全部图景。帝国晚期的法律将行为分析同犯罪人(在一定程度上也包括受害人)的主观状态分析结合起来,用前者帮助阐明后者。沈家本认为,唐律所设定的斗殴杀,不仅没有杀人的意图,甚至也没有伤害的意图(沈家本 1976:2.7a)。他指出,唐律中囊括了殴伤和殴杀、故伤和故杀(《唐律疏议》1996:264;沈家本 1976:2.7b)。"明知殴人为害人之事而有意犯之,故谓之故。死者为故杀,伤者为故伤"(沈家本 1976:2.7b;[美]梅耶尔 1978:90)。沈家本也意识到了行为分析在判定主观有责性方面的作用,他指出:"两相争而至两相击。其事由交哄而成,无论动手先后,并未有害人之意,故谓之斗。"(1976:2.7a—b)换句话说,在唐律之下,斗殴犯罪只发生在激烈论争的时候。这种争论的混乱情形揭示了故意的缺失,使得斗殴犯罪成为一种非故意的高度有责性的犯罪行为。它在犯罪意图的谱系中比戏杀更重一阶。毕竟,斗殴比打闹更加危险。

唐律中的另一条律文则将这些关于犯罪意图的问题和情境的问题嵌套起来,以涵盖数人在斗殴过程中殴打及杀害他人的罪行(《唐律疏议》1996:266)。在唐代,群体斗殴的犯罪可以被分成三个基于犯罪意图的子类别:同谋共殴、共殴和乱殴。第一类与第二类、第三类的区别在于,它存在事先的伤害意图。在同谋共殴当中,攻击者有伤害受害者的打算,而在其他两个子类别中,伤害并不是最初的意图。

　　在明清法典当中，界定斗殴杀的趋势是较少强调情境与行为标志，而更多强调犯罪人的主观状态。随着《大明律》的颁布，一对一斗殴的律条仅简单地写道："凡斗殴杀人者，不问手足、他物、金刃，并绞。"（《唐明律合编》：481）①斗殴杀人的刑罚仍然比故杀轻，而且它依然是基于情境的。这一类别仍然包括在打架或争吵过程中的非故意杀人。然而，斗殴杀在早期王朝的律典中区别于故杀的关键依据，即是否使用了金刃、在打架与杀人之间是否存在时间间隔的判断标准消失了（《唐明律合编》：481；[美]梅耶尔1978：92—93）。

　　《大清律例》在斗杀律的律注中对现在应当如何理解这两种类别做了详细说明：

　　　　独殴曰殴，有从为同谋共殴；临时有意欲杀，非人所知曰故。（《读例存疑》：290条）

　　如果有杀人的意图，不管这种意图是否被表达出来，罪行都被认定为"故"。相反（虽然律文没有明确说明），如果仅有伤害的意图，那么罪行就被认定为"殴"。现在律学家们只能依靠对被告的主观状态的评估来认定其身犯何罪，应该判处何种刑罚。②

---

①　清代的相关规定与《大明律》相同，但有一个例外：新增了律间注，指出这种死刑是秋后处决（《读例存疑》：290条）。

②　"殴"和"故"在刑罚上的区别为：前者是绞刑，后者是斩刑。梅耶尔（1978：112）认为行为要素的删除意味着法律步入"更成熟阶段"，而行为要素的消失所带来的区分斗殴杀和故杀的困难是能够为积极奉行"救生不救死"原则的立法者接受的。撇开法律体系是否更加"成熟"这一问题不谈，我们可以从下文中看到，在清代和民国时期，行为要素实际上在实践中被保留了下来，这就使得梅耶尔的观点并无实际意义。

我们将会看到,这种变化体现在明清律当中部分犯罪类别的消失上(参见表2.1)。正如沈家本所指出的那样,"故伤"这一类别在明清律当中是缺失的(沈家本 1976:2.8a)。这部分是源于从唐代"殴"和"故"的含义向明清含义的演进:在唐宋法律中,"殴"罪并没有伤害的意图,但在明清法律之下,"殴"罪具备伤害的意图,但不具备杀人的意图(若有杀人的意图则会被纳入故杀和谋杀)。因此,任何故意施加的伤害行为在唐宋法律之下都可被归为故伤,而在明清法律之下则被归为殴伤。

表2.1　唐宋时期和明清时期的殴杀伤及故杀伤犯罪

唐宋时期	明清时期
殴伤/殴杀:没有犯罪意图	殴伤/殴杀:伤害的意图
故伤/故杀:具有犯罪意图	故杀:杀人的意图

现在"殴"具备了以伤害意图为核心的明确定义,法律对共殴的分类也发生了变化(参见表2.2)。在明清时期,与将共殴的三个变种集中在一条"同谋不同谋殴伤人"律中并结合组织程度和犯罪意图来加以区分的唐律不同,现在对于群体斗殴的主要法定分类是涉及伤害意图的共殴(因此属于"殴"这个类型;这包括图谋伤害或包含意图伤害的自发共殴)和涉及杀人意图的共殴(这种犯罪在明清时期被划入谋杀的范畴,即一群人怀着杀人的意图在谋划)。①

① 一群人自发地、共同地发展出了杀人的意图则可能被排除在这一法律范畴之外。因此,这里所选择讨论的罪行是"谋"而不是"故",亦非"谋"和"故"。

任何对共殴的变体的进一步区分，例如介于计划和自发争斗之间的"殴"，都可被纳入该条例中。①

表2.2　唐宋时期和明清时期的共殴分类

唐宋时期	明清时期
同谋共殴：有预谋的群体斗殴	同谋共殴：伤害的意图
共殴：未预谋的群体斗殴	谋杀（多个行为人）：杀人的意图
乱殴：争斗	

不像第一章所讨论的过失杀律总是提供情境标记作为将此罪及其责任与其他犯罪区分开来的指导方针，在清代的殴杀律中，唯一可识别的情境标记为斗殴的情形，现在还被斗殴杀和故杀所共享。② 至少有一位清代的律学家薛允升对这种变化表示不满，认为缺乏行为标记会使得早期被归为故杀的犯罪现在被归为斗殴杀这一较轻的犯罪："甚至刃伤过多，及死者已经倒地，并死未还手，恣意迭殴者，亦谓之斗。天下有如此斗殴之法耶？未免过宽。"（《唐明律合编》:482）

———————————

① 举个例子，《读例存疑》第290.09条涉及两个家族之间的争斗，《读例存疑》第290.10条、第290.16条和第290.18条涉及众多参与者的乱斗。因为伤害的意图与杀人的意图之间的差异现在已经在律文中描绘得很清楚了，术语"同谋共殴"和"共殴"在此前表示群体斗殴的不同犯罪类别，现在有时则可互换使用，因为它们都涉及伤害的故意（《读例存疑》:290.00条，290.03条，290.12条，290.14条）。在这个例子中，预谋并非法典中的区分元素。

② 与唐宋律典中的"故"罪可以发生在斗殴之外的情境不同，在明清的法律当中，故杀与殴杀一样，都被限定在斗殴的范围之内。

那么地方官又是如何判断主观状态,如何在一场斗殴中区分伤害的意图和杀人的意图?《牧令书》中的一则条目建议地方官"斗殴人命,须问有无仇怨,如何起衅,乃伤处先后"(《牧令书》1848:19.4a)。如果杀人者与受害者之间的仇怨史能够成立,或者生还的一方身上没有防御性伤口,那么这很可能就是一起故杀案。[1] 汪辉祖,一名 18 世纪的进士、[2]县令和前衙门幕友([美]恒慕义[Hummel]1944:824—826),动员地方官员去调查争端的起源和嫌隙的本质。此外,他还指出:"争斗时所持之具与所伤之处,可以定有心无心之分。"(《牧令书》1848:19.18a)然而,正如前面所论述的那样,诉诸在斗殴中使用的器具是对明代以前法典的返祖,它并不为清代的律例所支持。[3]

一对一的斗殴案件

正如我们稍后将在对民国时期杀人案件的讨论中所证实的那样,处理杀人案件的实践现状要求部分回归到之前被抛弃的行为

---

[1] 对这一观念进行举例说明的具体案件,参见《刑部驳案汇要》1789:6.1a,6.5a。

[2] 进士是中国古代文职人员科举考试体系中的最高级别。

[3] 不过,《大清律例》也有一则例文列出了身体上一些一旦受伤很可能会导致死亡的部位。这则条款列出的潜在致命部位为:"若两人共殴人致死,则以顶心囟门、太阳穴、耳窍、咽喉、胸膛、两乳、心坎、肚腹、脐肚、两胁、肾囊、脑后、耳根、脊背、脊膂、两后胁、腰眼,并顶心之偏左、偏右、额颅、额角为致命,论抵。"(《读例存疑》:290.03 条)这则条例的目的并不是帮助区分斗殴杀和故杀,而是帮助判定谁在共殴的案件中实施了致命打击。这则条例很符合《洗冤录》提出的规则,而《洗冤录》是帝制晚期最为通用的法医学手册。关于这本手册,参见第五章[美]马伯良(McKnight)1982 和 Asen 2016 的注释。

学方法,即采用结合情境与概念的清代视域下的主观有责性体系来确定犯罪的性质和结果。① 下面的案例表明,当法院在寻求构建主观状态的方法,从而区分伤害意图(斗殴杀人)和杀人意图(临时起意杀人)时,他们往往倾向于依赖特定的情境标记。有时他们所采用的正是明清法典所废除的行为和情境标准(如使用武器)。

1862 年发生在北京的一起案件直接展示了清代对殴杀律的使用。它区别于故杀的特点在于原本友好的双方爆发冲突的突然性(刑部现审案件:奉天,5880)。在新年到来的前一天,王得舜回到家乡讨债。途中,他在堂兄弟王连科开的一家马车店内停下来休息。另有一个名叫张得幅的远亲也在店内喝酒,并邀请王得舜加入他们。他们一直喝到暮色降临,那时每个人都有几分醉意。到了傍晚的时候出现了糟糕的转折:张得幅询问王得舜能否借给他十五元钱,在遭到拒绝后,张得幅变得很生气。王连科试图调停张得幅和王得舜之间愈发激烈的争吵,但以失败而告终。两人离开了马车店,在外面继续争吵,咒骂声此起彼伏。很快,口角演变成了肢体冲突。案卷为接下来发生的事情提供了极为详尽的记录:张得幅首先动手,用一只木碗击打王得舜的头。而王得舜用一把刀砍向了张得幅的胸部和耳部作为还击。尽管张得幅想去夺刀,但没有成功。王得舜挨了张得幅一拳,又遭到张得幅用木碗再次敲击头部。王得舜情急之际,拿起刀乱戳,试图吓退张得幅。然而刀子深深扎入了张得幅的胸部。最终张得幅倒在了地上,在这个过程中他的头部也受了伤。尽管此事并没有于当天上报当局,但

---

① [英]马若斐(1988:57)用另一种方式阐述了这一理念:"犯罪意图是从情境中推断出来的。"

一个月后,张得幅因伤势过重而死。随后,王得舜被依据殴杀律判处绞监候。

这两个人并没有交恶史。王得舜和张得幅只是单纯地碰面、发生争执,又升级成暴力冲突。两人都受了伤,尽管只有一人死亡。斗殴本身显示出伤害意图的存在,但对于当局来说,两个人都没有表现出杀害对方的意图。这个案件中的相关要素经常出现在斗杀案中。比如,以 1835 年四川省巴县两名劳工的案件为例(《巴县档案》:1726)。田新怀和赵富升最初由当地居民朱冰顺雇来做临时工。在为朱冰顺工作的过程中,另一名当地人曾聪万也雇用了他们,这两人同朱冰顺的儿子朱邦立在田地里除草。一天的工作结束以后,他们在曾聪万家吃了晚饭,喝了一点酒,然后启程返回朱冰顺的住所。然而就在那时,麻烦开始了。朱邦立的证词显示:

> 因天色黑了,田新怀点了一个火把在前照路,赵富升背着一把铁锄与小的随后行走。到了岚垭田地方,陡遇大风,致火飞扑在赵富升脸上,赵富升斥说田新怀不是,两下争吵,田新怀当把火把递给小的手拿,他们就打起架来。小的上前解劝不住,田新怀已被赵富升用锄脑打伤倒地,小的当把田新怀扶回家。

朱冰顺一家试图治疗田新怀的伤口,但不到两周,田新怀还是去世了。朱家报告了这一死亡情况,并进行了尸检。验尸官认为田新怀的右侧有致命伤,伤口"深抵骨",这与赵富升所使用的锄刃相匹配。此外,受害者的前额也有两处与锄刃相吻合的伤口,以及他摔倒在地时有所擦伤。

赵富升在证词中试图为自己辩护,声称该事件是由田新怀引起:

> 陡遇大风,致火飞扑在小的脸上。小的斥说田新怀不是,田新怀分辩,开口混骂。田新怀把火把递给朱邦立,举拳打来。小的顺用铁锄打去,田新怀把头闪侧,致锄刃伤着田新怀偏右。田新怀扑夺铁锄,小的怕他夺去行凶,一时情急,又用锄脑吓打一下……并不是有心要致死他的。[1]

刑部没有接受赵富升声称的田新怀挑起这场纷争的说法,但它确实相信赵富升并没有杀死田新怀的意图。他的证词的这一部分,同朱邦立关于这场纷争是自然而生,且没有证据表明犯罪人和受害者之前存在过节的证词,为刑部做出殴杀判决提供了足够的理由。这种情况是笔者所遇到的所有殴杀案件的一个模板,即从前关系很好或素不相识的两人之间产生了不由自主的争议,随之爆发了暴力冲突,一人因此死亡。这有助于区分此类案件与故杀

---

[1] 朱邦立的证言与田新怀的证言具有很强的一致性并不奇怪。正如唐泽靖彦(2007)所展示的那样,证人证词的最终稿是经过精心制作和编辑的,以反映和确证官方的裁决。这对于我们在这里看到的此类县级案件尤其重要,因为这些案件还需要经受多轮来自上级的复核。步德茂(1995)注意到案件报告中关键标志性用语的相关现象,包括有助于支撑最终案件判决结果的证词最终稿。

案件,后者通常发生在早有不和的双方当事人之间。① 步德茂
(Buoye)的研究也注意到了这种模式([美]步德茂1995:65—66)。

　　然而,有时刑部会更依赖案件周遭的物证情况来做出判决。
比如在贾儒才杀死郭姓男子一案的审判中,刑部于1740年将原判
斗杀罪变更为故杀罪(《刑部驳案汇要》1789:6.1a)。贾儒才与一
个名为陈三存的男子存在不正当关系。当贾儒才发现陈三存与另
一名男子打情骂俏时,他和几个朋友就去追那名插足者。追上那
名男子之后,贾儒才用刀刺了他三下,他的同伴也对其大打出手。
刑部将贾儒才的判决从斗殴杀加重为故杀,主要是因为贾儒才戳
刺那名插足者的部位为明显可致命的头顶上方,以及戳刺所造成
的伤口十分严重。刑部认为:"若非有心致死,何至如此深重?"

　　在另一些时候,依赖物证标准区分斗殴杀和故杀就意味着要
求助于被官方在明清律典中抛弃了的行为标记。以贾三案为例,
贾三原本被直隶省判为斗殴杀,与上述案件中的犯罪人贾儒才一
样,刑部于1751年对案件进行复核时将贾三的判决从斗殴杀改为
临时起意杀人(《刑部驳案汇要》1789:6.4b)。贾三与受害者于文
山因偿还债务问题发生争执,随后展开了一场殊死搏斗。在打斗
过程中,贾三捡起一块石头,用它砸在于文山的后脑勺上。在刑部
看来,贾三在攻击于文山时是手中握着石头而非投掷石头,这使得
案件情形更加严重。结合受害人的潜在致命部位有五处伤口这一

---

① 在这个案件中,正如《大清律例》所规定的那样,致命伤由金刃而非身体造成与判
　决无关。毕竟,此人当天是在用锄头干活,在斗殴爆发时,他也正扛着锄头。

事实,刑部意识到显然需要改变判决。① 这一案件应该能够缓解薛允升在上文提到的忧虑,即区分斗殴杀和临时起意杀人的法律标准的变更会导致潜在的宽纵。这也为我们提供了洞察明清律中犯罪意图内在逻辑的路径。犯罪意图的层级是确定犯罪等级的关键性区分因素。然而,人们无法在真空中估计和评定犯罪意图。犯罪的具体情境对于阐明犯罪人的主观状态是必不可少的。② 事实上,如果没有具体的情境,法学家们就无法得出有关主观状态的结论。

另一种向昔日唐宋法律指导方针的实用性致敬的方式,是清代法律重新将一种正式行为标记引入了斗殴律,即使用枪支。根据《大清律例》"斗殴及故杀人"律下的第 19 则条例,"因争斗擅将鸟枪竹铳施放杀人者,以故杀论"(《读例存疑》:290.19 条)。乾隆时期的这则条例是对唐宋时期故杀律的回归。在唐宋法律中,使用武器是区分斗殴杀与故杀的决定性标志。虽然明清两代的律典中没有重现使用刀具或其他金刃的条款,但却依然包含了使用这些火器的条款。

至迟在 1903 年,北京地区出现了对这一条例的使用(刑部现审案件:广西,21040)。在这起案件中,宛平县居民薛振兴与他的朋友杨万苍一起住在城里。薛振兴将自己的一些私人物件留在杨万苍的父亲杨玉山那里。出于案卷没有记载的一些原因,杨玉山又把这些物件交给了杨万苍,而杨万苍在资金不足的时候变卖了

---

① 另一个例子此类案件可参见《刑部驳案汇要》(1789:6.6a),犯罪人对已经倒地的受害人多次殴打,刑部因此将其判决从斗殴杀改为故杀。
② [英]马若斐(1988:58)的简短论述也表达了同样的观点。

这些物件。知道父亲不会赞成自己的行为，杨万苍离家出走了几个星期，直到有一天，薛振兴碰巧走进一家茶馆，遇到杨万苍正在那里饮茶。薛振兴当面向杨万苍质问丢失的财物之事，得知杨万苍已将其变卖。薛振兴想将杨万苍带回他父亲家处理此事。听到这话，杨万苍慌忙掏出一把新买的枪击中了薛振兴的喉咙。薛振兴受了重伤，第二天就死了。这一案件也涉及由纠纷升级而成的杀人事件，可以依照"斗殴及故杀人"律论处。然而，该案因使用枪支而符合以故杀论的附加条件。尽管此案中使用的枪支被形容为"洋枪"，而非上述第 19 条例文中所述的两种火器之一，[①]但刑部在其判决中依然引用了第 19 条例文，并以"洋枪与鸟枪无异"来解释其立场。

在清代，有时裁判官的困惑并非来自区分斗殴杀和罪行更为严重的故杀，而在于区分斗殴杀和罪行较轻的犯罪，比如非故意的火器杀人（我将其描述为一种非过失的疏忽大意杀人，参见第一章）或戏杀。在这种情况下，新定义的"殴杀"的本质——以伤害的意图造成他人死亡的后果就显得模糊不清了。当司法机构仍专注于将犯罪行为置于犯罪意图谱系中进行考察时，他们回归唐宋情境标记的冲动就愈发强烈。以 1875 年的常泠案为例，尽管该案中的不和程度非常轻微，却依然以斗杀罪论处（刑部现审案件：奉天，6376）。在那个灾难性的早晨，常泠，这名居住在清代火器营旁边的三十一岁的旗人、帝国侍卫，正在门前扫街。而他的邻居，一个名为常懊的十四岁男孩，正好在户外玩耍。常懊走上前来，请常泠

---

① 第 19 条例文所列举的两种类型的枪支分别是鸟枪和竹铳。感谢罗若林分享他对清代各种武器的研究。

射杀屋顶上的一只鸽子。常洤走进屋里拿起他的枪。但他还没来得及开火，麻烦就接踵而至。根据常洤的证词：

> 正在扣火，常懊在旁睄看，说鸽子要飞，催我快打。我斥说不忙，常懊走近身来，要夺枪自放。我不肯给枪，往后退走，不料失手碰动火机，药发枪响，把常懊误伤右胁……倒地身死。我害怕将枪扔地，致将鸟枪碰折。我忙去睄看常懊，已经身死……并无致死他的心。

这起杀人案被上报到官府，验尸官发现，常懊尸体的胸部有烧焦的痕迹及一个直径 0.4 寸的圆形伤口。子弹从右向左穿透了他的身体，又在他的后背留下了一处开放性创伤。验尸官认为，常懊是被一枪毙命。

在最初的调查中，常洤害怕自己的行为将会遭到处罚，因此他声称常懊的哥哥常泳才是那个应对常懊之死负责的人。常洤说，二十四岁的侍卫常泳那天喝醉了酒，是他开枪打死了常懊。但这一说法很快就被推翻了，因为常懊被杀时，常泳正在附近的禁卫军训练场上。面对这一事实，常洤承认了事情的真相："是我畏罪害怕，混供的。现经屡次质讯明白，我亦不敢狡展。"

常洤和常懊之间的关系向来友好已被所有相关人士证明。常懊的母亲王安氏，甚至说当常懊被枪杀时，两个年轻人"并没争斗情事"。尽管刑部同意常洤"非有心致死"的声明，但它没有采纳王安氏关于争斗的意见。在给出此案的判决理由时，刑部首先解释了为什么没有援引"向有人居止宅舍施放鸟枪竹铳致死"例做出判决（《读例存疑》：295.01 条），①这种犯罪的量刑相对较宽大，为杖一百、流三千里。刑部指出，当枪走火时，常洤并没有开枪的意图，这使得上述条款并不适用。当时的情况接近戏杀，如果能够认为常洤和常懊在这起鸽子与枪的案件当中所遭遇的不幸是一起出了岔子的打闹的话（事实上，年幼的常懊曾告诉母亲，他要"出去玩"）。然而，刑部选择依据斗杀律来给常洤定罪："惟该犯装枪后，常懊催其快放，该犯向斥，常懊近前夺枪，该犯不给……有争斗情事。"因此，刑部最后依据斗殴杀的相关法律判处常洤绞监候。

在这个案件中，很容易断定不存在杀人的意图，而是枪支走火所致。然而，裁决此案的关键在于，无论纠纷有多小，致命的走火都发生在争论当中。一旦确定杀人案件所发生的情境是不和谐的，所有其他可能的罪名就都被淘汰了，斗杀律成为自然而然的选择。在本案中，刑部回避了意图伤害的问题，尽管表面上看这才是斗殴杀案件中最主要的概念性问题。刑部又回到了基于事实情况的唐宋时期的定义。斗殴杀依然位于疏忽大意、冲动鲁莽杀人和故意杀人之间的恰当位置，不过在本案中，情境与概念之间的平衡更倾向于前者。

共殴杀案件

斗殴杀的最后一个主要变体是共殴杀人，这是清代常见的一种犯罪。多个犯罪人参与其中，最终造成了死亡。将共殴杀人案

---

① 该例文与《读例存疑》第 290.19 条所列举的火器的种类完全一致。

中的单个犯罪人与其施加的攻击匹配起来比单纯的殴杀要复杂得多。但大多数共殴杀人案件的处理与其他斗杀案并无区别:它们严重依赖情形去帮助建构伤害意图。

如前所述,同唐宋律典不同,明清律典只规定了一种一般意义上的共殴类别。但在实践中,司法机关对共殴案件的讨论,却似乎是把它们从唐宋律的三种类型合并为两种类型。第一种是共殴,它被认为是一场突然爆发、毫无预警的争斗,在这场争斗中,人们聚集在一起,分成两方阵营:这种争斗可以是小规模的,如唐宋时期的共殴;也可以是大规模的,如唐宋时期的乱殴。第二种是同谋共殴,它是指正式策划一场以造成伤害为目的的战斗。在下面两个案件中,我们可以找到每个类型的示例。我们将会看到,司法机关对这些案件有不同的描述和评价,却并没有动用不同的刑罚。在犯罪意图谱系的中层阶段,确定是否具有伤害意图是最重要的因素,而且,共殴的定义被限定在特定的情形中,即伤害的意图通常是由争吵发展而来的。

1906 年,居住在河北大兴县的裴雨儿之死案为一起共殴案件(刑部现审案件:江苏,9303)。一天夜晚三更的时候,裴雨儿的邻居李文喜被有人进入他家院子的声音惊醒。由于李文喜在三个月前遭受过一次抢劫,他怀疑自己又将成为另一起抢劫案的目标,于是带着武器前去一探究竟,看见了那个他认为是小偷的人。根据李文喜的证词:

> (我用木担)向那人抛掷,将他头上打伤。那人欲逃,我又拾起木担向身上连打几下。那人手舞足跳,并不言语,致将腿

上、肩胛、两乳、两胯、两肮肘打伤。张二惊起出看，我令他帮捕。张二用树枝将他胸膛、两肋、两腿等处抽伤。那人倒地乱滚，我令张二看守，即赴……衙门报案，带同官人查看受伤之人，才知系我街邻裴大的儿子裴雨儿……官人不肯带案。

李文喜的姨妈杨陈氏见证了整个事件，她证实了李文喜的说法并补充道："将他松放，问他是何人，他不说。见他是傻子，官人就走了。后他说姓裴，始知是裴大之子。"裴家的一名家庭成员被派去通知其家人所发生的事件，裴雨儿的母亲裴郭氏前来接他回家。不到两天，裴雨儿死亡，裴郭氏去衙门控告，指出案发之夜，在报信人到来之前，她一直在寻找她的儿子，并听见从谷仓的另一边传来她儿子的哭喊声："别打（我）！（我）不是贼人！"

除受害者可能提出的抗议之外，李文喜和杨陈氏所讲述的事件也得到了张二和另一位邻居刘七的证词证实。在调查的过程中，法部（即旧时的刑部）得知裴雨儿患有疯病，但他的母亲并没有向当局报道此事，也没有按照法律的要求将其幽禁，因为她担心这对她的家人意味着什么。①

一旦他的身份被知晓，所有被卷入此案的人都清楚裴雨儿并不是小偷，而是在"一时昏迷"的状态下误入李家庭院。大家也都一致认为，李家和裴家的关系一向很好，李文喜并没有与裴雨儿发生争执，而是误以为他是小偷。尽管如此，法部依然解释道：既然有人失去了性命，就需要处以某种意义上的报偿。由于裴雨儿是

---

① 法部以"妇女无知"为由为裴郭氏的罪行开脱，也未施加惩罚。关于清代法律处理精神病人犯罪的问题，参见 Ng 1990：90—113。

在一场攻击中死亡的,法部依据共殴律做出了裁断。又因为有两个人参与了这场攻击,为了确定恰当的刑罚,就有必要确认是谁实施了致命的打击(《读例存疑》:290.03 条)。法部接受了李文喜的证词,他殴打了裴雨儿的头部和其他部位,而张二只殴打了他的胸部和腿部。鉴于验尸报告确定头部的伤口是致命伤,胸部和腿部的伤口只是表皮伤,法部判定李文喜应负主要责任,张二负次要责任。李文喜被判处绞监候,张二被处以杖一百的刑罚。这并不是一起预谋伤害或预谋攻击的案件,但攻击和伤害结果的造成却是故意的。因此,本案被纳入共殴的类别,并在案件材料中特别阐述了这是共殴,而非同谋共殴。共殴在清代并不是一个独立的斗殴类别,尽管在唐宋时期,它是斗殴的中间类别。

虽然个人恩怨并非本案的元素,但接下来的同谋共殴案件则明显是出于伤害的意图,而且这种伤害的意图是有预谋的。1904年发生在宛平县金家村的这起杀人案件,肇始于北京西便门的一个马厩中。在那里,一个名叫沈福的车夫遇到了他的两个朋友,杨福和王奎(刑部现审案件:奉天,6162)。沈福准备将属于他的相识徐印子的一匹灰马卖给一个不知名的外国人。沈福是来与徐印子见面并促成这桩买卖的。当大家都在等待那名外国人到来时,那匹马不知怎的受到惊吓逃跑了。经过一番精疲力竭的追赶,在四个人就要追回马匹的时候,似乎又有一个陌生人将马赶跑了。于是其他人继续去追马,沈福停下来斥责那个陌生人,那名年轻人很快就被骂哭了。这时,两名旁观者,王寿春和王荣父子目睹了这混乱的一幕,对沈福如此对待这个年轻人的行径提出了批评。但是沈福不听,因而争执起来。眼看就要打起来,沈福和他的同伴逃离了村子。徐印子终于追上了那匹马，将它带回城里。对于接下来发生的事情，沈福的证词这样说：

> 嗣……起意纠往寻殴泄忿。徐印子畏惧不肯，先将马匹拉走，杨福、王奎均各允从。傍午时分，我同杨福分挈洋刺，王奎携小刀，一同走到王寿春门首喊骂，并赖称马匹业被哄跑，非赔给银两不能完事。王寿春听闻气忿走出，向我辱骂，并令他儿子王荣用木棍向殴。

就在这时，一场混战开始了。王荣拿着木棍追打沈福，沈福用刺刀刺向王寿春。与此同时，在附近工作的王寿春的其他儿子王华、王同和王庆看到了这场搏斗，跑去帮助他们的父亲和兄弟。王氏兄弟对这些袭击者拳打脚踢，而这些人又在王氏兄弟身上捅了好几刀。等事情尘埃落定，衙役就被派去逮捕沈福和他的朋友们。在这场争斗中，王家所受的伤害最为严重。王华、王同、王庆都受了刀伤，但最终痊愈。而六十八岁高龄的王寿春第二天就因伤势过重去世了。在他的腹部有一处很深的由沈福造成的刺伤。

刑部接受了沈福的解释，即他去王寿春的家里"寻殴泄忿"，但并没有杀人的意图。因此，刑部根据同谋共殴人致死律判处沈福绞监候（《读例存疑》：290.00 条）。沈福提交了一份单丁留养承嗣的申请，因为他的父母皆已过世，老祖母年已七十，无人赡养。[1] 但是他的这一请求被刑部拒绝，理由是他刚刚杀害了一位年届七十

---

[1] 关于亲老丁单、留养承嗣的诉求，参见《读例存疑》第 18.00 条和瞿同祖 [1961] 1980：76—78。

的老人，又伤害了那名老人仅有的倚靠——他的儿子们。这种行为表明沈福既不体谅老人的痛苦，也不尊重年轻人的责任。

虽然使用一种潜在的凶器（此案中为实际上的凶器）并没有加重对沈福的惩罚，但却加重了对其从犯的惩罚。纵使在共殴中使用被视为凶器的工具并没有如唐宋时期一般改变犯罪人的犯罪性质或对其罪行的认定，在明清时期也会受到比使用普通刀具或金刃更严厉的刑罚。因此，在斗殴过程中使用了洋刺这一被刑部视作极其危险的武器的杨福，被判处近边充军的刑罚（《读例存疑》：290.01 条，302.02 条）。而王奎在斗殴中使用的是一把普通刀具，仅因攻击王同被处以杖八十、徒两年的刑罚（《读例存疑》：302.00条）。

按照唐宋律典的标准，如果这是一场一对一的斗殴，它就有资格被认为具备杀人意图。理由有二：第一，使用了武器，而非拳打脚踢；第二，从最初的冲突到后来的惨案之间存在时间间隔。然而，由于这是一场集体斗殴，斗殴的规模又如此之大，这使得完全确定杀人意图变得相当困难。这场斗殴是有预谋的，但预谋并没有成为加重处罚的因素，也是出于不同的原因。正如我们将在第三章所看到的那样，杀人的意图有两个层级：临时起意杀人和预谋杀人。而伤害的意图并没有以相同的方式进行区分。在这个案件中，最重要的因素是伤害的意图，而非杀人的意图，因此，更严厉的斩监候的刑罚并不适用。

屏去人服食

在斗殴杀人律之外,"屏去人服食"律同样也涵盖了以伤害的意图致人死亡的行为,这对充实杀人犯罪谱系的该部分颇有助益(《读例存疑》:291.00 条;《唐律疏议》1996:230)。"屏去人服食"律的部分内容如下:

> 凡以他物(一应能伤人之物)置人耳、鼻及孔窍中,若故屏去人服用、饮食之物而伤人者,(不问伤之轻重,)杖八十。(谓寒月脱去人衣服。饥渴之人绝其饮食。登高、乘马,私去梯、辔之类。)致成残废疾者,杖一百、徒三年。令至笃疾者,杖一百、流三千里。将犯人财产一半给付笃疾之人养赡。至死者,绞(监候)。(《读例存疑》:291.00 条)

因此,《大清律例》第 291 条律文涉及用异物堵塞孔窍等其他侵害方式来故意伤害他人,以及打架斗殴之外的其他特定情境:故意忽视或遗弃。这一律文涵盖的是伤害而非杀人的意图,也可以从它所适用的刑罚上反映出来:对屏去人服食的惩罚是绞监候,而非适用于故杀案件的更严厉的刑罚斩监候。

1824 年,直隶省向刑部上报了一起涉及该条第一款的案件(《刑案汇览》:31.32b)。毛鸣和与毛花夏这两名男子与第三名男子苏庭秀发生了冲突。在毛鸣和抓住苏庭秀后,毛花夏往苏庭秀的嘴里塞了些粪肥。苏庭秀因此生病、呕吐,最后去世了。毛花夏,就是那个用粪肥施暴的人,被比附运用第 291 条律文拟判绞监候的刑罚。①

该律条的第二款,即故意忽视条款,在1819 年直隶省提交给刑部的一个案件中得到了例证。在该案中,客栈老板李中林注意到他的一位客人杜治邦生病了(《刑案汇览》:31.32a)。由于担心客人死在店内会使自己卷入法律纠纷,客栈老板将浑身赤裸的杜治邦抬了出去,将他遗弃在野地里。杜治邦就在那里被冻死。由于李中林在寒冷的天气里剥夺了赤身裸体的杜治邦的衣服和温暖,因此他被依照第 291 条律文定罪。②

这条律文和少量的案例表明,在清代的法律中,关于斗殴杀的正式法律条款并不是唯一界定了意图伤害的情形。这些律文或许深深根植于此类犯罪发生的具体情境,但这些情境对阐明犯罪人的主观状态必不可少,并从而识别出该罪行在杀人犯罪谱系中的位置及罪过的严重程度。

我们在清代法律中并未看到对被害人所造成的伤害的强调。清律最首要强调的是对犯罪人及其主观状态的分析。犯罪是通过对犯罪人主观状态的分析和对犯罪人行为的镜像来界定的。对受害者所造成的伤害当然也是因素之一,但它只是一个次要考虑因素,相较于区分犯罪的功能来说,它更多是在区分刑罚的等级及严

---

① 这个判决运用了比附的方法,因为粪肥本身并非该条款所规定的造成伤害之物,而是会导致疾病和死亡。

② 李中林被减一等处罚,判处杖一百、流三千里的刑罚。因为杜志邦原本是基于自己的意志赤身躺在床上,而且在李中林将其抬出去之前,他就已经生命垂危了。

厉程度方面起作用。正如我们将在下文所看到的那样，民国时期的法律并非如此，伤害在民国司法中受到了更多的关注。

民国时期的情形

> 按犯罪行为故意与过失之间尚隔一层……故杀过失杀之间尚有斗杀。
>
> ——《修正刑律条议》[晚清]：第 15 条

1912 年《中华民国暂行新刑律》的颁布使中国刑法发生了翻天覆地的变化。这部以现代欧洲和日本模式为基础的新法典，统一了应受刑罚处罚的犯罪行为的范围，将其限定在那些具备故意或过失的行为之内。回顾第一章的讨论，民国时期对"故意"和"过失"这两个术语的定义如下：

> 犯人对于构成犯罪之事实，明知并有意使其发生者，为故意。犯人对于构成犯罪之事实，预见其发生，而其发生并不违背犯人本意者，以故意论。(《中华民国刑法》1928:26 条)
>
> 犯人虽非故意，但按其情节，应注意并能注意而不注意者，为过失。犯人对于构成犯罪之事实，虽预见其能发生，而确信其不发生者，以过失论。(《中华民国刑法》1928:27 条)

因此，一项故意的行为，是指依照行为人的意志有目的地做某事。而过失行为是指行为人并非有意为之，但其应该预见、也能够预见危害结果。这一可罚性行为规模的缩小延伸至刑法典的杀人罪章节，意味着清律当中多种多样的行为现在必须被重新归纳在民国时期的两种范畴之下。杀人罪的谱系变窄了。与此同时，具体的例证和情境也从新法典中消失了。

试图将清代的斗殴杀转化为民国时期对杀人罪的法律规定并不容易。所有的殴杀犯罪，在杀人的那一刻，确实具备意图，但只是伤害的意图，而非杀人的意图。因此，套用民国时期故意杀人的法律规定并不合适。然而，殴杀犯罪的罪责要比过失更为严重——毕竟他们是有意为之，即便仅有伤害的意图。因此，民国时期过失杀人的法律规定也不适合。

但是，民国时期的法典中包含了另一个可以用来裁定此类杀人犯罪的范畴。在1912年的刑法典中，该法规涵盖了伤害罪，它被置于普通杀伤罪这一章中。该条款内容如下：

> 伤害人者，依左例处断：
>
> 一、致死或笃疾者，无期徒刑或二等以上有期徒刑；
>
> 二、致废疾者，一等至三等有期徒刑；
>
> 三、致轻微伤害者，三等至五等有期徒刑。（《中华民国暂行新刑律》[1912]1915:313条）

根据量刑指南，这意味着伤害致死的罪行将会被判处的刑罚在五年有期徒刑到无期徒刑之间。① 这一刑罚设置意味着伤害罪的位置处于故意杀人（在 1912 年刑法中，故意杀人的刑罚是十年有期徒刑到死刑）和过失杀人（在 1912 年刑法中，过失杀人的最高刑罚是五百元罚金）之间。②

第 313 条"伤害"一词有多重含义。事实上，它比清律对伤害的定义要广泛许多。在清代的人命律当中，损失和伤害仅限于有形的人身损害。但民国时期并非如此，伤害也包括了无形的损失。因此，我们发现大理院主张："伤害罪之范围，不仅以伤害人身体为限，即害人健康之行为，亦当然包括在内。"（《中华民国刑法判解释义全书》:738）与此相同，1920 年大理院的裁决指出："凡有损害人身机能之行为，皆可成立伤害罪。"（《中华民国刑法判解释义全书》:740）③然而，这里所关注的重点是对受害人造成的伤害，而非犯罪人的主观状态。就像民国法典中标准的杀人罪条款（详见第四章）和过失杀人的法规（详见第一章）一样，这条法规并没有情境标志。那么，在面临真正的审判的时候，如何将伤害致死罪与故意杀人罪区分开来？

---

① 在《中华民国暂行新刑律》中，每个等级的有期徒刑有其规定的期间：一等有期徒刑为十到十五年；二等有期徒刑为五到十年；三等有期徒刑为三到五年；四等有期徒刑为一到三年；五等有期徒刑为两个月到一年（参见《中华民国暂行新刑律》:37 条）。在中华民国第一部正式刑法典中，对伤害致死的刑罚改为七年有期徒刑至无期徒刑（《中华民国刑法》1928:296 条）。

② 不过，过失杀人的刑罚在 1928 年刑法典中变得更为严厉。1928 年刑法典增加了判处犯罪人最高两年有期徒刑的选项，并处以更高的罚金，伤害致死在刑罚序位上依然占据了故意杀人和过失杀人之间的位置。

③ 由于这些裁决以及刑法草案中的相关讨论，1928 年刑法在伤害条款中增加了"健康"一词（《中华民国刑法》1928:293 条；《刑法第二次修正案》:288 条）。民国法律中"伤害"和"损失"的含义及其经验，参见第六章。

对此，民国刑法草案的评注做出了回应："杀人与伤害两罪轻重悬殊……杀人未遂成伤，以其有杀人之故意，应科以杀人未遂罪，不应科以伤害罪。又如伤害至死者，以其无杀人之故意，应科以伤害至死之罪，不应科以杀人罪。"（《刑法第二次修正案》：第 22 章导言）换句话说，杀人未遂是指那些具备杀人意图但没有成功的案件；而伤害至死是指那些虽然造成了死亡，但并没有这样做的意图，以及根据最高法院 1932 年的裁定，没有预见死亡结果发生的案件(《中华民国刑法判解释义全书》：743)。为了加强杀人罪与伤害罪的区分，1928 年刑法典将伤害罪专门设置为一章，并在原初的伤害条款上增添了"无杀人之故意"的字样（《中华民国刑法》1928：293 条;《刑法第二次修正案》：288 条;《改定刑法第二次修正案》[1919]1973:6)。① 犯罪人缺乏杀人的意图这一点被注意到了，但犯罪人真正的主观状态却并没有被记载。但这里必须涉及某种意图，因为法典规定如果某种行为构成犯罪，它就必须是出于故意或过失的行为（《中华民国刑法》1928：24—25 条）。然而，这种犯罪意图的细微差别、曾是清代法律中的关键因素的细微差别，现在已经消失了。在涉及法典中有关犯罪意图的问题时，宽泛的类别取代了精细的层级划分。

法院可能依然在探讨犯罪意图和它对犯罪类型划分的影响，但现实情况是，这项新法规将目光投向了别处。事实上，决定这类新罪行的严重性及其刑罚的，是对受害人造成损伤的程度，而不是

---

① 20 世纪的欧洲刑法典中也有关于伤害罪的独立篇章，参见《德意志帝国刑法》（1917：第 17 章）。由于清代法律有其自身的律文和章节来涵盖伤害罪（《读例存疑》：302—323 条），因此 1928 年引入独立的伤害篇章是一种重新引介，而不是创新。

犯罪人犯罪意图的层级。尽管这条新法规表面上看起来是对斗殴杀律一对一的替换,但事实上,故意伤害的概念范畴以及清代杀人犯罪谱系的中间区域,在民国法典中并没有明确的安身之所。

民国法典中不仅没有故意伤害的概念范畴,也没有在清代对理解和评价犯罪意图起着不可或缺作用的情境标记。当然,总会有需要区分故意杀人罪和其他不那么严重的杀人罪的案件出现。那么,主观状态又是如何决定的呢?

为了加强新的现代刑法典的去情境化,民国早期的最高法院和司法院迅速拒斥了帝制晚期通过为情境和行为设定标准,从而自动界定犯罪的分类指南。在 1918 年至 1931 年的一系列裁决中,最高法院推翻了省高等法院许多依据有形标准或行为标志来判定伤害致死与故意杀人的区别的判决。例如,在 1918 年,最高法院裁定,身体受伤的部位不能作为确定杀人意图的"绝对标准"(《大理院刑事判决全文汇编》:2773)。此案由湖南省高等审判厅上诉至大理院,案件涉及一名来自湖南省麻阳县的名叫倪星照的小偷。在抢劫过程中,倪星照袭击了一名男子,砍伤了他的胳膊和腿。湖南省高等审判厅以被害人的伤口在非致命部位为由,认定倪星照无杀人意图。审判厅随后根据伤害和抢劫的相关法规做出了判决。然而,大理院并不同意。它推翻了湖南省高等审判厅的裁决,主张用杀人罪的规范进行裁决。大理院指出,即便受害人的伤情是非致命的,伤口的位置不一定能作为确定犯罪意图的标准。[1]

---

[1] 然而,大理院在标准问题上也模棱两可。在同样一起上诉案件中,它又反过来说"用刀连戳十余伤(与本案情节相同),即不得谓无死亡之预见"(《大理院刑事判决全文汇编》:2774)。

1929 年最高法院的一项裁决重申，仅是因为伤口位于致命部位并不意味着犯罪人自然就有杀人意图，打击次数也是如此（《中华民国刑法判解释义全书》：741）。① 在 1931 年，最高法院将一起杀人案发回广西省高等法院重审，因为广西高等法院做出故意杀人罪的判决主要依据的是被害人的咽喉被刀割断的事实。最高法院对下级法院发布了如下告诫："至被害人受伤部位如何，犯人所用凶器如何，虽可供认定事实之资料，究不能为区别杀伤绝对之标准。"（《最高法院判例汇编》：14.40）

　　然而，这种对旧标准的理论拒斥在实践中很难维持，这突出了民国时期杀人法规的两个要点。首先，正如下文所示，民国法官在法庭上采用与清代相同的证据标准来区分杀人意图的存在和伤害意图的存在。② 法律的措辞可能已经改变，但梳理复杂的杀人案并试图确定涉案人员犯罪意图的实践困境并没有改变。清代链接情境与概念的方案是法院眼中唯一可行的选择。第二点也同样重要，尽管成文法典放弃了故意伤害的全部类别，法学家们却不愿意在实践中放弃它。当涉及位于清代犯罪谱系中间区域的案件类型时，民国时期的法官只是将这些案件映射到新的伤害致死的法律当中。民国时期的法律在实践中重现了清代关于犯罪意图的概念范畴，甚至在纸面上的法律——法典不再承认这些概念范畴之后依然存续。

---

① 另见《司法院解释例全文》（178，341）。司法院写道："（法院）应就具体事实之各种情形断之。不能执唯一标准以为断。"（《司法院解释例全文》：341）另见《最高法院判例汇编》（6.23）。

② 就如同清代法律采用了唐宋法律中的某些相同的行为标记一样。

民国法律实践中的故意伤害

民国法院是如何从故意伤害的法律过渡到伤害致死的法律的？从概念上讲，转型的道路并不明晰。法官们通过保持清代殴杀案件的常规标记来应对法律的模糊不清。这种常规标记是：犯罪人与受害人之间不存在积怨，致命冲突的爆发具有突然性。法官们以此作为伤害致死的新标准。在纸面上被剔除的一种概念范畴又在法庭上得以复苏。

1940 年发生在北京地区的一起伤害致死案，说明了民国时期是如何处理那些在清代被归入殴杀类别的犯罪的。此案的被告（北京地方法院：J65.4.361—362），一个名为徐万昌的二十三岁的理发师，受雇于三府胡同三益池澡堂为客人理发。一天下午，当徐万昌给一位名叫赵东振的新顾客理完发后，事情变得非常糟糕。赵东振认为这个发型的质量很差。正如徐万昌在北京地方法院的证词里所说的那样：

> 理完，他叫我拿镜子看看，看完就骂："妈的巴子，这理的是甚么发？"并伸手打我几个耳光……这时同伙王德珍过来拉劝我，并又陪小心说："如有不好的地方，可以为你补补。"他还是连打带骂，我仍是退让，退到里边地方不能出来……我一时情急，糊里胡涂拿起理发剪子。

在调查的过程中和随后的上诉中，徐万昌对接下来发生的事给出了两种不同的解释——最后赵东振死了，被理发剪刺死了。事发后，徐万昌立即跑到当地派出所，向值班队长舒鸿勋自首。根据舒鸿勋所述，徐万昌"说他用剪子刀一扎"。这一证言得到了澡堂另一位顾客、也是该案的目击者李魁元的证实。然而，在该项调查的另一个时段，徐万昌又拒绝承认他刺伤了赵东振，而是声称："我拿剪子一挡，剪子飞起，不知怎么落他身上。"北京地方法院没有接受后一种解释。虽然法院认可徐万昌"无杀人之决心"，但徐万昌毕竟杀死了赵东振。法院根据伤害致死的法律规范对徐万昌进行论处，其可能的刑罚为七年有期徒刑至无期徒刑。关于这一点，法院考虑的是犯罪发生的情境，它引用王德珍"理得不好，打骂被告"的证言并提及更多细节，如王德珍所言赵东振一拳打在徐万昌嘴上，来支撑在当时的情境下，徐万昌应从轻处罚的观点。徐万昌因此被判处十四年有期徒刑。

徐万昌对判决结果不满意，向河北高等法院提起上诉。在复查初审的证据之后，法院立即驳回了徐万昌所声称的理发剪是掉落在赵东振身上的说法。据尸检报告显示，一处刺伤"深斜向下透内，约伤及心脏部，有大量血液流出"。考虑到这样的创伤，法院解释道，剪刀不可能就那么落在赵东振身上。徐万昌刺伤了赵东振的胸部，而且是用理发剪刀——一把锋利的器具这样做的。显然，法院认为，"死亡结果非不能预见"。因此，即便没有杀人的意图，徐万昌刺伤赵东振也有"伤害之故意"，所以基层法院的判决是立得住脚的。而在刑罚方面，虽然法院认为徐万昌"饰词避就"，但考虑到上诉人在犯罪后立即自首,因此根据刑法的自首规范(《中华民国刑法》1935:62 条),将徐万昌的刑罚从十四年有期徒刑减少到十年有期徒刑。[1]

　　然而徐万昌对这一审判结果再次表示不满,并向最高法院提起上诉。利用河北高等法院在判决中提到了"预见"这一通常用来界定和讨论过失杀人罪的概念语汇,徐万昌现在声称自己只应负过失杀人的责任,而不是伤人致死的责任。[2] 根据他与王德珍的证词,徐万昌还声称,他只是在自卫,试图阻挡赵东振的攻击。但最高法院认为,赵东振严重的伤势表明,徐万昌不是有杀人的意图就是有伤害的意图,因此最高法院驳回了上述两项诉求,维持了高等法院的判决。

　　此案的死亡后果发生在斗殴的过程中,法院做出了与清代类似的判决。刑罚的设置也比故意杀人罪轻。对故意伤害与故意杀人这两种类型的区分在此处采用了与清代同样的思路。类似的标准也被用来确定案件所涉及的犯罪意图的层级——法院利用这两名男子此前并无交集、素无仇怨这一事实来证明事先并不具备杀人意图;又用伤情严重,而且是用潜在的致命武器造成的伤害来证明伤人意图的存在;并用旁观者对事件的叙述来证实或部分否定

---

[1] 《中华民国刑法》(1935:62 条)规定:"对于未发觉之罪自首而受裁判者,减轻其刑。"对于该条款及其使用,参见第五章。
[2] 《中华民国刑法》(1935:276 条)规定,过失杀人最高可处两年有期徒刑。

被告人的证词。①

斗殴杀并不是唯一用伤害致死法规来处理的故意伤害案件。1915 年提交大理院审理的一起案件提供了一个涉及非斗殴的伤害情境的例子（《中华民国刑法判解释义全书》：738）。在这个案件中，受害者被发现死亡时罹患营养不良和冻疮。大理院强化了民国刑法典评注中的一个观点，指出："伤害罪之范围，不仅以伤害人身体为限，即害人健康之行为，亦当然包括在内。"如果能够证明忽视怠慢造成了某个人的死亡，就像本案中的情况一样，那么这个疏忽怠慢的犯罪人也将被追究伤害致死的责任。最高法院对 1930 年的一起案件做出了类似判决。在此案中，母亲邹王氏和其成年女儿黄邹氏经常虐待一名九岁的小丫鬟，惩罚她习惯性的尿床行为（《最高法院判例汇编》：23.21）。最后这个小女孩去世，惊动了警察。尽管这名女孩并不是死于危及生命的特定创伤，但她的尸体显露出她曾被火烧和被火钳烙的伤疤，其他家庭成员和邻居也证实，这名小女孩确实遭到了频繁的虐待。这两名妇女被依据伤害

---

① 另一起一对一的斗殴杀案例，参见 1929 年辽宁省的姜振山案。他因在一场由打牌引起的争执中用灯打了李悦阳的头致其死亡而被判伤害致死罪（《最高法院判例汇编》：8.76）。此外亦可参见 1929 年河北省张福山因杀害张洛胖被判伤害致死案（《最高法院判例汇编》：10.71）。法院就像清代一样，指出两人"夙好无嫌"。张福山和张洛胖都在一位村民建造房子的过程中充当挑水工。某日，张福山不得不从劳动中抽出时间去处理村里的事务。在回去劳动的路上，他遇到了张洛胖，张洛胖以为张福山是在偷懒休息，逃避挑水的责任。两个人"互相口角"，接着开始用他们的挑水扁担互殴。张洛胖因头部受了两处创伤而死亡。另可参见《最高法院判例汇编》（7.9，8.76，14.93，14.111）。

致死的法律规范论处。①

在清代,上述两种情况都包含在"屏去人服食"的律条当中。虽然没有直接导致死亡的争吵或斗殴,但它们确实包含了造成死亡后果的伤害或剥夺的情形。这类行为被认为是蓄意造成伤害的举动,因此,它们与斗殴杀人共同处于杀人犯罪谱系的中间阶段。民国此处使用伤害致死条款,表明尽管这种类型在形式上脱离了对意图的考虑,仅聚焦于对受害人所造成的伤害,但法官通过这样的方式使用该条款,在实践中将其变成一个涵盖故意伤害的规范。

有人可能会说,将所有这些涉及伤害意图的案件都归入一项法律规范之下,实际上是处理这类问题的一种更为先进的方法。然而,清代将情境标记与概念相结合的体系,使得对犯罪所涉及的主观因素能够进行更大程度的分析。因此,清代法律并不仅仅只有伤害致死一种类型,而是将源于一场辩论或争吵的互殴和有意构建能使受害人受伤或死亡(如剥夺食物)、但对犯罪人本人没什么威胁的处境这两种情况区别开来。后一种情况可能涉及一定程度的恶意,因此与故意杀人几乎没什么不同,这是下面几章的主题。

---

① 民国法典有一章涉及遗弃罪。1912 年《中华民国暂行新刑律》(339 条)表述为"依法令契约担负扶助养育保护老幼废疾病人之义务而遗弃之者"。当遗弃行为造成被害人死亡时,1912 年《中华民国暂行新刑律》(342 条)和 1928 年《中华民国刑法》(310 条)都规定应援用伤害致死条款论处。1935 年刑法典在关于遗弃致死的条款中,没有引导法官参照伤害致死章的内容,却完全复制了伤害致死罪的刑罚范围(《中华民国刑法》1935:277 条,294 条)。这些条款与日本刑法典(《日本刑法》1907:217—219 条)的规定大体相同。这些规定比早期德国刑法典(《德意志帝国刑法》1917:221 条)"身体伤害"章所载的单一规定更为详尽。

民国时期的聚众斗殴案件

1912 年《中华民国暂行新刑律》有关伤害致死的法律规定大概已经发展到适用于所有个人出于伤害意图导致他人死亡的案件。然而，清代斗殴律所涉及的一些行为在民国法典中依然无家可归。1912 年《中华民国暂行新刑律》确实有一条法规，即第 316 条，规定了两个以上的犯罪人参与斗殴的情形。该条款部分内容如下："二人以上同时下手伤害一人者，皆以共同正犯论。"(《中华民国暂行新刑律》:316 条)因此，所有参与共殴的人都将以斗殴过程中所造成的最严重的伤害为标准而受到惩罚。但该条款没有提到斗殴或互殴的情境，也没有提到犯罪意图。它仅仅是一个有关联手伤害单一受害者的条款。①

许多立法者认为该条款关于伤害案件中共同正犯的规定是多余的。例如，负责起草 1918 年刑法修正案的修订法律馆在签注中写道，第 316 条应当从法典中删除。因为刑法中已有一项法规涉及同样的依据(《刑法第二次修正案》:294 条)。该条款位于法典的总则部分，内容为："二人以上共同实施犯罪之行为者皆为正犯，各科其刑。于实施犯罪行为之际帮助正犯者，准正犯论。"(《中华民国暂行新刑律》:29 条)换句话说，在合伙实施犯罪的情况下，双

---

① 1912 年《中华民国暂行新刑律》正式取消了同态复仇。这意味着两个人可以作为共同正犯论处，也就是说两个人在这一项罪行上都可以被判处同等的最高刑罚。在清代的斗殴犯罪中这是不可能发生的。不过，与清代法律不同的是，死刑并不是民国时期伤害致死罪的法定刑罚之一。

方都会受到同样的惩罚,任何帮助他人实施犯罪者也会受到同样的惩罚。因此,在伤害致死的案件中,那些共同实施了犯罪的行为人都将受到相同的刑罚,包括那些虽然参与了行动,但并没有煽动这起犯罪的人。由于该条款与 316 条涉及相同的问题,后者被认为是多余的,并在 1928 年《中华民国刑法》中被删除。

虽然这一赘述已得到解决,但还有另一个问题尚待处理:没有一项有关共殴的法律,其所涉及的犯罪意图的层次与清律完全一致。负责起草 1918 年刑法修正案的修订法律馆抱怨道,1912 年的法律规定太过狭窄,未能惩罚共殴犯罪中那些不一定与受害人发生了肢体接触的参与人(《刑法第二次修正案》:294 条)。因此,1928 年《中华民国刑法》依照 1918 年草案所提出的模式,正式将聚众斗殴的法律规范重新引入法典。其条文如下:

> 聚众斗殴,致人于死或重伤者,在场助势而非出于正当防卫之人,处三年以下有期徒刑。下手实施伤害者,仍依伤害各条之规定处断。(《刑法第二次修正案》:294 条;《中华民国刑法》1928:300 条)①

该条款使得聚众斗殴的所有参与者都受到惩罚,不管他们是否动手或是否对被害人直接造成了伤害。虽然它并没有正式恢复清代的故意伤害范畴(这种复兴在实践中取决于立法者),但它确

---

① 这与清代法律的精微之处是一致的:在一场致命的聚众斗殴中,所有的参与者,甚至那些没有动手的人,都受到了惩罚(《读例存疑》:302.00 条)。其刑罚为杖一百。德国刑法中亦有类似的规定(《德意志帝国刑法》1917:227 条)。

实在一定程度上承认了立法者们在抛弃清代杀人犯罪谱系后所要面对的挑战。清代的法律是将概念与情境相结合的，而民国早期的法典却试图剔除后者。但这样做的结果是使清代法律中关于有责性的精细的层级结构消失了。这一条款的引入标志着1928年刑法部分回归到清代的路径，至少在对情境功用的接受方面是如此。

在聚众斗殴的法律规范引入法典之前和引入法典之后，民国时期的法院分别是如何处理共殴案件的？在许多实例中，法院只是遵循了与一对一斗殴案件相同的路径：它们将共殴直接映射到伤害致死的法规当中。当然，所有当事人都被认为是实施犯罪的共同正犯。例如1915年山东省高等审判厅受理的一起案件。该案涉及一群农民，他们围攻并杀害了一名同村村民（《大理院刑事判决全文汇编》：2692）。陈立仁、李会荣、赵中昌、范氏兄弟和曾万福在每年夏秋之际都聚在一起看守村里的庄稼，以防被人盗窃。在1914年的秋季，村子开始遭受损失，尤其是曾万福当值的时候，这引起了其他村民的怀疑。一天，在把高粱运送到村子里并存放到当地的关帝庙后，这些人停下来吃午餐，喝了一些酒之后，其他人就丢失的粮食问题与曾万福起了冲突，要求曾万福进行赔偿。曾万福什么也不肯承认，惹得众人怒火中烧，他们开始袭击他，用木棍将他打倒在地，抓扯他，向他眼睛里扬灰，用一把小菜刀刺他的右小腿。失明的曾万福跌跌撞撞地逃到外面求救。不幸的是，当时是午饭时间，并没有人外出走动。曾万福片刻后就去世了。

在攻击曾万福的人当中，只有陈立仁和赵中昌在审判时被逮捕。虽然山东省泰安县地方审判厅最初将此案裁定为故意杀人罪，但山东省高等审判厅和大理院并不认同，将其改定为伤害致死案件。调查结果显示，这两名被羁押的男子对曾万福的伤害负有次要责任：他们将灰扬进曾万福的眼睛并抓扯他。根据大理院的说法："查杀人罪与伤害致死罪之区别以加害者有无共同致死之故意为断，本案……曾万福受伤虽多，越时毙命，然衅起于口角争论……其仅有伤害之故意而无致死之故意，固已昭昭其明。"请注意此处大理院对"伤害之故意"这一特定词汇的重现。曾万福死于斗殴争闹的情境——一场突然爆发的争吵走向失控。在清律当中，突发性的斗殴杀案件往往是故意伤害，而非故意杀人。高等审判厅和大理院遵循了这一模式以及清代的法律逻辑，对这两名被告以伤害致死罪论处。这一判决进一步得到了事实的支持，即这两人只对受害人进行了相对较轻的攻击，在所有的伤害中，如果没有其他攻击者的参与，他们所造成的伤害只会令受害人受伤而不会杀死他。①

民国法院所审理的第二个关于聚众斗殴的案例与清代的处理方式非常相似。这个案件于 1936 年发生在四川合州，涉及佃农夏金廷和他的东家杨邵伯（四川高等法院：46454）。一天下午，一个名为罗石匠的穷困潦倒的男子试图从夏家偷一些家当——一个水桶和一根扁担。夏金廷当场抓住了他，并在杨邵伯的帮助下把他捆了起来。就在那时，夏金廷和杨邵伯被看见对那个想当小偷的人实施了严酷的殴打。根据他们的邻居黄松林的证词：

> 要黑时，我在田内听出项颈上吼，是夏金廷声音。随后杨

---

① 当然，如果其他袭击者也被抓获的话，情况可能会有所不同。

> 绍伯就上去了，我随后多一阵才上去。只看见罗石匠倒地上，手腕用棕索反扎着，脚亦扎着，头壳右后边有个口，血流在臂上。杨邵伯、夏金廷用一根杠斜在罗石匠身上踩，夏金廷在头那头踩，杠子是压在罗石匠肩上，杨绍伯在脚那头踩，罗石匠那时已叫不出来。

看到这些人对罗石匠的所作所为后，黄松林离开了现场，回到自己的家中。夏金廷在法庭上声称他没有伤害罗石匠，在罗石匠还活着的时候他就离开了，之后杨邵伯曾在半夜带着一个他的雇工宋二折返，结束了罗石匠的性命，整个事件的起因在于罗石匠偷了杨邵伯一些萝卜。但其他在案发现场出现过的邻居反驳了夏金廷的说法，声称他和杨邵伯都在殴打罗石匠直至其死亡，事件起因是罗石匠试图偷走夏金廷的水桶和扁担。

在这起杀人事件发生后的第二天清晨，夏金廷和宋二试图掩盖真相，但未能成功。他们本打算将尸体抬到附近的荒山上掩埋。但他们并不走运，当地一位名叫陈心雨的牧牛人看到有血从他们的装载物上滴落到地下，便向他的雇主报告。他的老板又将此事上报到当局。当尸体被掘出时，验尸官的报告呈现出一名饱受毒打的受害者。罗石匠的前额、头顶、后脑勺都有青瘀伤和切割伤，背部、左右肩膀、手腕和脚部也都有伤痕。

地方法院对夏金廷的判决意见不一。有人认为夏金廷将罗石匠捆绑并殴打致死的方式显示是故意杀人。然而，法院还注意到夏金廷杀人的动机是罗石匠盗窃了他的水桶和扁担，因此判处了较轻的五年有期徒刑。经过夏金廷的上诉，四川省高等法院第一分院复审了这一案件。引用对夏金廷的讯问：

> 问：你踩的时候是不是要把他弄死？
> 答：并没有安心致死之意思。

四川省高等法院断定这不是一起故意杀人案，而是一起共同伤害致人死亡的案件。[1] 与前一个案件一样，该情形涉及伤害的意图而非杀人的意图。

但是更复杂的案件该如何处理？在不能确切知晓是否在场的每个人都参与了打架或群体性斗殴的情况下又当如何？例如，1917 年上诉到大理院的一起案件涉及年初发生在江西省的一场大型械斗（《大理院刑事判决全文汇编》：2727）。一名喻氏家族的成员让他放牧的牛在涂氏家族的农田里吃草。涂家的一名成员阻止了他，两人互生口角。在各自回家后，又分别激起了本氏族成员的怒火。最后，上百人卷入了这场斗殴，导致数人死亡，多人受伤。由于这起案件涉及的人很多，因此裁断此案非常复杂。

一旦有关聚众斗殴的条款被引入刑法典，事情就变得多少简单些了。现在，所有参与集体斗殴的人都将受到一定程度的惩罚，

---

[1] 四川省高等法院在此处不仅援引了伤害致死条款（277 条）及相关的共同正犯条款（28 条），还引用了第 302 条，该法律规定涉及"非法拘禁"致人死亡的情形（《中华民国刑法》1935：302 条）。第 302 条的刑罚范围与第 277 条相同，即七年有期徒刑至无期徒刑。地方法院也援引了这一条款，但由于该条款的刑罚低于故意杀人罪，因此在判决时只考虑故意杀人的刑罚。有关民国时期更多的聚众斗殴案件，请参考《最高法院判例汇编》（9.146，12.11，14.93）和《大理院刑事判决全文汇编》（2975）。此外值得注意的是，在夏金廷一案中，依据 1935 年刑法总则部分第 28 条的规定，两名罪犯人被按照共同正犯论处。

无论他们是正犯、从犯，或是仅仅参与了斗殴。民国时期有关聚众斗殴的法律规定在本质上是清代共殴律的镜像。

浙江省的一个案例为新法律的适用做出了诠释。此案与上述案件一样，涉及两个村子之间的土地纠纷（《最高法院判例汇编》：12.153）。在浙江省林山村和秦垟村之间有一座小山，两村都声称这片荒山属于本村所有。这场纠纷已持续了数年，直到 1930 年 5 月的一天，林山村的一位村民南应者，在这座山上放牛时遭到秦垟村村民张应宽的阻止。两个人都觉得自己才是占理的那一方，于是各自回到村庄后，鼓动本村村民捍卫他们对那座山丘的权益。这两群人手持木棍竹枪，在当地的一座风水庙前相遇，一场巨大的突发事件随之爆发。秦垟村村民受伤严重，因此将此事告上法庭。林山村村民都因参与械斗而被依据新的聚众斗殴法论处。即便不是他们每一个人都对对方的受伤负有直接责任，但就像清律所规定的那样，他们加入和普遍参与这场械斗，意味着他们是怀着伤害的意图参加战斗的。虽然法规本身要处理的是对受害人所造成的伤害而非犯罪人的意图，但在实践当中，法律更加关注后者。①

结 论

帝制晚期关于杀人罪的法律规范是围绕着犯罪意图的等级和杀人时的具体情境这两大要素构建的。这一体系不仅对杀人罪进行了精细的层级划分，使每一个层级都有与其相匹配的刑罚，而且

---

① 林山村唯一判决未定的人就是南应者。显然，并没有证据证明他事实上参与了这场械斗。于是，他的案子被退回到浙江省高等法院重审。

使法官在处理杀人犯罪时，可以利用法典中的情境标记来帮助他们识别出恰当的法律规范，从而确定恰当的判决。

在清代的人命律中，斗殴杀律是故意与过失之间概念灰色地带的重要组成部分。这一犯罪不是故意杀人，但由于涉及故意伤害，因此其有责性程度及刑罚比意外杀人、过失杀人、甚至鲁莽冲动杀人都要严重。斗殴杀律虽然基于情境，但却将对于犯罪意图的分析纳入其本身的定义中来。这当然是必要的，因为斗殴杀与另一杀人罪条款故杀有着相同的基本情境，即出于一场斗殴或争吵。区别这两则条款及其必要的刑罚就取决于是否存在杀人意图。

唐宋法典中包含着额外的行为标记，比如使用武器，用以区分斗殴杀和故杀。即使在明清律典删除这些标记之后，成案也揭示了具有相同用途的标准标记的存在。这些标记包括所使用的武器的种类、当事双方此前的关系，以及受害人身体上伤痕的部位。

同清律中大多数其他杀人罪的类别一样，斗殴杀随着1912年《中华民国暂行新刑律》的颁布而被删除。这部新法典，以现代欧洲及日本模式为基础，从杀人罪的分类当中消除了一切形势和情境的痕迹。在新的杀人罪类别当中，最接近斗殴杀的是伤害致死。然而，伤害致死的法律原意完全不同于清代的斗殴杀。首先，它没有情境指导原则，也没有被限制在冲突的情境当中，这意味着它与犯罪情境剥离开来。其次，它关注的是对受害人所造成的伤害，而非犯罪人的主观状态。因此，这是一个与两种基本的杀人罪类别完全不同的种类，从1928年开始，它就被置于刑法典的其他章节。

然而，在审理涉及伤害致死的案件时，来自帝制晚期的行为标记依旧存续，司法实践对犯罪人主观状态的关注依然存在。尽管最高法院试图减少对行为标准的依赖,但在实质上,为了维持"所造成的伤害"的概念与造成伤害的情境相隔离,法庭继续使用这些行为比较,诸如在斗殴或争吵中杀人这一基本特征来识别犯罪的意图,从而确定犯罪的确切类型。在短期内,伤害致死这一类别仅仅是描述斗殴杀以及有伤害意图的犯罪的清代杀人犯罪谱系中间地带的另一种方式。此外,1928 年刑法重新引入了聚众斗殴致人死亡的类别,此举承认了清代法律具有较高实用性,预示着对清代杀人犯罪类别的部分回归。立法者们意识到,概念不能完全脱离情境,清代模式有时比早期民国法律所依据的欧洲法典更有效、更全面。

赖骏楠(2014)曾论述过 20 世纪的法律体系是如何偏离他们曾一度追求的韦伯式的理想化、形式理性化的法律类型的。正如赖骏楠所指出的,甚至韦伯本人在论述到美国和部分欧洲地区陪审团制度所展示出的非理性或实质化的倾向时也承认了这一点([德]韦伯 1978:762—763,813—814)。民国时期的中国刑事法律同样也"偏离"或"未能实现"韦伯所拥护的理想化、形式理性化的法律类型。但是,我们不应将其视为清代和民国法律的失败或不足,也不应将其视作中国法律固有的非理性和持续的前现代性,而应看到这是韦伯的理想类型在给出实践方案和应对现实问题时遭遇到失败的证据。诚然,在将中国法律放入韦伯理性与非理性的二元对立模式进行检视时,中国法律在技术上会落入后者的范畴。然而,这种二元对立模式本身是有缺陷的。民国转而接受概念与情境的结合这种清律的特征,表明了法律体系可以通过多种方法实现理性化。有的时候,当抽象概念反映实际的、实践性的事实情境时,对法律体系来说才最明晰和最实用。

第三章　谋杀、恩典与犯意：清代的故意杀人罪

在中国帝制晚期的六杀体系中，那些具有杀人意图的行为将会受到最严厉的制裁。此类杀人者是在明知、具有清醒意识和明确意图的情况下，故意实行致人死亡的行为，理当从重论处。而且与意外或者过失杀人不同，故意杀人的案件不允许收赎，犯罪人的死刑判决在进入复核程序时也很少会获得皇帝的宽大处理。

本章将探讨清代故意杀人的概念和类型。清代的法律并非只有"故意杀人"这一种罪名，而是拥有一个有关故意杀人犯罪的谱系。这个谱系包括故杀、谋杀，以及为了实施其他犯罪而杀人。此前的章节主要探究了位于犯罪意图体系底端和中端的相关犯罪的智识因素及其程度、特性，以及法律对其高度精密化的关注。此章将会揭示位于犯罪意图体系顶端的犯罪的相关图景。

帝制晚期法典中的故意杀人罪

尽管清律对于发生在同一阶层的平民间的、各种各样的故意杀人案件的惩处基本相同——斩监候或它的轻微变种,清廷此前曾耗费大量精力在案件中区分故意杀人的精确等级。清律主要包含两种故意杀人的类型:故杀和谋杀,以及各种出于不同动机的预谋杀人。

故杀这种杀人类型经常与斗杀进行比较讨论。尽管唐代和宋代的律文并未对故杀给出明确定义,唐律的官方注疏对"故杀"这一术语做出了解释:"非因斗争,无事而杀。"(《唐律疏议》1996:264)正如第二章所讨论的那样,唐律同样详细规定了在两种情况下,斗殴杀人须以故杀论处。第一种情况是在斗殴中使用兵刃而非拳脚杀人,这说明行凶者存在"害心",因此需认定为故杀(《唐律疏议》1996:264)。第二种情况是在斗殴之后杀人,即二人斗殴之后本已各自分散,然而一方又折返回来杀死了另一方,也以故杀论处(《唐律疏议》1996:264)。故杀与斗杀在性质严重程度上的差别同样体现在刑罚上:前者斩首而后者处以较轻的绞刑(《唐律疏议》1996:264)。①

---

① 参见[英]马若斐1988:46—58。"故杀"一词最早见于北魏时期(386—535)的法律论述中,并在唐律中最早予以详细阐述([美]梅耶尔1978:87;[何]何四维1955:252)。在帝制早期的法典诸如汉律中,"故杀"位于"贼杀"的范畴之下([何]何四维1955:252—254)。"贼"意为故意或恶意害害,较帝制晚期的"故杀"涵盖了范围更广、性质更严重的杀人行为([荷]何四维1955:253;[日]诸桥辙次1992:no. 36759;沈家本1976:2.1b)。事实上,它更接近于1912年《中华民国暂行新刑律》中标准的故意杀人条款(参见第四章)。

正如薛允升指出并批评的那样,明清两代律典都从故杀条款中剔除了使用武器和时间间隔的特定元素(《唐明律合编》:482;《读例存疑》:290.00 条)。① 故杀的新定义在这些律典中非常简练:"临时有意欲杀,非人所知曰故。"(《读例存疑》:290.00 条)故杀与斗殴杀的区别仅仅在于对卷入事件的意图的等级评估不同:斗杀被认为是犯罪人存有伤害的意图,而故杀意味着犯罪人"有意欲杀"(《读例存疑》:290.00 条)。随着法典化的参考标准被废除,所有司法官员在理想状态下都应将目光集中到犯罪人的主观状态上去([美]梅耶尔 1978:97)。②

唐宋律典与明清律典的另一个不同之处在于,明清律典中没有关于故杀可以发生在斗殴或争吵范围以外的明确规定。相反,从明清律典关于故杀条款的措辞来看,这种杀人形式实际上被限定在口头冲突或肢体冲突的情境当中(《读例存疑》:290.00 条;[美]梅耶尔 1978:93—95)。③ 正如沈家本所指出的:"故杀之心必

---

① 如第二章所述,薛允升认为这些行为标记的剔除意味着众多杀人犯得以利用较轻的绞监候的判决逃脱死罪(绞监候通常会在秋审时获得减等处理),而对其更恰当的刑罚本应是斩首:"明律改为不论金刃、他物,均为斗杀,而无绝时杀伤等语,后又以有意欲杀为故,甚至金刃十余伤,及死者已经倒地,并死未还手,恣意迭殴者,亦谓之斗,天下有如此斗殴之法耶……自不问手足、他物、金刃并绞之律行,而故杀中十去其二三矣。"(《读例存疑》:290.00 条)沈家本也持类似观点(沈家本 1976:2.8b—10b)。沈家本认为,区分这两类杀人罪的新方法过于主观,以至于判决实际上是取决于时代:"大约乾隆以前,故杀尚多,嘉庆以后渐入于宽,世轻世重之故。"(沈家本 1976:2.6a)不过,如第二章所示,尽管律典剔除了众多行为标记,但帝制晚期的司法官们仍然在实践中运用它们。

② 梅耶尔(1978:94)与薛允升的观点相反,他认为这一变化恰恰是一种"进步的标志"。然而,如上所述,在实践当中,唐律与清律对这一问题的处理变动甚微。

③ 关于清律该条款的具体内容,参见第二章。

起于殴时，故杀之事即在于殴内。"（沈家本 1976：2.4b—5a）考虑到中国对犯罪意图的理解通常与情境相关，这就完全说得通了：故杀是一种临时起意的犯罪。而杀人的意图自然不是凭空产生，而是在争执的背景下产生的。这种纷争既可以是口头冲突，也可以是肢体冲突。如果杀人意图产生在这样的情形之外，那便是谋杀。

谋杀，即密谋杀人，既可以是一个犯罪人预先制定杀人计划的情况，也可以是两个或两个以上的犯罪人共同密谋杀人："任谋诸心或谋诸人。"（《读例存疑》：282.00 条）从唐代到清代，律典对谋杀的这一双重定义一直保持不变。① 与大多数其他杀人罪的类别不同，谋杀的定义与具体的事实情境无关，而仅仅与犯罪意图的程度相关。在清代，斗殴杀或故杀的定义与争吵和肢体冲突紧密相连，戏杀则与玩闹或游戏的过程中造成他人死亡相连，谋杀却呈现出无数可能的场景。不过，暂且不论它的名称，我们将会从下面看到，谋杀的特定种类依然在设法运用情境因素来讨论相关动机。

与唐宋时期相比，明清时期的谋杀犯罪与罪行稍轻的故杀犯罪之间的差异更为明显（［美］梅耶尔 1978：93）。马若斐（1988：37—39；1990：189）也指出，唐宋法律对谋杀的界定以及谋杀和故杀的区分并没有保持一贯性。可以确定的是，在唐宋律典当中，谋杀罪有其独立的法律规范，这一规范实际上与殴杀及故杀罪的条款位于律典的不同篇章当中（《唐律疏议》1996：226）。然而，从故杀与谋杀在这些律典中的讨论方式来看，它们被归为一类总体的故意犯罪的有责性状态，突然产生的犯罪意图和预谋已久的犯罪

---

① 汉律中的谋杀罪要求有两名涉案人员（沈家本 1976：2.1b）。

意图之间的区别则较少涉及。因此，尽管这两项罪名被置于不同的法律规范之下，唐律在《名例律》章的注疏中仍然指出："故杀人，谓不因斗竞而故杀者，谋杀人已杀讫，亦同。"（《唐律疏议》1979：119；[英]马若斐1988：37）[1]此外，至少从社会秩序的角度来看，它们都被认为同律典首篇所列举的"十恶"之罪具有同等的严重性："诸犯十恶、故杀人、反逆缘坐，狱成者，虽会赦，犹除名。"（《唐律疏议》1979：119）同样的，唐律当中对故杀罪的描述同后世所称的谋杀罪也有相似之处。例如，唐律关于殴杀和故杀罪条款的律疏指出："非因争斗，无事而杀，是名故杀。"另一条款又指出："虽因斗，但绝时而杀伤者，从故杀伤法。"（《唐律疏议》1997：332—333）在这两种情况下，从犯意萌动到犯罪实行之间都存在着时间间隔。这些条款表明唐代最看重的区别是犯罪人是否具备杀人的意图。从本质上来讲，杀人罪谱系的中高阶段只包含两大类主观有责性。在唐宋法律的视角上，更精细的层级划分并不是最重要的。然而，在明清律当中，这两大种类又细分成了三类（参见表3.1）。

表 3.1　唐宋律和明清律当中杀人罪谱系的中高阶段

唐宋律	明清律
无杀人意图（殴杀）	伤害意图（殴杀）
有杀人意图（故杀和谋杀）	临时起意杀人（故杀）
	预谋蓄意杀人（谋杀）

[1] 换句话说，一旦发生杀人案件，法律对故杀和谋杀的处置没有区别。参见[英]马若斐1990：189。

明清律首次对犯罪意图的属性进行了审视。问题的关键不再是杀人的意图是否存在，而是犯罪意图的性质。帝制晚期的律典煞费苦心地详细定义了这些意图的层级，将早有预谋的意图和突然萌发的意图区别开来。

区分谋杀和故杀最简单的方法是谋杀可能有多名犯罪人的参与，故杀则定然是一个人的独角戏。正如《读律琐言》对故杀做出的评注那样："意动于心，非人之所能之，亦非人之所能从。"（《唐明律合编》：482）①相比之下，谋杀通常需要合作。由于可能存在多名犯罪人，律典对每名犯罪人参与谋杀的程度也给予了充分重视，勾勒出他们在犯罪中可能扮演的诸多角色。谋杀案的"造意者"将受到最严厉的斩首之刑（《读例存疑》：282.00 条；《唐律疏议》1996：226）。"从而加功者"将被判处绞刑（《读例存疑》：282.00 条；《唐律疏议》1996：226）。"从而不加功者"则处以杖一百、流三千里的刑罚（《读例存疑》：282.00 条）。如果受害者伤而未死，或者计谋失败，受害者未曾受伤，律典也逐一列举了其他惩罚方式。②

然而，要确定单一犯罪人所实行的杀人罪究竟是蓄谋已久还是临时起意，就需要其他的指导方针。谋杀犯罪包含着恶意预谋，犯罪人心中积怨已久。相形之下，故杀所包含的敌意是瞬间释放的，杀人的意图并非犯罪人事先形成："杀谓之谋，其计深，其踪秘，

---

① 《读律琐言》是对明律的评注，于 1563 年首次发行。其作者雷梦麟（1522—1566）为进士出身，曾于刑部任职（张伟仁 1976：no. 36）。

② 由于谋杀是"六杀"中最严重的一种杀人罪类别，因此可以判处多人为一名受害人偿命（《读例存疑》：287.12 条，292.10 条，282.00 条）。

故必潜设机阱、赚诱灭踪……若忿发一朝，片言相纠，公然行凶，可以言故。"（《大明律附例注解》1993:694；[英]马若斐 1990:189）《大明律》的另一则评注写道："凡有仇嫌，设计定谋而杀害之者，俱是谋。与故字不同，商量谓之谋，有意谓之故。"（《大明律集解附例》1989:19.1b）大体上来说，司法官可以通过寻求受害人和犯罪人之间积怨已久或怀有敌意的证据来表明"谋"的存在。

明清两代对犯罪意图高阶的这种主观因素的重视显得格外引人瞩目，尤其是考虑到此时的刑罚依然延续了唐宋律，对故杀和谋杀的处罚都同样是斩监候的时候（参见表 3.2）。

表 3.2　清代对犯罪意图谱系中高阶段杀人犯罪的刑罚设置

罪行	刑罚
殴杀	绞监候
故杀	斩监候
谋杀	斩监候

此外，故杀和谋杀通常都是"常赦所不原"的犯罪（《读例存疑》:16.00 条）。因此，法律并没有在技术上区分故杀犯罪和谋杀犯罪的理由：这两种情况所遭遇的官方裁判结果是相同的，犯罪人将受到律典所规定的最高法定刑的惩处。不过，这两类犯罪的犯罪人可以参加秋审——这是明清时期常规性的、对所有死刑案件以皇权名义进行的中央一级的复核制度（[美]马伯良 1981:98—111）。在秋审时，最高司法机关，即刑部的官员将对死刑案件予以

复核，评估其应予矜悯的程度（值得矜悯的死刑案件通常会以减为流刑的方式来昭示"恤刑"理念）。从形式上区分谋杀和故杀犯罪，对犯罪人的主观状态进行精微分析，使得后一类故杀犯罪有可能在秋审中获得矜悯的机会，而前一类谋杀犯罪则没有。

虽然犯罪意图的级别是决定案件应当适用哪一条杀人罪规范的最重要因素，动机在帝制时代末期也成为关键因素，能够对基于意图的犯罪分类和刑罚进行更加精细的级别划分。犯罪意图和犯罪动机是两个不同的概念。前者是实行某一行为的意志，而后者通常被定义为实行某一故意行为的原因或目的（Williams 1961：48；LaFave 2000：241—242）。

正如薛允升在比较唐明律之后所指出的那样，帝制晚期的谋杀罪有三类基本动机，其中包括两类具体动机和一类一般动机。它们分别是：谋财害命、因奸杀人和单纯出于憎恨而杀人。最后一类是上文详细论述的谋杀案的基本形态（《唐明律合编》：469）。

在唐宋律典中，没有具体的关于谋财害命的法律规定，这类杀人罪将作为一般谋杀论处（《唐明律合编》：469）。唐宋法典中确实有劫杀的相关规定（《唐律疏议》1996：243，250），但这种犯罪的动机和目的是抢劫，死亡的发生类似于一种附带损害。此处仅有抢劫的阴谋，而非杀人的阴谋。但是清律为杀人动机是获得钱财这种情形增设了一则单独条款，即图财害命（《读例存疑》：282.04条）。在这种情况下，无论犯罪人是造意者还是从犯，都应受到更加严厉的斩立决的刑罚。① 对主犯来说，这是将原本适用于普通谋

---

① 如果受害者是儿童，对犯罪人的刑罚还会升级为斩立决并枭首示众（《读例存疑》：282.02条）。

杀犯罪和劫杀犯罪的斩监候的刑罚予以升格(《读例存疑》:282.00条,266.00条)。而对于从犯,即那些参与了行动但没有提出抢劫杀人原始方案的犯罪人而言,这是对原本适用于普通谋杀罪从犯的绞监候的刑罚所进行的更大幅度提升(《读例存疑》:282.04条)。

如果杀人的动机是"因奸同谋杀",律典对此类问题的处理方式几乎与谋财害命相同。在唐宋律典中,对于这种动机只有一项特别条款,即奸夫杀死本夫的律条,其他所有因奸杀人的案件都依照一般谋杀律论处(《唐律疏议》1996:224;《唐明律合编》:469)。但在明清时期,处理所有因奸杀人的特殊律例从标准谋杀律中分离出来。① 如果受害者是儿童,首犯将被判处斩立决并加以枭首示众(《读例存疑》:282.02条)。如果受害人是本夫,那么谋杀亲夫的妻子将基于被害人与犯罪人之间特殊的亲属关系,按照"杀死奸夫"律所设置的标准刑罚条款而受到凌迟处死的酷刑(《读例存疑》:282.00条,284.00条,285.00条)。在乾隆时期以前,"杀死奸夫"律所设置的标准刑罚条款既适用于出轨的妻子,也适用于奸夫。② 乾隆年间,律典增设了一则新的条例(此后又经过修订),将奸夫的刑罚从斩监候升格到斩立决(《读例存疑》:285.06条;[美]梅耶尔1991:83)。在所有这些与奸情相关的命案中,即便妻子对其情夫的杀人计划并不知情,她依然会被判处绞监候的刑罚(《读

---

① 关于奸情和杀人罪之间的关系,参见[美]苏成捷2000和[美]梅耶尔1991。

② 其具体内容为:其妻妾因奸同谋杀死亲夫者,凌迟处死。奸夫处斩(监候)。若奸夫自杀其夫者,奸妇虽不知情,绞(监候)。

例存疑》：285.00 条；《唐律疏议》1996：224；［美］梅耶尔 1991：
82）。① 由于谋杀是妻子的情夫为了便于通奸而策划的，所以妻子
与他人有奸情这一事实就使其成为谋杀案的从犯（［美］梅耶尔
1991：89）。②

　　明清律对以上两种杀人犯罪加重处罚表明，法律对杀人动机
的重视程度有所提高（参见表 3.3）。某些动机，例如贪图钱财或便
于通奸，对社会造成的危害比一般的仇杀更为恶劣：阴谋获取钱财
显然蕴含着社会动荡和失序的因子，而奸罪会动摇父系家庭的根
基。在从唐宋律到明清律的转型过程中，就如同犯罪意图的层级
在数量上有所增多一样，动机的层级也在增加。

---

① 唐代法律亦是如此。此外，在唐律中，情夫甚至不是在谋杀本夫的情况下，妻子也
　要被判处绞刑。唐律的注疏对涉及奸情的条款内容部分解释如下："谓妻妾与人
　奸通，而奸人杀其夫，谋而已杀、故杀、斗杀者，所奸妻妾虽不知情，与杀者同
　罪……合绞。"（《唐律疏议》1996：224）要求妻子为这种情形负责是帝制晚期法律
　中严格责任的另一例证（参见第一章）。这种情形类似于西方始于 19 世纪的普通
　法传统中关于谋杀重罪的法律规定，即一个人应该对实行重罪的过程中所发生的
　任何死亡结果负责，即便此人仅仅是出席了这场死亡事件，而未曾直接参与其中。
　其法律逻辑是：由于卷入原初的犯罪时具备犯罪意图，这使得与原初犯罪相关的
　死亡结果也被视为蓄意为之（Binder 2004：60—64）。
② 毋庸置疑的是，如果妻子单独行动杀死丈夫，而奸夫对其计划不知情，那么奸夫只
　会因为通奸而受到惩罚（《读例存疑》：285.03 条）。薛允升认为，这是对奸罪的一
　种威慑（《读例存疑》：285.03 条，［美］梅耶尔 1991：84—85）。对于其他因奸杀人
　的情形，例如妾与奸夫谋杀正妻的情况，参见《读例存疑》第 285 条的例文，尤其是
　第 285.14 条和第 285.19 条。

表 3.3　清代对基于不同动机的谋杀罪首犯的刑罚

动机	刑罚
仇恨("标准"谋杀罪)	斩监候
贪图钱财	斩立决
奸情(犯罪人为奸夫)	斩立决

　　动机并非导致谋杀罪分化的唯一因素。正如《大明律集解附例》(1993:694)所说的那样:"谋杀人者,或暗持凶器,或阴投毒药,或身自行事,或假手他人者。"①其中一种方法,即投毒法,其重要性足以使其在帝制晚期的律典当中自成法规。

　　毒一般来说有两种类别。帝制晚期的谋杀案中最常使用的是"堪以杀人"的毒药,虽然它们也可以被用来治疗某些疾病(《大明律集解附例》1989:19.15b;《唐律疏议》1996:232)。唐律中列举了许多这类毒药——"鸩毒、冶葛、乌头、附子"(《唐律疏议》1997:265)。不过到了清代,几乎所有投毒杀人案中所使用的毒药都是砒霜(信石或砒石)。使用毒药杀人的处罚在唐宋律中是绞刑,②在明清律中是更为严重的斩刑(《读例存疑》:289.00条)。从唐宋律到明清律的刑罚加重同样体现在利用第二种毒——蛊来杀人上:虽然犯罪人本人(通常情况下是女性)将会同一般下毒案件一

────────

① 同样可参见《读例存疑》第 292.10 条:"或下毒于酒食,或乘人之不防,或在中途,或在黑夜。"
② 唐宋律中还规定了故意给人食用已知腐烂变质并曾经造成他人患病的脯肉,从而致人死亡的情形(《唐律疏议》1996:232)。

样被判处斩刑，但犯罪人的家属也会被牵连受刑，这是一种集体责任。① 蛊毒是一种"黑巫术"，犯罪人将一群毒虫和毒蛇放在一个容器当中（Feng and Shryock 1935：1），这些毒物就会相互啃咬打斗，直到剩下最后一只存活者。从最后存活下来的这只毒物身上可以提取出一种致命毒药，将它用在预期的受害人身上，受害人的财富通常就会转移给杀人者（《唐律疏议》1996：230；《唐明律合编》：481；Feng and Shryock 1935：1，8—9）。② 在帝制晚期，蛊毒被越来越多地同中国西南地区的少数民族联系在一起（Feng and Shryock 1935：10），该地区以外的蛊毒案例则很少。

最后一种故意杀人罪的变体，也就是"六杀"的最后一个种类，即误杀。这是一个弄错了受害人的流动类别，涉及所有类型的故意杀人、故意伤害，以及戏杀。误杀是"出于意外"而导致的死亡结果（《读例存疑》：292.04 条）。其基本情形可以通过对殴杀律的考察来说明。如果在一场打斗中，甲向他的对手乙挥出一拳，但是这拳失了分寸，击中了在一旁看热闹的丙并致其死亡。那么甲因误

① 通过蛊毒害人被划入十恶中的"不道"类别（《读例存疑》：2.00 条）。造畜蛊毒被视作十恶不赦的罪行，被认定犯有造畜蛊毒之罪的犯罪人的直系亲属将被流放（《读例存疑》：289.00 条）。至少从宋代开始，人们通常将蛊和女性联系起来，并在地理志上描述女性，尤其是那些处于蛮荒状态、赤身裸体、无拘无束的女性生产并使用蛊的情况（Feng and Shryock 1935：11）。帝国晚期的通俗文学中有很多关于女性利用蛊毒来对付不听话的丈夫，或是为了确保外出旅行的恋人能够归来的故事（（Feng and Shryock 1935：12—13，17）。然而，正如第四章所述，并非只有蛊毒与女性群体紧密相关。其他毒药作为女性谋杀者通常的选择，以及女性通常被诬陷利用毒药杀人，说明毒药与女性有着密切的联系。
② 对采生折割人的处理方式与蛊毒类似，该罪也同样蕴含着巫术的意味（《读例存疑》：288.00 条）。

杀旁观者丙，将会被依据殴杀律判处绞监候（《读例存疑》：292.00
条；《唐律疏议》1997：378）。① 如果情况是这样的：暴怒的甲意图
杀死乙，但错误地杀死了丙，那么将依据故杀律判处甲斩监候（《读
例存疑》：292.00 条）。② 所有因误杀造成的死亡都是因为错误，但
是这与意外事件有很大不同。意外致死律在此处并不适用，因为
误杀"元有害心"（《唐律疏议》1996：286）。③

不过，如果杀人事件的源头是为法律所准许的，情况就不一样
了。例如捕役杀死了一名拒捕的盗贼，那么捕役就可以免于处罚
（《读例存疑》：388.08 条，388.14 条）。如果捕役在追捕盗贼的过程
中误杀了无关人员，律典规定将按照过失杀人罪判处赎刑（《读例
存疑》292.03 条）。虽然根据清代法律，杀死预期的受害人（拒捕
的盗贼）是正当化行为，但杀死实际的受害人（误杀旁人）则不能完
全免除处罚。④

当涉及在谋杀的情境下误杀他人时，事情就变得棘手了。谋

---

① 这是明清时期的处罚。在唐宋时期，绞刑将会被降一等（《唐律疏议》1996：286）。

② 在戏杀的过程中误杀旁观者也适用同样的原则：将按戏杀律论处（《读例存疑》：
292.04 条）。

③ 在对此类杀人行为的裁决上，西方现代普通法与清代法律是一致的：在前者的视
野下，此类情形被归入"犯意转移"案件。根据 LaFave 和 Scott（1986：284）的说法：
"当某人（A）……蓄意伤害另一个人（B），但他却实际伤害了一个他并不打算伤害
的第三人（C）时，法律就认为他如同伤害了预定受害人一样有罪。"普通法传统中
有关犯意转移的案件可以追溯到 17 世纪（Westen 2013：324）。

④ 清律似乎对以下情形采取了更加严格的立场：丈夫在抓捕并试图杀死与妻子通奸
的奸夫时误杀旁人。本来，只要通奸的男女被当场抓获，丈夫立即杀死二人的行
为可以获得法律的谅解（参见第五章）。但正如薛允升所指出的那样，在丈夫误杀
旁人的案件中，丈夫会被依照斗杀律判处相当严厉的绞监候的刑罚（《读例存疑》：
285.15 条，292.03 条；[美]梅耶尔 1991：72）。

杀被认为是比故杀更为严重的犯罪。但是，当误杀发生在谋杀的过程中时，则适用故杀律，而非谋杀律（《读例存疑》：292.10 条；《大明律集解附例》1989：19.23a；《唐律疏议》1996：336）。适用法律条文的这种变化背后的逻辑是：尽管杀人是有预谋的，但在误杀案件当中杀死特定受害人则没有预谋。作为预谋杀害目标的那个人没有死，虽然杀人的意图可以转移到另一名受害人身上，但是预谋不能转移："非其所谋之人，失其所谋之意。"（《读例存疑》：292.10 条）①如果依然使用谋杀律定罪，用明代法律评注中的话来说就显得"太重"（《读例存疑》：292.10 条）。

但某些特定情形会比预谋不能从预期受害人身上转移到实际受害人身上的法律原则更为重要。因此，《大清律例》于 1812 年增设了一则条例，规定如果某人在谋杀的过程中误杀了来自同一个家庭的两名成员，那么该犯罪人将被判处斩立决，这一刑罚甚至比谋杀罪的标准量刑还要重（《读例存疑》：287.11 条）。②另一张王牌则是预期受害人与实际受害人之间存在亲属关系：如果误杀了预期受害人的祖父母、父母、妻女、子孙一命，那么犯罪人将被依照其原初的意图等级论处，无论其为斗殴杀、故杀，还是谋杀（《读例存疑》：292.12 条）。

另一种犯罪人与受害人之间的关系影响到误杀性质的情况是，在唐宋律中，两人在共同攻击第三人时，其中一名加害人错误

---

① 薛允升在此例中对律典的逻辑提出了质疑，认为既然犯罪人有杀人的秘密计划，那么谁实际死亡并不重要。犯罪人应当依据谋杀律而非故杀律论处："故杀多起于临时，与处心积虑致人于死者不同。"（《读例存疑》：287.12 条）
② 如果另一名受害人并非一家，刑罚不会加重（《读例存疑》：287.11 条）。

地攻击并杀死了另一名加害人(《唐律疏议》1996:287)。在这种情形下,对犯罪人的惩罚将在斗杀标准刑罚绞刑的基础上减二等,这似乎是因为该案的死者是攻击第三人的共犯,他如果被逮捕,也可能面临死刑的惩罚。故而犯罪人原初的伤害意图被受害者本人的犯罪意图减轻了。

帝制晚期的案例

对清代法律案件的考察有助于阐明不同种类的故意杀人案件是如何在实践中予以裁判的。清律规定故杀律只能在犯罪人和受害人之间没有交恶史的情况下适用。然而,清代的故杀案件揭示了相反的情况,许多故杀案件发生在受害人和犯罪人之间明显存在敌意的情境下,而杀人行为源于双方突然爆发的冲突。敌意的存在事实上成为对比故杀和斗殴杀的标准方法。因为斗殴杀是指在因突然爆发的冲突所导致的杀人案件中,涉案双方此前要么不认识,要么关系良好。而在涉及谋杀时,司法机关的关注焦点又会转向动机这个可能造成不同处罚结果的因素。

故　杀

我们从一个杀人的意图只是在动手的那一刻才出现、但犯罪人和受害人之间已有积怨的故杀案开始讲起。该案发生于1902年,涉及一起因世职纠纷而引起的杀人事件(刑部现审案件:山东,17245)。成王氏是一位丈夫新丧的寡妇。她的亡夫成瑞是一名拥有世袭职位的旗人，他于 1901 年死于一种未知的疾病。由于这对夫妇没有儿子，成瑞的堂弟广兴想让自己的儿子继承这个职位。大约六个月后，成王氏告诉广兴，他的儿子实际上并未被立为继承人。广兴十分气愤。根据案卷记载，两人随后爆发了一场争吵，广兴"气愤取桌上菜刀，将成王氏额颅砍伤，成王氏在炕晕倒"。但广兴依然怒火难平，决定杀了成王氏，于是又用刀袭击她。醒过来的成王氏试图将其击退，她的双手受了严重的防御型创伤，但是广兴制服并杀死了她。这时，成王氏的女儿回到家中，看到所发生的情景，赶紧跑出去求救。

这起案件包含了清律所描述的故杀犯罪的所有特征：一场争论爆发，犯罪人在争吵最激烈的瞬间决定杀死对方。然而，这个案件还包含了律典未曾提及的故杀犯罪的另一个因素，即犯罪人和受害人之间已有矛盾冲突。在法律实践中，区分杀人意图和单纯伤害意图的主要因素之一就是当事双方是否存在持续的纠纷。在本案中就有这样一场纷争，怨憎因为职位继承问题而产生。因此，这是一起明显的故杀案件，刑部根据故杀律判处广兴斩监候（《读例存疑》：290.00 条）。

在本书开篇的案件——发生于 1901 年的郭里长案中，犯罪人与被害人之间的嫌隙同样发挥了作用。郭里长因为杀害了他的前任学徒毋致明而被判处故杀罪（刑部现审案件：福建，10660）。然而，在郭里长的案件中，裁判的关键困境并非斗殴杀和故杀之间的抉择，而是故杀和谋杀之间的抉择。郭里长和毋致明曾经关系亲密。1901 年，毋致明搬出郭里长的房子，和他的新婚妻子建立了自己的家庭。毋致明还建立了自己的涂漆店，与郭里长的店铺竞争客户。这件事激怒了郭里长，根据司法案卷所言，郭里长"因其昧心忘本，越想越恨，起意将其诓来殴打出气"。当毋致明到来时，郭里长因毋致明撬走他的客户而对其大吼大叫。据案卷记录，毋致明拒绝道歉，这更加激怒了郭里长，郭里长随后"用木棍殴伤毋致明脑后倒地，郭里长将其发辫跐住，复用铁钉连扎伤额颏"。毋致明显然还能说话，他对郭里长发生咒骂。于是"郭里长忿极，起意致死。随拾砖块，连殴伤其顶心、偏右左额角、脑后，并挣伤额颅连偏左右眼胞，及鼻梁、额颏、右肐肘，登时殒命。郭里长复起意弃尸灭迹"。在其店员的帮助下，郭里长将尸体扔过院墙，丢进了邻居的院子里。

这个案件揭示了许多律典中并未描述、但在实践中得到运用的故杀类犯罪的特征。这起杀人案并非突然发生，犯罪人和受害人之间近期已经产生了敌意。此外，在杀人的当天，犯罪人和受害人发生对峙，犯罪人在狂怒的瞬间情绪失控，杀死了受害人。

处理尸体的绝望与草率的方式可能说明这起杀人案缺乏计划性，但是总体来说，也有许多因素表明这似乎是一起谋杀案件。首先，在重述案情的过程中，刑部描述了郭里长在一段时间内是如何怀恨在心的。其次，他编造理由将毋致明诓骗到他的家里，并一直计划着要袭击他。第三，郭里长被刑部描述为"挟嫌逞凶"。

面对既可能被视为故杀，又可能被视为谋杀的案件，刑部选择了谨慎行事。确实,故杀和谋杀之间的界线可能是模糊的。① 当这条分界线并不清楚时,司法机关在确认罪名时似乎倾向于宽大处理,判处故杀罪而非更为严重的谋杀罪。步德茂(1995:69)曾指出这是很寻常的现象,因为司法系统有一种从宽处理的内在倾向:"州县官员通常选择较轻的罪名,除非有压倒性的证据证明罪行更重。"②步德茂(1995:68—69)提到了州县官员,这些基层官员非常清楚这些案件在提交到京城的过程中会经过一系列的复核程序,而量刑偏轻的错误要比量刑偏重的错误轻得多。③ 但郭里长一案是由刑部直接审理的,从实践上来讲,刑部是地方官员的最终批评者。到了清末,刑部似乎也倾向于宽大处理,如果无法定夺究竟应该适用故杀律还是谋杀律,刑部就会选择较轻的罪名。因此,刑部在这一有疑问的案件中做出了故杀的裁决。

谋杀与动机

研究动机问题往往更容易区分突然萌发的杀人意图和蓄谋已久的杀人意图。如果能确定犯罪人希望受害人死亡的明确动机,就更有可能做出谋杀的裁决。此外,某些特定的谋杀动机理应受到比标准谋杀罪的量刑更重的刑罚。因此,司法机关不仅对杀人

---

① 《读律佩觽》,一部17世纪晚期对《大清律例》的评注性著作甚至讨论了被定义为"临时谋杀"的位于故杀交界地带的第三种类别:"说者多以故杀二字,认为有故之故,谓系有仇而杀。殊不知有仇而杀,必须积于平日,然后见而必杀之,则此杀也,是又临时之谋杀,而非故杀也。"(《唐明律合编》:483;张伟仁1976:no. 64)
② 关于中国法律中恤刑与宽仁的理念,参见瞿同祖[1961]1980。
③ 比如黄六鸿在著作中写道:"凡拟人之罪,最贵原情。"(黄六鸿1984:288)

的基本意图进行了敏锐的分析,也对其隐含意图(如杀人动机)进行了细致的分析。下面的谋杀案分别代表了清代律学家所设想的谋杀犯罪的三种主要动机——心怀怨憎的"标准"谋杀、谋财害命、因奸杀人。

正如薛允升所言(《唐明律合编》:469),在清代被归为标准谋杀的案件,往往是由长期滋长的纯粹的积怨演变而来的。以1780年的朱五案为例,他因持刀刺死一位名叫无玷的佛教僧侣而被判处谋杀罪(刑部现审案件:江苏,9080)。朱五是一名二十九岁的男子,他失去了鞋匠帮工的工作,只能搬来与父亲朱三同住。朱三从无玷那里租住着北京福喜寺的一个房间。在朱五失业的两年多的时间里,他一直住在庙里,而他六十九岁的老父亲还要外出到一家燃料店打工。大多数时候朱五与无玷相处得还不错,但是在1780年4月,无玷来到朱五和他的父亲那里,请求他们在每个月正常的租金以外再向寺庙捐赠一些善款。尽管朱三倾向于捐赠这笔钱,但朱五劝阻了父亲,认为他们自己已经够穷了。无玷知道了朱五的言行后责骂了他。下个月无玷再次要求朱家捐钱,但朱五再次阻止了他的父亲。于是朱五与无玷的关系持续恶化。根据朱五的证词:"(无玷)用言挑唆,说我这大年纪,不去寻个买卖,要靠年老父亲养活,劝我父亲撵我出去,因此我父亲也有嫌我的意思,常骂我不成人①⋯⋯只好隐忍。"但朱五没有隐忍多久。次月的一天傍晚,朱五正坐在寺庙的庭院中,无玷路过此地,批评了他的人生选择,指责他在父亲这里"吃闲饭"。当天夜更深一些的时候,朱五的

---

① 朱三作证说,无玷的言论确实很有说服力,以至于他那段时间也开始厌恶儿子,经常斥责儿子懒惰。

父亲外出，寺庙内另一名僧侣也已经睡了，朱五和无玷再次相遇，据说这次无玷称朱五"讨吃鬼"。朱五声称自己"一时起意，杀死泄忿，随进屋里拿了一把小刀，出来迎面赶上，就在他肚腹上用力扎了一刀。他喊嚷，我连扎他左胯、脊背、后肋胁膊等处"。

尽管朱五声称自己杀人是临时起意，但后来的证据显示，朱五在当月早些时候就购买了一把刀，并一直将刀藏到杀人当晚，从而确立了这起案件的预谋因素。导致杀人事件的持续两个月的纷争也被视为预谋的证据。毕竟在这段时间里，不仅受害人与朱五经常发生争执，而且受害人还设法鼓动朱五的父亲一起反对他。刑部因此认定朱五对无玷是谋杀："虽讯无同谋加功之人，但乘其不备，用刀连戳立毙，实系谋之于心。"即便本案不具备加害人不止一人这一谋杀罪最为明显的标记，仍有足够的证据使司法机关确信朱五杀死无玷并非一时冲动的行为，而是由数个月的敌意滋生出来的提前计划好的行为。①

1901 年的一起谋杀案则涉及与纯粹的敌意并不相同的动机：获得钱财的欲望（刑部现审案件：奉天，6130）。在这个案件当中，三个来自北京的朋友——玉幅、幅海和小刘，乘车去了八里庄的一

---

① 这个案件与步德茂（1995:66—68）所描述的"谋杀报告的程式化"形成了有趣的对比。根据步德茂的论述，在清代杀人案件从地方逐级上报到中央司法机关的过程中，证词和陈述当中都能找到大量的例行用语。这些用语含蓄地表明了甚至在正式裁决结果未出来前，杀人案是怎样被分好类的。通过这种方式来展示案件，它们才更有可能在上级的复核中立得住脚。有趣的是，这起案件的卷宗包含了一个非常见的、步德茂（1995:66）认为正是故杀标志的用语：一时起意致死，以及一位僧侣声称杀人者与被害人之间没有仇怨的证言（步德茂所认为的另一大故杀标志用语[1995:71]）。然而，对这起案件的裁决却是谋杀的类型之一。也许由于该案是刑部直接审理，所以它可以对案件的诸元素进行较为模糊的陈述。

家茶馆。他们在那里策划了一个方案。据案卷记录："小刘起意将赶车人李旺在半路谋害，将车骡变卖，得钱分用。"其他人同意了这个计划，但是事情几乎立即就节外生枝："向李旺说……坐车进城。因半路有人行走，不便动手，小刘即令李旺拉至幅海家内下车。适幅海之母奎于氏上街买物，小刘向李旺诓说，先进院内喝茶，等候取钱。李旺信实进院，小刘令幅海与李旺倒茶。"

正当李旺喝茶分神之际，这伙人袭击了他："玉幅乘其不防，将发辫揪住。李旺倒地喊嚷，小刘用傍放菜刀向其项颈狠砍"，直至李旺死亡。他们想把尸体处理掉，小刘命令幅海在院墙根处挖个坑。然而，正当他们挖坑之际，幅海的母亲回到了家，"瞥见惊惧声喊"。三个人立刻逃跑，玉幅牵走了骡子。最后，幅海的邻居听到了他母亲的哭喊声前来查看，见到了他家血淋淋的狼藉场景，立刻上报官府，幅海和玉幅都被抓了起来。甚至那头被玉幅卖给了新主人的骡子此后也因李旺的儿子认出了它而被追缴。但是，小刘却设法逃脱了追捕。

在本案当中，杀人和抢劫的阴谋是在实施犯罪不久前制定的。但即便如此，计划还是制定并执行了，数人参与其中使得将该案归为谋杀犯罪变得更加容易。不过，由于案件动机是获取钱财，因此裁决并没有依据标准谋杀律做出，而是依据求财杀人的条款做出（《读例存疑》:282.04条）。所以最终的裁判结果，玉幅并没有因其从犯的身份被判处绞监候，而是被判处斩立决。① 同样作为从犯、并且没有亲自下手杀人的幅海被判处斩监候，而非标准谋杀情形

---

① 作为谋财杀人的提议者，小刘也将被判处与玉幅相同的刑罚。然而，直到此案审理终结，小刘依然逍遥法外。

中杖一百、流三千里的刑罚。①

对犯罪人作案动机的密切关注,在另一宗杀害车夫、抢劫其车的案件中也有鲜明体现(刑部现审案件:湖广,13279)。在 1904 年发生于京城的这起案件中,孟大栓子和他的朋友于富刺杀了人力车夫崔英。于富由于其职业又被人称作磨刀子于,他事先并不认识受害人。1904 年 5 月 23 日,于富遇到了孟大栓子。孟大栓子声称他和一个名叫崔英的人力车夫因为车费问题发生了激烈的争吵。孟大栓子想杀了崔英,但崔英"其力大,一人难敌"。因此,孟大栓子提出雇用于富来帮助他执行杀人计划。于富答应了。次日一早,为了为犯罪做准备,孟大栓子来到于富的磨刀店挑选了一把菜刀作武器。第二天,两个人找到崔英,以去米仓为借口雇用了他。当他们上路后,孟大栓子声称他知道一条去仓库的更好路径,然后引导崔英来到了一个偏僻的处所。杀戮就是在这里发生的。根据案情记录:"孟将菜刀递交于富,催令下手,于富即向崔英捏称下车小便,崔英弯身放车,于富乘其不防,用刀砍伤其右耳根连脑后。"崔英仆倒在地。此时孟大栓子抢过菜刀继续攻击。丢下奄奄一息的崔英,这两人将人力车拉走卖掉,换得现金分用。崔英在被送往医院治疗后不久就去世了。于富此后被捕,但孟大栓子逃脱了。

刑部审议了本案的证据,认为崔英虽被抢劫杀害,但这并非谋财害命案件。本案的许多人证,包括于富和受害人的父亲,都提及了崔英和孟大栓子之间的仇怨。这足以说服刑部该案是一个标准

① 1903 年有一起相似的案件,参见刑部现审案件(广东,20810)。

的谋杀案件："初无图财之心。"这是一场由怨恨而导致的杀人事件，盗窃只是杀害崔英这一主要目标的附带行为。这样的判决对于富是有利的，他被判处绞监候的刑罚。如果刑部按照另一条思路判决，即认为杀人是为了方便盗取人力车，那么于富将会受到与上一宗案件中的玉幅相同的惩罚：斩立决。

1905 年王葛氏及其情人胡国荣的案件说明了动机及附属犯罪对杀人判决的双重影响(刑部现审案件：江苏，9379)。王葛氏是一名二十九岁的年轻寡妇，后来她嫁给了宛平县当地的居民王老，搬到了古庙村。他们的婚姻一直平安无事，直到1903 年，他们开始把农具借给同村村民胡国荣。此后不久，胡国荣和王葛氏就开始了一段地下情。后来胡国荣表示，一旦王葛氏的现任丈夫去世，两人就可以结婚。尽管王葛氏后来声称她拒绝了胡国荣的这个提议，但婚外情仍在继续。1905 年的一天，王老回到家，发现自己的妻子和胡国荣"在王葛氏屋内闲坐谈笑。被王老看见，斥阻胡国荣少在伊家来往。胡国荣气忿走出。定更时，胡国荣至王老家门外喊骂，王老出向回骂，王葛氏亦随跟出。胡国荣用刀将王老扎伤倒地，王葛氏情急夺刀喊救，致将左手指划伤。当将胡国荣扭至伊家，向伊父胡亮告知情由"。胡国荣和他父亲胡亮关系不好，甚至一度因为不良行为而被赶出家门。胡亮对儿子的行为表示愤慨，他带着王葛氏回到犯罪现场，发现王老已在这段时间身故。趁着两人都不在，胡国荣逃离了村庄。王葛氏和胡亮随后向王老的亲属和当局报告了此事。

在胡国荣尚未抓捕归案的情况下，王葛氏因参与杀人事件而受审,并被判处绞监候的刑罚。① 刑部认为,胡国荣杀害王老既是早有预谋,也是因奸杀人。② 即使司法机关目前只能听信王葛氏说她没有与胡国荣串通谋杀丈夫的一面之词,但她在犯罪过程中和犯罪发生后的行为支持了她所表述的事件:她也受了伤、她向别人求助、她立即去寻找胡亮、她马上向当局供述了事情经过。然而,纵使她并没有动手杀人或参与谋杀计划,这起谋杀案是王葛氏与胡国荣奸情的附带罪行,导致其仍然要为王老的死亡负责。王葛氏的责任在于为案件创造了条件:其放荡的行为激起了胡国荣的怒火,导致了她丈夫的死亡。

在本案和上文所述的其他案件中,司法机关一旦确定杀人是有预谋的,就还需进行下一步工作。清代的律典要求对犯罪所涉及的主观因素进行更高层级的分析。《大清律例》中大量的律文和例文不仅使法律能够处理可能发生犯罪的无数情况,而且使法律能够处理每一种犯罪行为背后不同程度的主观认知及其有责性。

方法:投毒

一种能够作为谋杀标志的杀人方法是投毒。此外,投毒是少有的几种不依赖体力的杀人方法之一。与刺死、勒死或殴打他人致死不同,投毒者不需要同受害者进行肢体对抗,更不用说制服受害者了。因此,毒药在女性谋杀犯中是颇为流行的武器,尽管在少

---

① 王葛氏在等待秋审的时候病逝于狱中。
② 这使得胡国荣应当被判处斩立决的刑罚,比标准谋杀罪所设置的斩监候的刑罚要重(《读例存疑》:285.06 条)。

数情形下,比如下面的第一个案例中,男性犯罪人也会使用毒药。①

在 1827 年发生在北京的这起案件中,一个名叫李林儿的年轻人利用毒药杀死了他以前的朋友李大(刑部现审案件:奉天,5824)。尽管两人姓氏相同,但两人并无亲属关系,他们是在北京郊区的一户人家做雇工时认识的。在他们的友谊持续的那几年,李大扮演着几分父亲的角色,李林儿依靠着李大的钱财接济。下半年的时候,李林儿在养病期间,搬去与李大及其妻子同住。后来,当李林儿要求李大替他偿还之前欠下的债务时,李大拒绝了,两人的关系逐渐变得冷淡,尽管李林儿仍然经常造访李大之家,甚至在他的花园里干活。但随着时间的推移,两人的关系变得越来越有问题,李大对李林儿大吼大叫,拒绝付钱给李林儿,甚至对李林儿进行身体上的虐待。李林儿对李大怀恨在心,最后终于到了精神崩溃的临界点。他来到店铺中,以其需要杀死菜园里的害虫为名购买了一些砒霜。② 事实上,李林儿是趁李大妻子回娘家的时候将毒药掺进了他带给李大的馒头里。根据案情记录,咬了两口馒头之后,"李大声言馒头苦涩难食,伊子李二格不信,随在李大手中尝食一口,俱各呕吐,李大疑系中毒"。最终李二格活了下来,李

---

① 年轻的女性投毒者是一个广为流传的形象,其结果是许多可疑的、以及一些相当普通的发生在家庭中的死亡事件都被认为是恶毒的年轻妻子所下的毒手。关于这一现象有个著名的清代案件:杨乃武与小白菜案。对于该案的审判,参见[美]安守廉(Alford)1984、[美]董玥(Madeleine Dong)1995,以及 Alison Yeung 1997:164—212。
② 这一点非常重要。将砒霜卖给犯罪人的商人,如果其知道犯罪人的计划,则与犯罪人同罪。即使其不知情,但未能探究清楚顾客购买砒霜的原因,仍会被处以杖八十的刑罚(《读例存疑》:289.01 条)。

大却死于砒霜中毒。

在审讯过程中，李林儿对犯罪事实供认不讳，并根据谋杀律被判处斩监候（《读例存疑》：282.00 条）。撇开李林儿和李大之间的仇怨不谈，砒霜的使用使得这个案子很容易判决。使用毒药是预谋的明显标记，因为它通常需要某种计划。在这个案件当中，该计划包括编造一个获取砒霜的借口、在商店购买、等到通常为受害者做饭的人（他的妻子）外出的时候再把砒霜添加到食物当中，然后由李林儿送到李大那里。这当然不是一时冲动杀人。

在众多女性投毒的案件中，此处聊举一例。在 1781 年的孙张氏案中，孙张氏与其婆婆大孙张氏之间的矛盾到达顶点，最终导致婆婆的死亡（刑部现审案件：直隶，1184）。小孙张氏十九岁嫁给她的丈夫，她和婆婆的关系从一开始就很差。小孙张氏经常因为一些诸如毛巾不够干净这类的生活琐事而受到婆婆和丈夫在肉体上的虐待和言语上的羞辱。一段时间之后，小孙张氏的丈夫将其送回了娘家，声称他"不要她了"。就在第二天，小孙张氏的母亲，也是小孙张氏直系亲属中仅存的一位又将小孙张氏带回到孙家，并恳求孙家再给小孙张氏一次机会。然而这次事件之后，小孙张氏在孙家的境遇与之前并没有什么不同，小孙张氏越来越恨婆婆："我越思越气，因想我婆婆屋里柜顶上有我爷爷行医时配疥药剩下的砒霜，起意将婆婆毒死。"当小孙张氏去拿砒霜的时候，她丈夫的妹妹走进房间，在小孙张氏成功拿到砒霜之前询问她在做什么。小孙张氏找了个借口迅速溜出房间。第二天，她的公公婆婆都不在。在确定她的小姑子这次脱不开身之后，小孙张氏偷偷溜进卧室，拽走了装着砒霜的口袋，把它带回到自己的房间并将其藏在炕席下面。到了吃晚餐的时候,小孙张氏将一些砒霜混进了她准备呈给大孙张氏的粥里,大孙张氏在吃了两碗粥之后就觉得自己不舒服。平时只有大孙张氏一个人吃这道特殊的餐点,但那天晚上其他几个家庭成员也吃了粥并同样感到身体不适。后来,其他人都康复了,大孙张氏却在 48 小时内死去。小孙张氏很快就被怀疑了,那袋砒霜最终也在她的炕上被找到。小孙张氏因其所犯的罪行被判凌迟处死。①

由于家庭生活的限制,如果小孙张氏想杀死婆婆,除了毒药外她别无选择。小孙张氏显然在体力上不是她婆婆的对手,她婆婆过去曾多次殴打她。无论是在夫家还是娘家她都孤立无援,找不到任何可以求助的人来帮她离开或寻求其他杀人的方法。从小孙张氏第一次接触毒药时遇到的麻烦来看,她的行动也可能高度受限。考虑到她的处境,小孙张氏利用了为她的敌人准备食物这个对她来说唯一可行及可控的途径。就像李林儿的例子一样,小孙张氏的投毒行为不仅是故意、也是预谋的明显标记。

误 杀

投毒案件往往不仅是谋杀的情形,也是误杀的情形。毕竟,由于毒药通常需要添加到食物中,因此很难保证谁摄入了它。事实

---

① 不管她用了什么方法,小孙张氏的罪行都再严重不过了。她谋杀了丈夫的母亲,这是要被凌迟处死的"恶逆"重罪,在清律中位列"十恶"的第四位(《读例存疑》:284.00 条,2.00 条)。结合这些因素,再加上小孙张氏也伤害了丈夫的其他亲属,刑部认为小孙张氏"恶逆已极"。

上,在前一节所述的两个案件中,预期的受害者都不是唯一食用了有毒食物的人。1825 年,安徽省向刑部提交了一起投毒误杀案件(《刑案汇览》:32.2b)。在这个案件中,一个名为许晓齐的男子得知他的妻子许刘氏和另一个男子王信怀有染。愤怒之下,许晓齐决定杀死妻子,在她的食物中加入了砒霜。然而不幸的是,他的儿媳吃下了有毒的食物身亡。根据《大清律例》,当某人阴谋杀害另一个人,却错误地致使受害人死亡时,应当适用故杀律。虽然犯罪人的最初目的是谋杀妻子,但根据清律,预谋不能从预期受害人转移到实际受害人身上。此外,本案中的犯罪人(公公)和受害人(儿媳)之间存在着亲属关系,这将影响对最终对犯罪人的刑罚。尽管清律没有涵盖本案中确切家庭情况的特定法规,但有一条涉及父亲本打算谋杀儿子、却误杀另一名卑亲属的法规(《读例存疑》:292.13 条)。刑部选择类比适用这一条例对许晓齐做出相应判决。

1832 年,陕西省将一起有关斗殴误杀的案件提交给刑部(《刑案汇览》:32.18a)。该案涉及两名男子,他们在孟大林开的一家杂货铺内工作。其中一名雇工周应才经常欺负另一名雇工阮光志,导致两人关系不睦。一天,阮光志从孟大林那里讨要工钱遭到回绝,而周应才又挑衅阮光志并殴打他。阮光志只能退回到自己的房间。当天晚上,孟大林的弟弟孟大洪来看他,决定留下来过夜。周应才将自己的床让给孟大洪,自己出去另找别处安歇。刑部讲述了接下来发生的事情:"四更时,阮光志睡醒,忆及屡被周应才欺凌,起意乘其睡熟还殴泄忿……顺携木扁担,走入周应才屋内,黑暗中,用扁担连殴,因闻声哼不似周应才,点灯照看,始知误将孟大洪……殴伤。"孟大洪受了重伤,没有活下来。阮光志最初以"斗殴而误杀旁人"被判处绞监候。然而,当刑部复核此案时,又将其驳回陕西省进行进一步核查,理由为阮光志对孟大洪的攻击,姑且不论受害者错误的问题,更可能是一个故杀或谋杀案件。毕竟,阮光志和他的预期受害人之间的关系很差,伤口又很严重,这背后很可能有杀人的意图。但由于清代法律不会将预谋从预期受害人转移到实际受害人身上,而且犯罪人和被害人之间的地位是平等的,因此本案只需要确立基本的杀人意图。① 因此,在清代的法律中,误杀是一个罕见的区分原始行为的意图是故杀还是谋杀可能无关紧要的例子。然而,法律在对误杀行为的分析中达到了分别考虑原始意图和转移意图的程度,这一事实又说明了它的复杂性。

结 论

早期的中国历史研究,一方面突出了唐宋两代的差异,一方面又突出了明清两代的差异。唐宋变革被认为是中国经济秩序和社会秩序的分水岭,它开启了帝国经济的倒转和中国精英构成的根本性变化。对于明清变革的讨论,西方学术界最初提出西方帝国主义列强的侵入是引导中国早期现代化的转折点,而这个转折点在中国大陆的讨论中则强调清代见证了中国"资本主义萌芽"的诞生,这一萌芽将为未来的共产主义革命奠定基础。

白凯(1996,1999)关于中国法律中的女性问题的研究挑战了这些划分。其著作表明,在某些话题上,这不是唐宋变革或明清变

---

① 下级司法机关做出斗殴而误杀旁人的裁决可能是司法系统从宽处理的另一个例证。

革的问题。通过对唐代以至清代这整个时段的考察，白凯发现，在女儿和寡妇的继承权方面，以及妇女的整体权利方面，宋代和明代之间比明代和清代之间经历了更大的变化和权利收缩。

第二章和第三章对杀人罪法律规定的考察也包含了同样广泛的范围，对唐代至清代的律典予以检视，并表明在刑事法律领域，转型的概念同样需要重新考虑。唐代与宋代在杀人罪的法律规范方面极其相似，明代与清代也是如此。正如马若斐（1988：28—33）所指出的那样，其中一些变化发生在律典结构领域，杀人罪在大明律中首次被组合成为正式章节，此外还有新法规的出台以及其他一些修改。不过我认为，除了这些变化，唐宋时期与明清时期的杀人罪法律规范在犯罪意图取向上也发生了重大变化。在犯罪意图谱系的中端和高端，中国法律从一个包含杀人意图的杀人罪类别过渡到三个包含杀人意图的杀人罪类别。随着杀人罪的基本类别被重新定义或部分重新定义，杀人犯罪谱系的层级变得越来越精细化，也越来越集中于对犯罪人主观因素的考量上。

即便是在整体范畴具有延续性的领域，比如在隐秘的犯罪意图或动机的问题上，我们也发现唐代至清代的趋势是在向更加精细的层级发展。因此，明清律将劫杀与求财杀人区别开来，其有关因奸杀人的内容也遵循了类似的模式。所以，无论是主要意图还是次要意图，对犯罪意图的等级及其性质的关注都是至关重要的。而且在帝制晚期，这一重要性也在不断提升。

对清代地方和中央法律案件的考察反映了对犯罪意图的这种高级别分析。司法所关心的问题直接集中于确定既定案件中犯罪人的主观状态上。犯罪人的言辞、行动、前期表现，以及鉴定和文书证据，都被仔细审查，以确定所涉及的主观有责性的细微差异。正如我们将会在下一章中所看到的那样，这种对犯罪人主观状态的关注，对案件中所涉及的犯罪意图的区分，要比后来的民国法律更为细致。

第四章　有限的选择：民国的故意杀人罪

　　根据民国时期的第一部刑法典，既非故意也非过失的行为不应受到惩罚（《中华民国暂行新刑律》：13 条）。正如第一章所讨论的，这符合西方"无犯罪意图的行为不构成犯罪"的法律原则，或曰"行为本身不能定罪，除非他的思想也有罪"（LaFave and Scott 1986：212）。从韦伯式的视角来看，这是一个形式理性的法律体系应当具备的理想类型：犯罪行为将被划分成宽泛的、以概念为导向的法律规范，以涵盖尽可能多的事实情境。对于民国时期的法律体系来说，这意味着犯罪人的主观状态将被作为司法分析的首要问题和重中之重。行为人将被分为怀着完整意志及意图的人、由于疏忽大意而犯罪的人，以及由于其行为没有主观有责性而被认为不构成犯罪的人。从西方和韦伯式的观点来看，中国帝制晚期如同一潭浑水般的事实情境现在已从法典中被剔除出去。这是一件合理化的、现代化的事业，因而将会、也应当会为法律引入更高级别的理性。法律也因此会使与之接触的人获得更高品质的正义。在韦伯看来,这意味着司法系统具备了更高级别的"稳定性和可预测性"([德]韦伯1978:813)。它意味着司法从权力擅断中摆脱出来,并且不受儒家伦理等社会文化道德因素考量的干扰([德]韦伯1978:656—657)。

对民国时期杀人犯罪的法律规定在法典层面和法律实践层面的考察加强了本书上半部分所构建的论点:韦伯式的假设不仅在中国法律的本质方面,而且在法律现代化的本质方面都是有缺陷的。可以肯定的是,犯罪意图在民国时期被强调为司法分析的一个重要范畴,就如同在中国帝制晚期一般。但是民国时期的法律只规定了一类故意杀人犯罪,明清时期的法律则规定了三类故意杀人犯罪。民国时期故意杀人罪的法律规定之宽泛,及其理想性、抽象性和韦伯式的特性,都意味着民国时期的法律无法再处理帝制晚期那些用来区分犯罪主观有责性的精微层级结构。这种处理犯罪意图的方法,虽然在一定程度上被允许事实情境和环境在量刑时发挥作用的刑法在组织结构上的变化所弥补,但却导致犯罪意图的层级结构对民国时期刑事司法程序的影响要远小于其在清代的影响力。形式理性化的"现代"民国法律在分析犯罪人的主观状态方面,并没有提供帝制晚期法律体系那样的空间。

本章还将揭示并批驳另一个关于"现代性与法"的韦伯式假设,即形式理性类型的法律体系所能实现的正义的品质,将自然而然与其他法律体系具备根本性差异并拥有更大的先进性。韦伯标记和理解法律体系的框架是基于两对二分法所形成的四个基本范畴:形式的与实质的法,以及理性的与非理性的法([德]韦伯1978:654—658)。其中最理想的类型是一个既具备形式性、又具备合理性的法律体系。从韦伯的观点来看，中国帝制晚期的司法距离现代性的标准非常远，从而落入了"实质非理性"的范畴。在这样的法律体系中，对父系家长制和帝制统治的关切阻碍了司法程序，而司法公正又被儒家的规范所定义（［德］韦伯 1978：811，815，818，822）。但正如黄宗智（1996：223—229）所指出的那样，当我们使用经验证据来考察实践中的中国法律时，应当将中国帝制晚期的法律更准确地归入"实质理性"的范畴，因为客观的（即使是儒家的）标准在法律框架内得到了一贯地适用，从而使案件结果具备可预测性。

韦伯的理想型法律体系，即形式理性法的表现之一就是现代西方法，尤其是 19 世纪晚期的德国法律体系。也正是这一法律体系，在 19 世纪晚期和 20 世纪早期启迪了中国和日本的法律改革者。但是韦伯对法律体系的评价和标记，即他对法律是否具备现代性的评定，并没有考虑到法律体系在实践当中的运作实际。赖骏楠（2014：423—425）指出："僵化的法律实证主义往往与实用性的经济、生活及伦理的要求相矛盾"，而法律一旦脱离"纯理论"状态，就必然会具有一定的实体性。分析犯罪所涉及的事实情境的流程，是确定该犯罪属于哪一抽象范畴之前所必须经历的步骤，这就需要运用到使韦伯感到尴尬的个人自主性和能动性。而且，除了关注犯罪的细节，应当如何区分主观有责性的不同种类？又当如何剔除司法裁决者作为其所处时代特有的社会文化基质组成部分的身份？在问及将犯罪条理化和类型化之后又将发生什么，以及考虑到如何惩罚犯罪人时，韦伯所面临的尴尬可能会变得更加复杂。毕竟，包含精简的犯罪类型的法律体系不得不为每一种犯罪类型设置更宽泛的刑罚范围。这些刑罚最终将根据犯罪所伴随的一般或具体的情境而予以分配。

    这些给民国时期的中国法律带来了什么? 理论上,这是韦伯所信奉的形式理性的理想型法律。除以上所强调的特点之外,它还剔除了清代法律中没有犯罪人的供认就不能定案的条款。"无口供不得定案"是帝制晚期法律的一大特点,也是不能通过韦伯式的现代化检验的一大特点。这种现代化检验呼吁在法庭上构建"相对真实",而不是去确证一个绝对事实([德]韦伯 1978:811—812)。此外,第一部民国时期的法典也剔除了几乎所有基于儒家社会伦理秩序的差异性处刑的痕迹。然而,随着民国时期立法活动的推进,以及在任何时候审视民国时期的法律实践时,我们都会发现这些"实质性"的因素依然存在,而且效果良好。事实上,民国法律在实践当中允许这些实质性的因素以韦伯或许认为不可能的方式蓬勃发展。如下文及第五章中所论述的那样,帝制晚期时代的社会文化规范在韦伯的理想型框架下仍有蓬勃发展的空间。如此一来,无论是在犯罪评估的过程中还是在司法审判的过程中,中国法律都对利用韦伯式范畴来评价法律是否具备现代性方面的有效性提出了质疑。

民国法典中的故意

    清代法律运用主观因素与具体情境相结合的方法,将犯罪行为分类整合成一个复杂、细致、易于理解和统一适用的系统。清代处理杀人罪的方法虽然未能契合韦伯的理想型,但在韦伯强烈推崇的"稳定性与可预见性"领域,清代法律在很多方面都超越了民国法律。

民国法典取消了清代大部分杀人罪名,只留下三条涵盖剥夺他人生命的主要法规。其中两类,即过失杀人和伤害致人死亡,已在上文予以讨论。这里我将介绍第三类也是最后一个杀人犯罪的类别,即标准的杀人罪。所谓标准的杀人罪,是包括了清代的故杀和谋杀这两大故意杀人罪类别,以及出于所有不同动机的预谋杀人的罪行。

民国时期第一部刑法,即1912年的《中华民国暂行新刑律》,对标准杀人罪的规定如下:"杀人者,处死刑、无期徒刑或一等有期徒刑。"(《中华民国暂行新刑律》:311条)虽然在杀人罪的相关法律规范中没有明文规定,但法典的总则部分有条款指出,标准杀人罪意味着故意杀人:"非故意之行为不为罪,但应论以过失者不在此限。"(《中华民国暂行新刑律》:13条)

与第一章论及对新的过失杀人罪法律规范的最初反应一致,20世纪初修订法律馆的成员对标准杀人罪的这一间接定义及其对"故意"这一术语的定义缺失感到沮丧,这是可以理解的。因此,1918年刑法草案的起草者对该术语提出了更加具体的定义,并为民国第一部正式刑法(1928年刑法)所接受:

> 犯人对于构成犯罪之事实,明知有意使其发生者,为故意……犯人对于构成犯罪之事实,预见其发生,而其发生并不

违背犯人本意者，以故意论。(《中华民国刑法》1928:26 条)①

这种措词是根据当时欧洲新法典中对于故意这一概念的界定来拟订的(《刑法第二次修正案》:19 条)，②其对故意的处理方式与清代法律截然不同。首先，故意的表达在民国法律中更加抽象。上述法律条文的第一则条款被法律评论家称为"直接之故意"(《刑法第二次修正案》:19 条)。在这种情况下，犯罪人明知自己所做的事情是犯罪行为，但依然故意实施这种行为。而该法律条文的第二款被法律评论家称为"间接之故意"(《刑法第二次修正案》:19 条)。③ 在间接故意的情况下，犯罪人意识到可能会发生犯罪，即便他没有刻意实行犯罪行为，他也不反对犯罪后果的发生。④ 此后围绕刑法典的讨论进一步对"故意"这一术语予以分析。徐朝阳在其 1932 年的评论中描述故意需要具备两个元素，两个心理作用(徐朝阳 1932:118)。第一个是实行犯罪的"观念"，第二个是实行犯罪的"决意"(徐朝阳 1932:117)。要构成犯罪故意，"观念"和"决意"这两个因素都必须具备。

---

① 比较该条款与定义过失行为条款的相关讨论，参见第二章和第三章。
② 例如俄罗斯、意大利和瑞士的刑法典(《刑法第二次修正案》:19 条)。
③ 在今日的法律体系中，德国和荷兰的法律将故意再细分成"直接故意"(dolus directus)和"间接故意"(dolus indirectus)。此外还有第三个子类别，即"附条件故意"(dolus eventualis)。参见第一章的讨论。
④ 例如，在 1921 年发生在妓院的一起投毒案件中，一方想要给鸨母的食物中投毒，因为她拒绝让朋友搬进来(《大理院刑事判决全文汇编》:2835)。后来不仅鸨母中毒，鸨母的一名年轻的被监护人也中毒了。本案被告证实，他知道鸨母经常与被监护人分享食物。因此，法院建议，如果被告预见到被监护人也会食用有毒的食物，却没有采取任何行动来阻止，那么她的死亡就可以被列为"间接故意"的情形。

　　这种对故意的理论处理是如此抽象，以至完全脱离了案件的具体情境。刑法典有意不载任何法官判定罪行的情境标记或参考方针。清代著名律学家曾抱怨明清律相较于更注重行为的唐宋律而言过于抽象，从而给量刑造成了困难，并可能导致不公正。而民国法律则更进一步，剔除了所有与情境之间的链接。

　　只承认一类故意杀人罪，这是民国法律与清代法律的又一次重大决裂。清代法律包含了高度发达的、精细区分的犯罪意图谱系，而在民国时期的杀人犯罪谱系中，此类犯罪只能在两个类别中二选一：过失杀人或故意杀人。不过，故意杀人在民国法律中的含义与清代不同。

　　民国时期的故意杀人类别被认为是标准的杀人犯罪。清代法律中则没有关于标准杀人罪的法规，虽然有一条关于杀人罪的法规使用了"故"这个同样在民国杀人类别中予以使用的字眼。清律中的那条杀人罪法规是故杀。正如第三章所指出的那样，故杀是指有杀人的故意，但该意图只在杀人的那一刻才萌发。[①]　如果杀人的意图是在行为实施之前就拟订好的，如果涉及密谋或预谋，那么该犯罪就不是故杀，而是谋杀的情形。因此，在清律当中，"故"这一术语在杀人罪类别中的界定是狭义的。

　　然而，在民国刑法典当中，"故"这一术语涵盖了所有具备犯罪意图的杀人行为，这一系列行为不仅包括帝制晚期法律中的故杀类别，也包括帝制晚期法律中的谋杀类别。这种新的、更宽泛的对

[①] 这并不代表"故"这一术语的含义发生了变化。"故"在清代和民国都是"有意"的意思。然而，根据清律，被称为"故杀"的杀人类别只是一小部分故意行为的代表，并不是针对所有的故意杀人。

"故杀"的解释的出现，意味着谋杀这一类别被剔除，谋杀现在只被当成一般故意杀人的一个子类别（见表4.1）。

表 4.1　犯罪意图谱系高端的杀人概念类别

清代	民国时期
谋杀	故意杀人
故杀	

取消谋杀法规且只规定一项故意杀人条款的决定颇有争议。后来的评论者指出做出这种变革的三个主要原因。首先，准确断定一项犯罪是否经过预谋颇为困难（《刑法第二次修正案》：280条）。第二，立法者们认为，一项犯罪行为是突然起意还是蓄谋已久最终是无关紧要的：其结果相同，都是杀人罪（《刑法第二次修正案》：280条）。第三，立法者们认为，任何试图将谋杀独立出来的冲动都具有误导性：预谋只是围绕着犯罪的众多性质之一，这些性质都可以作为量刑的考量因素（《刑法第二次修正案》：280条）。[1]

尽管有上述这些合理化的解释，废除预谋杀人罪法规仍然遭到了诸多批评。早在清末，法律评论家们在注解沈家本提交的1912年刑法草案时就已经表达了他们的担忧："谋杀、故杀、殴杀、误杀……混而为一实未允当。"（《修正刑律条议》[晚清]：310条）负责起草1918年刑法草案的修订法律馆接纳了这一呼吁，认为标

---

[1] 《中华民国暂行新刑律》对标准杀人罪设置的刑罚范围是死刑、无期徒刑和十到十五年的有期徒刑（《中华民国暂行新刑律》：37条，311条）。

准故意杀人罪和预谋杀人罪在严重程度上的差异足以制定单独的法律规范，因此提议修改标准的故意杀人罪条款（《刑法第二次修正案》：280 条）。① 在他们看来，即便标准的故意杀人罪不重新采纳清代的故杀含义，故意杀人和预谋杀人在性质上也是有区别的。此外，新的民国刑法没有像清代的成文法那样，规定对特定类型的预谋杀人（诸如为了获取财产而预谋杀人或为了便于通奸而预谋杀人）科以更重的刑罚。② 在修订法律馆的评论家们看来，这为那些最为严重的刑事犯罪提供了一个过于简单的框架。

修订法律馆在考察了众多国家的刑法典之后，为重新提出一项谋杀条款设置了两种可能的选择。第一种选择是采用当时英美和德国法典的立法模式（《刑法第二次修正案》：280 条；《德意志帝国刑法》1917：211—212 条）。在这些国家，对于故杀和谋杀都有单独的法规。③ 第二种选择是采用意大利及众多南美国家的立法模

---

① 然而负责起草 1915 年刑法草案的法律编查馆指出，故意杀人所发生的情境很"复杂"，因此不建议修改法律（《修正刑法草案》：326 条）。

② 唯一的例外是在抢劫过程中所犯的杀人罪。1912 年《中华民国暂行新刑律》第 32 章为"窃盗及强盗罪"章节（《中华民国暂行新刑律》：367—381 条）。该法律规范对抢劫过程中所实施的故意杀人科以死刑或无期徒刑（《中华民国暂行新刑律》：376 条）。1928 年刑法也基本沿用了这一规定，但对上述杀人行为处以死刑（《中华民国刑法》1928：345 条）。1935 年刑法又恢复到 1912 年的模式，允许在死刑和无期徒刑之间二选一（《中华民国刑法》1935：332 条）。在这三部刑法典中，在抢劫过程中非出于故意所造成的死亡将会受到与伤害致死案相同或非常类似的判决（《中华民国暂行新刑律》：374 条；《中华民国刑法》1928：343 条；《中华民国刑法》1935：325 条）。所有这些规定都包括了在抢劫过程中的杀人行为，但并没有像清律那样，将抢劫过程中的杀人行为作为附带犯罪与为了劫夺其财物而谋杀某人进行区分。

③ 正如绪论中所指出的那样，依照 1918 年瑞士刑法典的模式，德国于 1941 年删除了关于谋杀的法律规范（《德国刑法典》1946：125）。

式,沿着不同的路线将杀人罪分为"寻常情节"下的故意杀人和"重
大情节"下的故意杀人,而谋杀则落入后一种范畴(《刑法第二次修
正案》:280 条)。通过将谋杀归入"重大情节",第二种选择允许对
"杀死方法"等因素科以更重的法定刑,特别是毒杀和意图便利犯
他罪而杀人,比如谋杀图财(《刑法第二次修正案》:280 条;谢振民
[1948]1996:1160)。修订法律馆指出,这些因素类似于清律所规
定的对谋杀的变种科以更严厉的刑罚(《刑法第二次修正案》:280
条)。

修订法律馆认定第二种选择更为合适,因为它不仅允许将谋
杀、而且也允许将其他严重的杀人情节确定为特殊的杀人类别。
1928 年,所提议的法律规范的修订版出现在《中华民国刑法》当中:

犯杀人罪而有左列情形之一者,处死刑:

1.出于预谋者;

2.支解、折割或有其他残忍之行为者。(《中华民国刑法》
1928:284 条)

犯杀人罪而有左列情形之一者,处死刑或无期徒刑:

1.意图便利犯他罪而犯者;

2.意图免犯罪之处罚,或意图防护犯罪所得之利益而犯
者。(《中华民国刑法》1928:285 条)

这些条款的出台,标志着向清代杀人罪模式的部分回归,也标
志着部分民国立法者承认,最初大规模采用欧洲刑法模式是站不
住脚的。

但这一法律的变革并没有持续多久。刑法于 20 世纪 30 年代初又经历了一次修订，1935 年所颁布的新的《中华民国刑法》删除了特殊情节下杀人犯罪的条款。此时，刑法再一次仅仅包含标准杀人罪法律规范（《中华民国刑法》1935：271 条）。后来的法典编纂者，也许已经能够充分利用新的司法系统，因此似乎并没有发现设置独立的特殊情节杀人罪条款的必要性；标准杀人罪条款通常都将死刑作为一种可能的惩罚方式，而法官在做出判决时可以很容易地考虑到预谋等因素。① 此外，民国刑法的基本组织原则之一是，对每一种基于概念的犯罪类别都设置了一系列的刑罚。案件的具体情节只在量刑阶段予以考量，与决定适用哪则法规来定罪无关。而预谋，现在仅仅只是量刑时可以加以考虑的诸多情节之一而已。

与我们讨论相关的最后一个重大变化是基于犯罪人和受害人之间的关系而进行差别性的定罪量刑。瞿同祖（［1961］1980）、布迪和莫里斯（1967）、马若斐（1990，1996）等学者已经对这一领域进行过详细的论述，过多讨论该问题将分散读者对"犯罪意图是如何概念化的"这一本书核心论题的注意力。通过以平等主体之间的杀人案件为中心进行探讨和案例分析，我们已经能够排除干扰，触

---

① 主张精简杀人罪法规的王觐（1933：1—6）也认为，应当根据犯罪的情况来判决杀人罪。然而，王觐的论点针对的是预谋杀人和故意杀人在准确概念类别区分上的不可行性。其认为用这种方式给杀人罪分类，会掩饰某些罪行的真正严重性和另一些罪行的真正轻微性。他还举了两个例子来说明这一情况：某人基于一时愤怒杀死了他毕生的恩人，和某人因谋杀了一个冷酷凶残、时常"祸国殃民"的恶人而被判处死刑。王觐主张将尽可能多的自由裁量权交给法官，法官可以根据每个案件的具体情况来评估罪行的严重程度。因此其主张废除 1928 年刑法第 284 条。关于清代和民国时期的司法自由裁量权，参见第五章。

及清代法律方法的核心。

　　然而,此章需要我们简要回顾一下身份差异性。帝制晚期法典中的"六杀"构成了清代杀人罪的主干。同其他类别的犯罪一样,《大清律例》也有律和例来说明如何根据受害人和犯罪人在基于性别和长幼尊卑的复杂社会秩序中的地位来调试对这些犯罪所施加的刑罚。因此,《大清律例》第 292.00 条对过失杀犯罪进行了界定,并阐释社会地位平等的双方卷入过失杀时应处以何种刑罚。而第 292.11 条又阐释了该刑罚在涉及受害人和犯罪人之间具有不同等级服制(性别和长幼尊卑)的时候应当如何加等或减等。[①] 同样地,第 282.00 条也规定了社会地位平等主体之间的谋杀罪行,而第 284 条和第 286 条律文及其附属条例则详细说明了根据家族关系对谋杀的刑罚所给予的差异化处理方式。同样的模式也适用于其他杀人罪的主要类别:故杀、斗殴杀、戏杀和误杀。在上述情形中,罪名及对所涉及的犯罪意图的评估都没有改变,唯一改变的是所设置的刑罚。

　　1912 年的刑法废除了大多数基于儒家秩序的差别性刑罚,韦伯会由衷赞同这一使得中国法律与同时代西方法律体系保持一致的举措。因此,根据民国法律的字面表述,一个人永远不会因其世代或性别优越于受害人而获得从轻发落。父母和祖父母因对其子

---

① 当两个有亲属关系的人之间发生犯罪行为时,刑罚的差异性取决于这些人之间的服制关系。服制有五个基本等级:斩衰、齐衰、大功、小功、缌麻。它们反映了儒家尊卑有序、男女有别的社会秩序。例如,妻子需为丈夫服最重的斩衰,而丈夫只需要为妻子服次一级的齐衰。因此,当妻子对其丈夫犯有罪行时,她会受到比丈夫对妻子犯罪更严厉的惩罚。关于服制等级及其与法律之间的关系,参见[美]布迪和莫里斯 1967:35—38。

女和孙子女犯下罪行而从轻处罚,或丈夫因其对妻妾犯下罪行而从轻论处,这样的条款在民国时期的法典中都没有保留下来。不过,少量规定相反身份的条款仍然在沿用,杀害尊亲属依然要在相同犯罪的刑罚标准之上从重论处。杀害尊亲属的唯一刑罚设置是死刑,而标准杀人罪的刑罚范围在死刑到十年有期徒刑之间(《中华民国暂行新刑律》[1912]1915:311—312条)。然而,"尊亲属"的范畴要比清律中尊长的范畴狭窄许多(《中华民国暂行新刑律》:312条)。① 它只包括父母、祖父母和曾祖父母(《中华民国暂行新刑律》:82条)。当时的日本刑法和德国刑法载有几乎完全相同的规定(《日本刑法》1907:200条;《德意志帝国刑法》1917:215条)。②

然而,随着1928年刑法的颁布,我们发现了一个熟悉的向早期清代模式的转向。立法者们用两种方式扩大了差别性处刑的范围。首先,外祖父母被添加进了直系尊亲属的名单(《中华民国刑法》1928:14条)。第二,法律对杀害"旁系亲"的罪行设置了强制性的最低刑罚标准。与杀人罪的标准刑罚范围是十年有期徒刑到死刑不同,杀害旁系尊亲属只能从无期徒刑和死刑这两项刑罚中二选一(《中华民国刑法》1928:283条)。旁系尊亲属包括"胞伯叔祖父母、胞伯叔父母及在室胞姑;母之胞兄弟姊妹;胞兄及在室胞

---

① 从1928年刑法开始,"尊亲属"这一术语被"直系尊亲属"所取代(《中华民国刑法》1928:14条)。

② 在中国,妻子要将丈夫的直系尊亲属视作自己的直系尊亲属,但反过来并不成立(《中华民国暂行新刑律》:82条)。而在日本,丈夫和妻子都要像对待自己的直系尊亲属一样对待配偶的直系尊亲属(《日本刑法》1907:200条)。德国刑法对这个问题没有做出明确规定(《德意志帝国刑法》1917:215条)。

姊;夫于妻之父母及祖父母;妻于夫之父母及祖父母"(《中华民国刑法》1928:15—16 条)。尽管没有完全恢复到清代所使用的丧服图,但这仍然是朝着重新采用清代差异性刑罚模式所迈出的重要一步。① 如同谋杀罪的法律规范一样,这些 1928 年引入的新规定或重新引入的旧规定在民国刑法中只持续到 1935 年刑法的颁布。此后,旁系尊亲属不再是享有特权的法律范畴,杀害直系尊亲属的刑罚范围也从唯一的死刑扩大到无期徒刑或死刑(《中华民国刑法》1935:272 条)。

这些对清代模式的法典化回归,尽管短暂,却显示出民国初年新法律规范的精简化和合理化是不便的,无法容纳清代法律视野下的细微差异。与此同时,删除差异性刑罚并没有适应社会和文化规范,这些规范在清代与民国的分水岭下依然长期存在并蓬勃发展。

民国时期的案例

在民国时期的法律当中,杀人罪的法律规范简明扼要,几乎完全以概念为导向。在清代,认定犯罪时需要使用规定在独立的律或例中的情境因素,而现在,情境因素已不再适用于定罪,而是作为帮助量刑的因素而存在。这种剔除情境与概念之间联系的做法导致司法系统经常产生疑惑,同时也揭示出这一法律体系与早前清代的法律体系相比,它对犯罪主观因素细微层级的关注度较低。

---

① 这些条款遵从了 1918 年刑法草案的提议(《刑法第二次修正案》:281 条)。

最重要的是，预谋此前是犯罪意图的一个层级，也是一种独立的杀人罪类别，现在被降级至与量刑阶段应予以考量的其他情境因素一个级别。

谋杀：动机和从轻情节

就像清代及其他社会一样，在民国时期，也有各种各样的动机促使人们有预谋地实施杀人犯罪。尽管除了 1928 年至 1935 年的中间时段外，具体动机在刑法的字里行间没有明确表达，但它们仍然是民国法官在做出决定时所要考量的因素。不过，它们现在不是定罪时的考量因素，而是量刑时的考量因素。这是通过一项允许法官在量刑时将动机等因素视为加重处罚情形的法规而得以实现的。虽然有关加重处罚情形的法规并不在 1912 年《中华民国暂行新刑律》当中，但它自 1915 年开始就在后来的刑法草案中有所增加，并于 1928 年正式列入《中华民国刑法》当中（《修正刑法草案》:55 条）。该法规的部分内容如下：

> 科刑时，应审酌一切情形，为法定刑内科刑重轻之标准，并应分别情形，注意左列事项：
> 1.犯罪之原因；
> 2.犯罪之目的；
> 3.犯罪时所受之激刺；

4.犯人之心术。(《中华民国刑法》1928:76 条)①

如前所述,在民国时期的大部分时间里,标准故意杀人罪的法规同时适用于有临时起意的杀人罪和蓄谋已久的杀人罪,标准杀人罪的刑罚范围是十年有期徒刑到死刑不等。谋杀很可能位于这一梯度的高层,因为预谋的因素是一项严重的从重处罚情形。

由于现在只有一种死刑执行方式,而预谋杀人的动机也可以作为量刑的因素之一,因此不再可能像清律那样根据犯罪意图的等级来确定精准的差异化刑罚的等级。② 事实上,有时候刑罚并没有与意图和动机的层级提升程度相一致。因此,虽然标准谋杀和图财谋杀都可以被判处死刑,但有些案件只判处了无期徒刑。

首先,让我们分析一下清代的故杀案件在民国法院当中是如何处理的。在 1914 年北京地方审判厅审理的一起案件当中,一场持续的争执升级为暴力冲突,最后导致一方死亡,另一方中一位名为刘张氏的女性受伤(北京地方法院:J65.4.592)。刘张氏和她的四个孩子一直和一个名为王希年的男子住在天津,刘张氏的丈夫于十年前去世,王希年是她的情人。1909 年王希年失业时,他们都搬到了北京,刘张氏发现王希年已与另一个女人成婚,并且他们还有两个孩子。于是不出所料,尽管他们依然住在一起,但刘张氏和王希年之间的关系逐渐恶化,他们经常为了钱而频繁争吵。1914

---

① 这一条是根据 1908 年瑞士刑法草案第 47 条拟订的(《刑法第二次修正案》:62 条)。
② 1912 年和 1928 年刑法规定,死刑的执行方式是绞刑(《中华民国暂行新刑律》:38 条;《中华民国刑法》1928:53 条)。不过冯客(2002:136—138)提供的证据表明,有时还会实行其他处决形式,即斩首和枪决。

年,王希年的妻子向他要钱以支付端午节的相关费用,而王希年又
转过来向刘张氏借钱。刘张氏没有同意这一要求,于是他们俩打
了起来,邻居们不得不过来将他们分开。两天后,争吵再次上演,
此次则发生了真正的暴力冲突:在争执过程中,王希年怒斥刘张
氏,并且用刀砍伤了她的手。看到自己的母亲受到伤害,刘张氏已
经成年的儿子刘文光从王希年手里夺过刀乱砍,在王希年的面部、
咽喉、肩膀、手臂和背部都造成了致命伤。地方审判厅将刘文光杀
害王希年的行为认定为标准杀人罪。然而,注意到刘文光的罪行
"由于救母情急,情尚可悯",审判厅决定不判处他死刑,而是判处
无期徒刑。经过上诉,直隶高等审判厅将刑期减至十五年有期徒
刑。在清代,故杀不被认为是最为严重的杀人犯罪。民国审判厅
也证实量刑时会在法律规定的标准杀人罪的刑罚区间选取中层到
低层阶段。但在本案中,司法机关的关注点似乎较少集中在犯罪
人的主观状态上,而更多集中在其行为所处的情境上。审判厅并
不十分在意案件中犯罪意图的层级,即刘文光是否有伤害王希年
的意图? 他是否想杀了他? 这种意图究竟是什么时候产生的? 相
反,审判厅聚焦在第 76 条的前三款规定上:刘文光犯罪行为的原
因、动机,尤其是其所受到的刺激。鉴于犯罪意图的范畴如此宽
泛,司法机关只能如此,别无他法。

　　实施预谋杀人的犯罪人比临时起意杀人或犯意程度可疑的杀
人罪的犯罪人更可能被判处死刑。以 1914 年秋天发生在北京的张
德庆杀害张林堂(二人并无亲属关系)案为例(北京地方法院:
J65.4.593)。张德庆在任福东开的一家面馆里做帮工。另外两名
帮工,张林堂和李某也在店里工作。当任福东因为长期出差而不

得不离开城镇时,张德庆解雇了李某,只将自己和张林堂留在店里。一天晚上,张林堂被张德庆从睡梦中惊醒,原来张德庆企图鸡奸他。张林堂怒骂张德庆并将其击退。第二天,张德庆寄了一封情绪失控的信件给任福东,请他尽快回到店里。然而,当任福东回来时,第一个听到的却是张林堂的诉说,张林堂将任福东不在时所发生的一切都告诉了他。张德庆对此全部否认。根据张德庆后来的证词,他向任志强解释说,他只是"见所盖之被堕落在地,代为拾起覆盖,张林堂误会,破口漫骂"。任福东认为张林堂的故事更加可信,于是解雇了张德庆,不过他还是允许张德庆继续住在店里,直到他找到了另一个住处。此后不久的一天晚上,张德庆又一次潜入张林堂的房间,这一次,他用削面刀砍死了张林堂。

尽管张德庆声称他没有杀人的计划,此事仅出于"一时气忿"。但审判厅裁定,杀人是出于对遭到轻蔑拒绝和最终失去工作的报复。其指出,此案"情节凶恶",犯罪人的行为早有预谋,张德庆因此被地方审判厅判处死刑,在向直隶高等审判厅上诉后维持原判。审判厅对张德庆做出了民国法律之下最严厉的惩罚,强调了这起杀人案的严重性以及导致此案的令人发指的情节——鸡奸未遂。这也符合清代的量刑模式,性侵未遂证实了犯罪的严重性,很可能会阻碍秋审阶段减刑的可能性。

1932 年,在《中华民国刑法》中已经出现了特殊情节下的杀人犯罪条款期间,另一起涉及死刑的明显有预谋的案件(北京地方法院:J.65.4.374—375)。本案的犯罪人乌永华是居住在宛平县的一名旗人。1923 年,一名负责看守当地驻防财产的老人额勒贺举报乌永华非法变卖部分驻防财产。乌永华因为这项犯罪被判入狱三年,在此期间,他开始对额勒贺举报自己怀恨在心。出狱后,乌永华前往天津,将自己的财产交给朋友关宝山保管。当他得知关宝山私自变卖了自己的财产后,乌永华对关宝山逃脱了非法变卖驻防财产的三年牢狱之灾而感到愤怒。同时,乌永华也开始将自己目前失业与贫困的处境归咎于额勒贺。多年后的一个晚上,他拿着刀来到了额勒贺的家,在那里他第一次宣布"我是来找对头来了",然后他开始质问额勒贺:"我向额勒贺质问:'我从前因拆卖营房判了我三年,现在关宝山也拆卖营房,何以你不管?'"额勒贺回答说,这真的是另一个人的责任。乌永华对他的回答很不满意,在接下来的几个小时里,他一直对额勒贺大吼大叫,然后在额勒贺的脖子和胸部刺了好几刀,杀死了额勒贺。当额勒贺的妻子试图帮助丈夫时,她的左腿也被刺伤了。当地法院认为这是一起明显的谋杀案件,裁定乌永华"衔恨在心,事隔十年,仍蓄意谋杀,系长时间之谋杀……其居心险毒"。法院因此判处乌永华死刑。

这个案件被上诉到最高法院。1933 年最高法院做出了一项新判决:无期徒刑。虽然最高法院对下级法院谋杀罪的定性及其对第 284 条杀人罪特定从重情节条款的使用没有异议,但最高法院认定乌永华因失去土地而心神狂乱,所以其同意将乌永华的判决从第 284 条规定的死刑减为无期徒刑。①

乌永华的案件在民国司法系统当中并不罕见。一次又一次的

---

① 根据《北平晨报》所载该案卷宗中更加详尽和具有轰动性的新闻故事,乌永华在经过一夜宿醉之后向当局投案自首,希望法院能考虑其自首情节而从轻量刑(清代与民国法律中有关自首的规定,参见第五章)。法院并没有考虑这种供述,如果它确实存在的话。

案件表明，从分析犯罪意图的角度出发，这些会被列入清代谋杀犯罪的案件，在犯罪人和受害人之间社会关系是平等的情况下，根据民国法律应当只有一种结局——死刑，而这些案件中的犯罪人却只被判处无期徒刑或者监禁时间更短的有期徒刑。[①]

　　怎么会出现这种情况？它之所以可能，就在于民国时期一旦确立了基本的犯罪意图，犯意就不再像清代那样是进一步精细区分杀人犯罪类别的标准。与清代司法机关相比，民国法院对犯罪意图的性质究竟是故杀还是谋杀的分析关注较少。目前犯罪意图的性质仅仅是在案件的量刑环节发挥作用的加重情节之一，而其他因素，诸如受害人的性格，可以凌驾于犯罪意图的因素之上，这与清代法律完全不同。在清律当中，所有的谋杀案件（不包括涉及亲属关系的案件）都必须处以两种常见死刑中较重的一种，即斩首。司法自由裁量权为纸面上看完全是"理性的"、排除自由裁量干预的法律加入了实质的内容。

　　以 1935 年初发生在北平右安门附近樊家村的一起案件为例（北京地方法院：J.65.4.443—445）。此案的犯罪人谢书田和他的弟弟谢文田居住在一起。谢文田是一个无业、好斗的酒鬼。根据案卷记录，谢文田貌似以谩骂谢家所有成员为乐，包括家里的雇工朱魁生。而朱魁生与谢文田住在一个房间里。1935 年，在谢书田的妻子离开他后，情况变得很糟糕。谢书田已经心力交瘁，于是他和朱魁生一起想出了杀死弟弟的计划。谢书田担心他的儿子也会卷进这件事，于是将儿子和儿媳迁到了家宅中一处偏僻的地方。几

---

① 另一起谋杀案与乌永华案的轨迹相同：原判死刑，上级法院减刑为无期徒刑。参见 1920 年的董振明案（北京地方法院：J65.4.255）。

个小时后,谢书田和朱魁生用一根木棍将谢文田打死,然后将受害者与木棍一起埋在了自家用来养花的沟壑当中。

该案涉及合作、尸体处理、凶器,以及移除潜在目击者的计划:这显然是一起有预谋的案件,法院也给它贴上了这样的标签。但法院也发现:"其事可恶,其情不无可悯……谋杀系出于谢文田之长期辱骂所激成。"因此,受害人对犯罪人构成了刺激,根据上文所引述的刑法第 76 条的规定,这种刺激可以作为减轻犯罪人刑罚的一个因素。最终,法院决定判处谢书田和朱魁生无期徒刑而不是死刑。此处,受害人的性格而非案件中犯罪意图的层级对法院的判决形成了最大的影响。还有一种可能是儒家社会规则的持续性影响,该社会规则允许在哥哥对弟弟实施犯罪时对哥哥从轻处罚,这也是量刑时的一个隐性因素(参见《读例存疑》:284.00 条)。

1935 年初,河北宛平县也发生过类似的案件,①苏德水因预谋杀害张永禄及伤害张永禄的弟弟张永才而被判刑(北京地方法院:J65.4.366)。苏德水与张氏兄弟在一家茶馆赌博,并在连胜几局之后退出了比赛。这引起了一场争吵,在此过程中张永禄辱骂了苏德水。双方此后分开了,但当天晚上,苏德水拿着刀回到了茶馆,在外面等着张氏兄弟。当张氏兄弟离开茶馆要回家时,苏德水面对面地刺中了张永禄的胸膛致其死亡。张永才紧跟着苏德水,苏德水又在张永才逃跑之前打伤了他。苏德水后来被逮捕并在北平地方法院受审。无论是法院对苏德水行为的表述(挟此微嫌,意回家取得双口尖刃……座侯宅后井台上,俟张永禄经过),还是检察

---

① 在该案发生时,1935 年刑法还没有生效。

处决定对苏德水以预谋杀人罪提起诉讼,都表明了法院对苏德水主观有责性的明确见解。然而,苏德水并没有被判处死刑,而是被判处无期徒刑。受害人辱骂犯罪人的事实使得苏德水的处境在法院看来值得同情,这足以使死刑被排除掉。对苏德水的判决和谢书田的判决都与1913年大理院受理的一起案件相同,恰为民国首部刑法生效一年后。在该案中,大理院指出,当杀人案件中的受害人有应受谴责的行为,比如"图赖债务,(犯罪人)心怀忿恨而起"的情形,死刑的惩罚对于犯罪人来说就太严厉了(《中华民国刑法判解释义全书》:704)。在此之前,预谋是犯罪的决定因素,是确定案件最初判决的主要因素。而现在,其他因素都与犯罪人的主观状态同等重要甚至更加重要。

预谋也许不是对所有犯罪人判处死刑的王牌,但那些为了便于通奸而实施谋杀的犯罪人几乎肯定会被判处死刑。[1] 1917年由广西高等审判厅提交到大理院的一起案件就是例证(《大理院刑事判决全文汇编》:2334)。二十八岁的黄巨目居住在广西邕宁县,住处与他的叔叔和未来的受害者黄太颜相距不远。黄太颜与黄黄氏成了婚,但他们之间的关系并不好。黄巨目趁此机会向黄黄氏求欢。此后,两人开始了一段婚外情。黄太颜对两人的奸情有所了解,但他惧怕这两人又会干出什么事,因此一直守口如瓶。1913年的秋天,黄黄氏决定彻底摆脱丈夫,自由地与黄巨目在一起。她带着这个想法找到了黄巨目,两人制定好几天后在一个偏僻的地方杀死黄太颜的计划。当天,黄巨目带着刀棍,来到约定的地点等

---

[1] 如果是为了进行强奸而杀人,1914年《中华民国暂行新刑律》修正案规定了死刑(《中华民国暂行新刑律》:修正案第4条)。

候。黄黄氏将她的丈夫诱到该地时，黄巨目跳了出来，用棍子将黄太颜打倒在地，然后用刀砍向黄太颜，在其整个头部和上身都造成了严重的致命伤。根据案卷记录，由于害怕被发现，黄黄氏让黄巨目"将尸头割落，携至田边掩埋"。黄太颜的尸体很快被他的父亲发现，两人立即遭到怀疑，最终他们承认了所有的罪行。尽管后来他们改变了说法，声称黄太颜是攻击者，他们只是"一时气愤"才杀了他。他们被依据《中华民国暂行新刑律》中的标准故意杀人罪条款定罪，黄黄氏和黄巨目二人都被判处死刑。在从重处罚的情节当中，没有什么比预谋加上不忠以及不忠对父系家族伦理所构成的威胁更加严重的了。①

我们已经了解到，此前在清代，以实施其他犯罪为动机而预谋杀人的，例如因奸杀人或求财杀人，都会在标准谋杀罪斩监候的刑罚基础上再加重处罚。在民国司法系统当中，似乎只有这些特殊的预谋杀人案件才会被规律性地宣判死刑。②

人们可以很容易地将这种情形归因于民国时期法律体系的宽容。毕竟，清代司法机关对那些难以准确断定犯罪意图级别的边缘性案件倾向于宽大处理，例如介于斗殴杀和故杀之间的案件或者介于故杀和谋杀之间的案件。不过这仅仅是因为民国时期的法

---

① 在一起类似的案件中，1932 年最高法院下令，因奸杀人必须使用刑法第 284 条而非第 285 条进行审理。刑法第 284 条包含预谋杀人的条款，而第 285 条包含为进行其他犯罪而实施杀人的条款。二者的区别是：第 285 条所设定的刑罚允许在无期徒刑或死刑中二者选一，而第 284 条所列的唯一刑罚就是死刑（《中华民国刑法判解释义全书》：714）。

② 1914 年由四川省提交到最高人民法院的一起案件遵循了同样的逻辑，犯罪人曹乃猷因图谋财产杀害兄弟而被判处死刑（《大理院刑事判决全文汇编》：2660）。

律体系也遵循类似的模式吗? 更确切的说法是,民国时期的法律体系与清代相比有着不同的优先处理事项和关注点。在清代,犯罪意图是司法机关定罪的首要因素,也是法律规定的最重要的因素。只有在确定了犯罪意图的等级之后,才会考虑受害人和犯罪人之间的关系等随之而来的问题。

但在民国时期,刑法规范被重新定位。犯罪意图当然还是司法调查的一个主要类目,但它不再是像清代那样精确的类别,其重要性已经减弱,清代更精细的犯罪意图层级现在被归入判决的量刑部分。在这种情况下,犯罪意图的不同层级会相互竞争,有时还会被类似受害人性格这样的其他犯罪因素映衬得无关紧要。事实上,在确定判决时,在民国时期的刑法文本中已被基本剔除的儒家规范甚至还有被重申的空间(见第五章)。所有这些被清代法律体系认为非常重要的因素在民国法律当中依然存在。但是,每一个因素的权重是不同的,法律文本和法律条文中看似重要的因素并不总是能在法庭上发挥关键作用。基于现代西方规则的民国法律,其优越的"稳定性和可预测性"是有争议的。事实上,当我们将民国法律与清代法律进行比较时,清律反而是二者中更具有可预测性的法律体系。

误　杀

在帝制晚期,杀害错误的受害者被归类为误杀,其在律典中有专门条款。清代对这类罪行的处理方式与现代西方普通法传统下的处理方式大致相同,根据"犯意转移"原则,犯罪人的意图是决定性因素，而不是对受害人的伤害（参见第三章；LaFave and Scott 1986：284）。根据民国法律，误杀案件不再被认为是一种独立的犯罪类别，刑法中也不再载有成文的指导方针来指示法官如何在这种罪行的最初意图和损害结果之间进行斡旋。因此，在民国初期，司法机关缺乏系统的方法来处理误杀案件，从而导致了判决的不一致。最终在 20 世纪 20 年代和 30 年代又回到了清代的模式，即直接将犯罪意图从预期受害人转移到实际受害人身上。

大理院 1919 年发布的一项裁决推翻了按照清代模式处理误杀案件的下级司法机关的判决，说明了在 1912 年《中华民国暂行新刑律》颁布后的最初几年间，司法机关所经历的困惑。此案涉及江西省靖安县的富户黄氏宗族成员之间的争执（《大理院刑事判决全文汇编》：2923）。当时，整个宗族都聚集在一起，召开一年一度的账目结算会议，并商议下个年度将宗族钱款交给宗族成员黄家修来管理的事宜。黄家修的哥哥黄家同想要代表弟弟做管理人，遭到包括黄允懋在内的一些宗族成员的反对。于是一场争吵爆发了，兄弟俩怒气冲冲地离开，气头上的黄家同朝黄允懋扔了一块石头。然而石头偏离了预定目标，另一名宗族成员黄绍菊被击中并受伤。对于黄绍菊的误伤，江西省高等审判厅根据故意伤害的法律规定对黄家同进行裁决。毕竟，黄家同意图造成损伤，只不过他伤害了错误的人。次年，黄家同的案子被提交到大理院。大理院对案件事实没有争议："上告人欲打允懋以致错打，则上告人因掷石而误伤黄绍菊。"但大理院对江西省高等审判厅使用故意伤害条款的做法提出异议，并撤销了该部分裁决，转而支持适用过失伤害的法律规范进行裁决。按照大理院的逻辑，似乎是黄家同在实施犯罪的过程中存在过失,而不是过失犯罪。这种对过失含义的错误理解与第一章所讨论的一些民国早期的过失案件类似。在本案当中,由于缺乏对受害者错误案件中有关主观因素转移的具体指导方针,这种误解更加严重。

在 1919 年,还有一起从山西省提交到大理院的误杀案(《大理院解释例全文》:1176)。审判厅提供了案件的摘要,其中所涉及的个人皆以甲、乙、丙代替:"甲因仇乙,预谋杀害。制一毒饼,探乙外出必经某路而回,因置饼于路旁,嗣乙回见饼拾归。与丙分食,毒发俱毙。"山西省高等审判厅请求大理院就甲致使丙死亡的情节应当适用故意杀人条款还是过失杀人条款的问题进行答疑解惑。对于山西省高等审判厅来说,甲对于丙的罪过也许是过失杀人而非故意杀人,因为他没有预见到丙会吃饼。山西省高等审判厅此处所关注的是 1915 年大理院发布的一则判例,该判例为民国时期的过失杀人罪提供了第一个正式的定义,这一定义的关键在于犯罪人是否能够预见其行为的危害后果(刑罚总则 1944:58;参见第一章的讨论)。

犯罪人对其预期受害人乙的原始意图毫无争议。如果这起案件发生在清代,那就非常清晰明了。犯罪人甲,对于乙和丙的死亡都要负故意杀人的责任,因为其杀害乙的原始意图(即使不是预谋)可以转移到被杀死的丙身上。然而,山西省高等审判厅和大理院都没有用这种方式处理此案。因此,大理院在发布裁决时,回避了甲最初意图谋杀乙的问题,转而关注甲对丙之死的注意程度和预见能力。大理院要求下级审判厅确定"乙有无分食之惯行,而为甲所预知"。这将是决定甲杀害丙的行为究竟是故意犯罪还是过失犯罪的重要因素，甲的原始意图反而不那么重要。与前一个案例一样，我们发现司法机关仍在就过失的定义进行磋商。与此同时，司法机关也不愿意遵循清代的做法，将犯罪意图从预期受害人转移到实际受害人身上。其结果是出现了多重问题，而且没有明确的解决方案，这与只需确定原始意图就能认定犯罪的清代法律的一致性和明确性相去甚远。

民国初期的许多案件都遵循着这种模式，如1917年发生在山东省的张庆永受雇伤人案（《大理院刑事判决全文汇编》：2975）。张庆永是一名贫穷的黄包车夫，他是被一家药店的老板李福堂雇来伤害李朗斋的。李朗斋是李福堂长期不和的对头。张庆永向李朗斋泼硝酸，造成李朗斋重伤。但是张庆永泼出去的部分硝酸还溅到了另一位名叫龚升云的男子身上，致使其受伤，而龚升云与这场争端一点关系都没有。对于第二项伤害，山东省高等审判厅依据过失伤人的法律规定而非故意伤害的法律规定对张庆永予以论处，大理院也维持了这项裁决。

一直到1930年，当司法院向湖南省高等法院发布法律解释时，拒绝将犯罪意图从预期受害人转移到实际被害人身上的做法仍然得到认可（《司法院解释例全文》：355）。在这起案件中，湖南省高等法院与上文所述的1919年投毒案一样，描述了如下困境："甲起意杀乙。置毒饼内送至乙处，乙转贻丙。丙食之觉口麻、腹痛以告丁。丁试尝少许，如是。丙大病，丁亦病。甲对于乙固属谋杀未遂，对于丙、丁究犯何罪？"换句话说，湖南省高等法院在将甲对乙的罪行认定为谋杀未遂方面毫无困难，但不知应如何界定对非预期受害人丙和丁实际上的毒害。再一次地，下级法院提及了过失杀人的法律规范,该规范已在 1928 年刑法中成文化。

　　然而,司法机关在遵循这一解释方面并不一致。其他递送到大理院的清代类型的误杀案件有不同的诠释路径,而且是以清代的处理方法进行诠释。事实上,仅仅是在大理院原初判例做出一年之后,1920 年刘来子在北京城外被杀的案件就提供了这样一个例证。在该案当中,实践中的民国法律对待受害人错误的误杀案件与清代法律非常相似——都是根据犯罪人的原始意图来定罪的(《大理院刑事判决全文汇编》:2798)。此案中的犯罪人刘钧是小王务村的村长。当地居民高治国经常被控盗窃,但从未被定罪。1920 年的一个晚上,在该地区普遍动荡的时期,刘钧注意到高治国经过他家门口。刘钧显然对那个男人的忍耐到达了极限,他朝高治国开了枪,声称他认为高治国是来这里偷东西的。子弹仅仅擦到了高治国的额头,高治国逃到了邻近的院落,刘钧在后面紧追不舍。他又迅速开了一枪,但是未能击中预定目标,而是击中了另一个人——刘来子。刘来子此前一直在院子里埋头干自己的活。他的胸部受了重伤,没能幸存下来。

　　刘钧首先抗议道,高治国才是这起案件真正的入侵者。他声称高治国是带着武器并怀着恶意来到他家的。刘钧说他只有自己武装起来才能逮捕高治国。至于刘来子家发生的事情,刘钧断言:"高治国向我开放两枪,我向高治国放了一枪,两家乱放枪,不知刘来子是被我击死,是被高治国击死。"尽管他试图推卸责任,但其他证据都指向刘钧的罪行,包括刘来子死后,刘钧找到刘来子的父亲,试图达成某种和解的事实。此外,没有证据表明高治国那天晚上去偷东西了。大理院裁定刘钧应对刘来子之死负标准杀人罪的责任："上告人误认刘来子为高治国，用枪杀害，固系目的物之错误，于罪质无所变更。"刘钧因此被判杀害刘来子和杀害高治国未遂两项罪名，这是一项将犯罪意图从预期受害人转移到实际受害人身上的民国时期的裁决，但它遵循的不是民国时期的先例，而是清代的法律。

然而，当谋杀涉及误杀的问题时，民国法律最终再次与清代模式决裂。在这种情况下，民国法律允许将预谋的意图从预期受害人转移到实际受害人身上，而这在清代是不行的。1933年，最高法院审理了一起案件，其概要如下："甲谋杀某乙，持刀潜往，误入丙之住屋，将丙杀毙。"法院裁定，虽然杀害丙属于误杀，但"不得谓其杀人非出于预谋"。因此，仍需适用谋杀的法律规范进行裁决（《中华民国刑法判解释义全书》：716）。在清代法律中，只有非预谋的一般故意才能从预期受害人转移到实际受害人。而在此案中，民国法律也允许预谋进行转移。

民国时期对受害人错误的误杀案件处理十分复杂。在清代，误杀是六杀当中非常独特的一种杀人类型，它涵盖了不同程度的犯罪意图：有预谋的行为、临时起意的行为，还有伤害的意图和戏杀，都在其范围之内。此类杀人罪是根据所涉意图和受害人错误的事实共同定义的。清代对此类犯罪的处理有一个简单的公式，这一公式很好地契合了法律对犯罪意图的关注：无论谁受到了犯罪行为的伤害，犯罪人的初始意图都是成立的，只有预谋不能转移。这个简单的公式在民国初期就被废除了。和其他清代的杀人类别一样，民国司法机关在适应新的法律环境时遇到了困难。尽

管没有得到一以贯之的适用，但部分司法机关和法学家们在新的
法律制度缺乏清晰明确的方式来处理此类案件时，选择采纳清代
对于误杀的诠释。

法庭程序和法律事实

在民国法律对预谋犯罪处置方式的变更导致与清代法律不同
的判决模式的同时，刑事诉讼法的改变，尤其是关于招供和证词的
使用及审议规则的变更，也产生了未曾预料到的后果。

晚清的众多改革家对中国的法律程序与国外的法律程序进行
了鲜明对比，尤其是在招供和刑讯逼供的问题上。根据清代法律，
招供是定罪的必须要件。[1]　清代官员的工作是探寻并鉴别真相，阐
明案件的"实情"或"确情"。事实上，帝制晚期官员的指导手册将
这项职责列为他们最重要的工作之一。引用黄六鸿———一名曾在
山东和直隶（河北）任职的清代早期州县官员的话来说："务期狱鲜
遁情……原被之匿情……"（黄六鸿 1984：65，292）。[2]

口头证据，特别是招供，对确定案件真相至关重要。因此，证
词总是以证人保证其供述是真实的而结尾（［美］康雅信［Conner］

---

① 这一规则的例外，参见［美］康雅信 1979：121—124。

② 例如，王凤生在关于杀人案件调查的文章中写道："由……根究自得实情"（《牧令
书》1848：19.20a）；王士俊对司法官员处理案件"研取确情"的劝诫（《牧令书》
1848：19.7a）。王凤生（1776—1834），河南归德府知府，治水专家（江庆柏 2005：
38；王凤生：1826：2a）。王士俊，18 世纪历任河南省、四川省巡抚（《中国人名大辞
典》1990：76）。

1979:65)。① 刑讯尽管受到法律认可,但根据《大清律例》,只有在"不得实供"的情况下才能使用([美]康雅信 1979:142;《读例存疑》:1.02 条)。同样地,《大清律例》还主张,在"证据已明,再三详究,不吐实情"的情况下,可以使用刑讯([美]康雅信 1979:142;《读例存疑》:396.01 条)。正如滋贺秀三(Shiga Shūzō)在其关于刑事诉讼程序的研究中所指出的,中国帝制晚期的招供并不是在构建"一个"(a)真相,而是在确证"那个"(the)真相(滋贺秀三 1975:122—124)。

在 1901 年主张法律改革之时,作为变革法庭程序的理由的一部分,张之洞和刘坤一写道:"外国问案,专凭证人,众证既确,即无须本犯之供。"(《江督刘鄂督张[会](覆)奏条陈变法第二折》;[美]梅耶尔 1967:130)这些大臣们在考察国外的法律实践时注意到,在刑事审判中能够定罪的主要条件是优势证据,而非被告的供认。因此,张之洞和刘坤一提议,在不涉及死刑判决的案件当中,如果有足够的其他证据可以确定被告有罪,或者由于被告拒绝认罪而造成审判的不当拖延,招供就不是确定罪行的必要条件([美]梅耶尔 1967:131;Joseph Cheng 1977:61)。

1910 年,沈家本及其修订法律馆的同僚们编订了一部正式的刑事诉讼法草案:《大清刑事诉讼律草案》。虽然在草案定稿和颁布之前,清王朝就已经灭亡了,但是新诞生的民国政府仍然采纳了这部草案,该草案在民国司法机关内一直沿用到 1921 年(黄源盛

① 其所使用的典型表述为:"所供是实。"参见现审案件(奉天,6162)中的例证。

2000:305;《中华民国刑事诉讼法》双语版 1960:vi)。① 随着刑事诉讼法草案的施行,将供认作为定罪必须条件的要求被剔除了(黄源盛 2000:339)。尽管法律文本当中没有直接表述,但刑事诉讼法草案第 326 条的评注讨论了取消供认要求的问题(黄源盛 2000:339)。第 326 条表述如下:"认定事实应依证据,证据之证明力任推事自由判断。"(《中国刑事诉讼法草案》[1910]1919:326 条;《大清刑事诉讼律草案》1910:326 条)对该条款的评注进一步阐释道:"本条⋯⋯明揭废止口供主义,采用众证主义。"(黄源盛 2000:339;《大清刑事诉讼律草案》1910:326 条)②换句话说,被告的供认不再是确定罪行的必要条件。现在只需优势证据即可定案,无论证据形式是言词证据还是实物证据。

如果我们将民国时期的法官甚至是西方现代法官的新职权与中国古代司法官员的职权进行比较,我们就会发现,他们看待真相的方式实际上有很大差异。引用克利福德·格尔茨(Clifford Geertz)的话来说:"法律事实是被建构出来的,而非天生如此。"(格尔茨 1983:173)。法律真实是被构建的,是根据被认定为可采

① 民国时期刑事诉讼法的历史与刑法的历史一样复杂。1910 年刑事诉讼法草案的部分内容在 1910 年至 1921 年民国司法机关中继续使用,直到它被《刑事诉讼条例》所取代。该条例是 1910 年刑事诉讼法草案和 1920 年源自日本的刑事诉讼法的混合体。1928 年,《刑事诉讼法》正式生效,并于 1935 年被修订版所取代。参见黄源盛 2000:303—308 和《中华民国刑事诉讼法》双语版 1960:vi—vii。
② 正如第 326 条的评注所述,这条法律可追溯到唐代的诉讼法规,其对供认的重视程度并没有清朝司法体系那么多(黄源盛 2000:339;《大清刑事诉讼律草案》1910:326 条)。根据唐律,如果案件的情况可以通过其他方式得到证明,即使被告未供认,也可以被定罪:"若赃状露验,理不可疑,虽不承引,即据状断之。"(《唐律疏议》1997:545;《大清刑事诉讼律草案》1910:326 条;黄源盛 2000:339)

纳的证据和为法庭受众裁剪过的证据所构建的。有些时候，由于法律程序的技术性，某些理论上有助于构建真相的事物被认为是不可采纳的。这些事物帮助我们构建一个更加贴近事实真相（清代所称的"实情"或"确情"）的能力并不是它们能否被听取的决定性因素。在民国时期的法庭或 20 世纪西方法庭中构建起来的东西——在审判中构建起来的对案件事件的描述，这些法律事实再不能被视作绝对事实。

正如黄源盛所指出的，法庭优先考虑的事项的转变并不意味着法庭不再将口供纳入考量范围，而是取消将供认作为定罪的必要条件（黄源盛 2000：339）。在某些案件中，其他证据或者丢失，或者无法获取，在这种情况下，供认也可以作为主要证据。举例来说，如果某项犯罪案件的证人在做出陈述之后、开庭审判之前死亡，或被告人不反对使用供词，则供认可作为案件的基本证据（《大清刑事诉讼律草案》1910：323 条；《中国刑事诉讼法草案》[1910]1919：323 条；黄源盛 2000：339）。即便如此，大理院还是迅速颁布了有关供认使用的严格规范，例如 1912 年大理院做出的如下关于上诉的决定：

> 按现行规例，证明犯罪事实若别无证据，得仅以被告之自白直接引为定罪之根据，惟此时审判官应就以下情形详加调查：
>
> （一）被告自白并无证据可证明其系出自威吓或欺罔者。
>
> （二）被告自白之条项，要系显然事实无可疑义者，若因自白以外其他已知及可知之事实足以动摇自白之证据力，或因

自白中本有抵触,抑有不能尽信之处,皆应另觅证凭,证明其
自白之真确而后可。

（三）被告自白后,若有取消或变更时,应另证明其取消或
变更为不足信,而自白为真实之理由。

（四）被告自白要实出自被告所供,并非由他人豫作供词,
于临讯时令被告画或称允者。（黄源盛 2000:342—343）

总而言之,如果要将供认作为裁判的主要依据,那么供词就不
能出于强迫,其真实性不能有疑义,也不能自相矛盾。如果招供者
撤回了他的供词,或者如果招供者只是在别人准备的供词上签了
字,那这样的供认就不能再使用。上述标准是为了防范虐待、恐吓
证人和强迫招供。在下文的案件中,大理院对用来定罪的供词的
有效性提出了严肃的质疑。上诉人程佩和声称,他在一宗团体抢
劫案中向警方所做的供词是对方以恐吓手段取得的,故而应当不
予采信（黄源盛 2000:341）。大理院在对供词进行审查时也发现了
其可疑之处:它详细说明了受害人受伤的确切位置,但是上诉人作
为在犯罪现场外等候的所谓"同伙",并没有经历过上述事件（黄源
盛 2000:343）。大理院还指出,程佩和在两个不同的日期所做出的
两份供词,不但在内容上高度一致,而且连"被告人叙述事实之次
序亦不爽毫厘",这一点殊为可疑。大理院由此得出结论,供状是
警察事先准备好的,程佩和被迫在上面签了字（黄源盛 2000:343）。
因此,大理院推翻了下级审判厅的判决,将案件发回重审（黄源盛
2000:344）。

与清代法律中的供认是犯罪的最终裁定因素不同,民国法律

将供词视为是可疑的，它比其他形式的证据更不可靠。现在，只要其他形式的证据被认为足以证明有罪，即使在被告没有招供的情况下也很容易做出有罪判决。以 1927 年北京郊外武清县侯玉琴的案件为例（北京地方法院：J65.4.11—12），侯玉琴与王傅氏私通，并利用掺了砒霜的糕饼毒死了王傅氏的丈夫王福来。在首都地方法院的初审和随后在首都高等法院的上诉审过程中①，侯玉琴都拒绝认罪。尽管缺乏供词，但王傅氏和受害人女儿的证词，以及包括尸检报告在内的其他物证都足以定罪。注意到被告人没有招供，高等法院写道："抗告人毒杀王福来已属证据确凿。"与其关心如何从一个顽固的嫌疑人那里获得供词，法院既可以将其关注点转移到其他地方，又可以避免被谴责进行了不人道的刑讯逼供。

民国法院似乎热衷于质疑供认作为一种证据工具的效用，并指出过于关注供认会带来潜在危害。供词和证词的过度一致被视为供词存在腐败内情的证据。这与清代的法律形成了鲜明的对比。在清律当中，证据的一致性被认为是加强了证词和供词的有效性。正如步德茂所述，清代的法律实践在涉及杀人案卷记录时体现出的高度程式化，包括杀人案件中证词与供词的标准化：一旦真相被确定、裁决已做出，案卷中就不会出现相互矛盾的证据（［美］步德茂 1995：79）。证据、被告人供词和证人陈述的一致性是案件通过复核的必需条件（［美］步德茂 1995：79；黄六鸿 1984：289—290）。

---

① 此处的首都地方法院和首都高等法院皆指北京地区的法院。1927 年南京国民政府尚未完成全国形式上的统一，南京和北京分别是不同政治势力的中心。1928 年北伐成功后，北京改名北平。

民国时期还对刑事诉讼程序进行了其他重大改革。在帝国时代晚期,被指控的人在被证明无辜之前都被假定有罪。基本上,如果有人对你提出控诉,那就得由你来证明控诉不实([美]康雅信1979:第2章)。而在新的法院系统中,这个人在被证明有罪之前则被认为是无辜的。① 然而,我们应当谨记康雅信在讨论美国法律时提出的一项条件:与其说这是无罪推定,不如说这是一项旨在避免对被指控犯罪的人产生不当偏见的命令([美]康雅信1979:18)。

刑讯被宣布为非法,强制性供认被禁止,但这并不意味着民国的法律体系不存在从证人捏造的话语中剖析出真相的问题。如下文案例所示,有时民国法院的刑事诉讼方法较过去更加提倡理性和客观的技术,它们被用来重申对某些特定社会类别的被告人予以质疑的持续准则。

1929年,年轻的新娘成张氏被控毒杀丈夫。该案首先在北平地方法院审理,此后一路上诉至最高法院,最终于1932年退回河北高等法院重审(北京地方法院:J.65.4.531—535)。1929年3月18日,一个名叫成福年的年轻人娶了当时年仅十九岁的成张氏为妻。几个月后,他死于持续数日的痛苦的胃痉挛、呕吐和腹泻。成张氏不久后被逮捕,并被指控预谋杀害了她的新婚丈夫。最初的调查

① 康雅信(1979)、布迪和莫里斯(1967)承认,法律中没有明确规定这一原则。同样,我还没有在任何民国时期的刑法或刑事诉讼法中找到这项声明所有的犯罪嫌疑人在被证明有罪之前都是无辜的具体规定。然而,大量法规,比如1910年刑事诉讼法草案第三章规定了对被告人的保护条款:他们必须在被逮捕后的24小时内接受审查(77条),将其传唤到法院必须经过正当程序(第三章),只有那些被控犯有特定种类罪行的人才能在法庭上被扣留(81条),被逮捕的人允许保释(112条)。这些条款都表明该原则的存在。

和北平地方法院的审判发现，对成张氏不利的证据占多数。首先，成福年的很多亲属都说，夫妻俩的关系一直很差。成福年的祖母作证道："成张氏看不上我孙子，嫌他长得丑。娶的当天晚上，与我孙子打架，把窗户都抓破了。"其他亲属则讲述了成张氏如何"在家时亦从不脱衣"，"嫌其夫丑陋"，以及在婚后前几个月"屡次归宁"的故事。受害人的父母还声称，有一次，当成福年去接妻子时，"见其妻与不识男子三人共同斗牌"。

其次，北京大学医学院教授张楷对成福年胃中的内容物进行了化学分析，发现其中有砒霜的成份。同样糟糕的是，有证据显示，成福年在吃了成张氏为他准备的食物后，几天来病情逐渐加重。受害人的父亲成德魁作证说："我儿子卖菜回家，成张氏替他留下的粥，吃了就呕吐不止，隔几天成张氏又做饺子给他，吃了又吐。"成德魁和其他家庭成员都证实，除死者之外，还有一个名叫小郎头的小侄子当天也在家里吃了两个饺子。他同样出现了呕吐的症状，但在其父给他喝了绿豆汤后就痊愈了。更能够归罪于成张氏的是受害人母亲的证词："他们吃饺子都吐了。盆内留下几个，我叫成张氏吃。她不吃，全倒在茅厕。"

两名医生被请去给成福年医治。根据北平地方法院的报告，第一个医生进行针灸，当他拔出针时，针上沾满了黑色的血液。[①]

[①] 尽管案件材料没有明确提及，但根据《洗冤集录》这本在帝制晚期通用的法医学手册的说法，测试是否中毒的一种方法是将针插入受害者体内，视其拔出来后是否沾染着黑色的血液（[美]马伯良1982：136—137）。同样地，本案中的尸体被描述为呈现出黑色，根据法医手册，这是中毒的另一项指征（[美]马伯良1982：134）。正如Daniel Asen所指出的那样，在民国很长一段时间里，《洗冤集录》在法律领域中都具有相当的影响力（Asen 2016：第7章）。

第二名医生孔勋臣给成福年开了解毒的药。但两名医生的努力都没有成功,成福年去世了。

只有一个声音,那就是成张氏自己,讲述了一个不同的故事。据她说:"成福年系慢霍乱病,已稍愈了,因不戒房事(而再次复发)。"成张氏坚称:"我是实在冤枉。"根据成张氏的描述,成福年是自然染病,再从胃痛发展到呕吐和腹泻。被请去给成福年医治的当地医生的不当治疗才是最后的致命一击。据这位寡妇所言,程福年最终是在服药后死去的。

成张氏的观点无人理会。在法院看来,根据医学证据和家庭成员的证词,成张氏毒死了她的丈夫是毫无疑问的。法院裁定成张氏预谋杀害丈夫的罪名成立。[①] 根据当时生效的刑法,其中包含预谋杀人的独立法规,谋杀的强制性刑罚是死刑(《中华民国刑法》1928:284 条)。不过,从另一方面来说,法院认为犯罪人的情境是值得悯恕的,指出其"青年知识不足"。为此,法院援引减轻情节条款(《中华民国刑法》1928:77 条),将刑罚减为十五年有期徒刑。

成张氏对判决结果不满意,向河北高等法院提起上诉,但在那里,她的处境变得更糟。河北省高等法院选择深入调查导致成福年死亡的一系列事件,对事件具体发生在哪一天产生了疑问。法院首先注意到上诉人证词中关于她最后一次从娘家回来究竟是什么时候的表述前后矛盾。在一次审讯中,她说她是当月第二日回

---

① 其中一名医生孔勋臣也在同一时间被判有罪,但罪名仅是无证行医。法院认可了他说自己"并不知为违法"的观点,对其仅处以罚款。无论是在这里,还是在河北高等法院和最高法院,对孔勋臣提交的证据进行讨论的过程中都没有提及他缺乏行医资质和医学教育。

来的，而在另一次审讯中，她又说她是 5 日回来的。尽管这与投毒时间没有直接关系，但法院利用了这一差异，以及她提供的日期与她丈夫家人所声称的她回来的日期（8 日）都不相符的事实，对她所有的辩护性证词都提出了质疑。然而，至少另有一名证人的证词与其中一起中毒事件发生的时间存在出入，但这一事实并未困扰法院："虽成德魁……所述吃饺时日前后微有不符，但核其报告之初，及最后所述均称确是十一日。成德魁所称时日过久，上下错一二天，系记忆不清之故，当非虚语。"疑点利益被给予了受害人的父亲成德魁。

河北高等法院还发现，成张氏事实上已经是第三次毒害她的丈夫了，第一次在粥里下毒，第二次在饺子里下毒。第三次下毒的机会出现在第二名医生孔勋臣给她丈夫看病的时候，即成福年去世的前一天。成张氏坚称，孔医生将药留给了成福年保管，但成福年的亲属否认了这一点。在法院看来，成张氏"藉词服药"，实际上是给了丈夫最后一剂砒霜。当问及成福年的家属为何未在成福年死后立即对成张氏提出控告，家属解释道他们"不敢多事"。法院再次站在家属的立场上，认为这样的解释是"近情"的。对成张氏不利的论据占据优势，其上诉被认为没有可取之处而被驳回，预谋杀人罪得到了维持。但是，原先十五年有期徒刑的处罚被撤销，代之以无期徒刑。法院仍然以怜悯成张氏年轻无知为由未对其处以死刑。

成张氏并没有被这个结果吓住，又向最高法院提起上诉。① 也

---

① 河北高等法院的检察厅也对该判决提出上诉，部分检察官似乎担心此案可能存在误判。

是在最高法院,她这方的优势开始显现。当最高法院审查这一案件时,发现早期的调查、审判和判决均存在着诸多问题。首先,最高法院指责下级法院盲目采纳成福年家人的陈述。最高法院质疑成福年和他的新娘是否真的有着如此糟糕的婚姻,因为除了成福年的家人,没有其他人表露出二人关系不好的迹象。其次,最高法院质疑是否真的有证据证明饺子和粥里被下了毒,因为成家并没有费心保存任何证据。第三,最高法院质疑成家人证词中的日期和时间存在普遍混淆。重新检查了记录在案的证词后,最高法院发现,部分家庭成员曾表示,饺子和粥是在同一天供应的,而先前的裁决认定存在两起独立的食品中毒事件。其他家庭成员则搞不清医生们被请来医治成福年的具体日期。第四,成福年的祖母成刘氏曾一度承认,孔勋臣不仅给孙子留下了药,她还亲自煎药并将药送到成福年手中。如果是这样的话,河北高等法院在审判中指控成张氏用毒药代替了丈夫的药物,这显然是不真实的。第五,最高法院发现没有人试图调查毒药的购买地点和储存地点。

最高法院撤销了先前的判决,将案件发回河北高等法院复核。在这次新的审判中,河北高等法院找到了充足的证据来支持最高法院的批评。[①] 首先,它发现没有明确的关于犯罪动机的证据。尽管成福年的家人作证说,成张氏憎恶丈夫丑陋,但当地村长却没有注意到这种恶意。此外,新娘的父亲作证说,他在订婚的时候见过成福年,如果他长得丑,自己就不会允诺这桩婚事。法院认为,即使她的丈夫长得丑,但这导致妻子在婚后不到四个月就诉诸谋杀

---

① 负责这次重审的三名法官中,有两名是新接触到这个案子。不过,还有一人是第二次审理此案,他也是 1930 年此案首次被提交到河北高等法院审理的法官小组成员。

仍是令人怀疑的。其次，法院想知道如果成福年和此后的小郎头在吃了饺子以后一直生病，为何当时没有人提出质疑，也没有人费心保存这些可疑的饺子。第三，法院指出，成张氏从未有机会去购买砒霜。即使当她在娘家的时候，她的家人也作证说不会允许她一个人外出购物。此外，购买砒霜的地点从未被确定，放置剩余毒药的地点也从未被确定。成张氏也从来没有被抓到在食物中添加毒药，而且她通常和婆婆共用厨房。

河北高等法院也添加了一些自己的批评意见，质疑成福年的症状是否真的是中毒的表现。成福年的父母都证实，除了呕吐，成福年腰部以下已经瘫痪，法院认为这一症状与中毒无关。[①] 此外，法院现在认为，成福年的家人对事件发生的日期、时间和先后顺序所作的相互矛盾的陈述是有问题的，这不仅仅是记忆模糊的问题。相反，成张氏在整个调查过程中一直在讲述一个前后一致的故事，她一直在否认自己与丈夫的死亡有关，并辩称自己受到了不实指控："上诉人到案以后，始终同此供述。"

尽管成张氏的坚持否认在地方法院和省级法院的第一轮审判中对她的案情并没有帮助，但在重审期间，这确实帮到了她。1932年3月，之前的判决最终被推翻，成张氏被释放了。供认不再是定罪的最终决定因素。当成张氏被判定谋杀了她的丈夫时，供认不是必须要素；上级法院在审理她的上诉时，也没有批评过供认的缺失。相反，成福年多疑的亲属们的指责声淹没了成张氏否认自己有罪的呼喊。这些声音当然得到了医学专家的进一步支持，这种

---

① 《洗冤集录》也没有将瘫痪与中毒联系起来（［美］马伯良 1982:134—138）。

做法在民国时期越来越频繁,证明力也越来越强。①

同一时期的另一个案件也遵循了类似的轨迹。1931 年,十八岁的田孙氏与二十九岁的田启亮结婚五个月后,田启亮病逝于河北省大兴县魏家村外自家的农场中(北京地方法院:J65.4.32—34,530)。尽管田孙氏坚称自己无罪,但她的姻亲们却异口同声地指控她。根据他们的说法,是田孙氏杀死了她的丈夫,她用砒霜毒死了他,这样就可以继续风流韵事了。一名亲属甚至声称看到田孙氏在她的房间里藏了一包砒霜。这些指控被带到法庭上并展开调查。在地方官员对这家人的说法表示怀疑时,田家向河北省高等法院提出上诉,该法院的检察厅下令进一步调查此案。这一次诉讼被提起,案件进入审判阶段。田孙氏最终被完全无罪释放,但她仍然在监狱里度过了一年的时光。② 当然,与成张氏相比,田孙氏是幸运的,成张氏经过多次审判和重审,几乎花了三年时间才被证明无罪。

成张氏和田孙氏的案例令我们想起帝制晚期通俗文学中一些熟悉的主题。这些主题涉及淫荡的年轻女性以及她们可能对社会造成的破坏,而且这样的主题也进入了当代法律文化。一个著名的清代案例,杨乃武和小白菜案,安守廉、董玥和 Alison Yeung 都对此有过详细的研究([美]安守廉 1984;[美]董玥 1995;Yeung

---

① 关于法医专家在民国法律体系中的作用,以及对他们普遍接受的一些观念的说明,参见 Asen 2016:148—154。
② 本案中证据的使用也涉及有罪推定或无罪推定的问题。对本案尸检报告的讨论,无论是地方法院还是高等法院的检察厅,都没有将关注点放在证明田启亮中毒上,而是将关注点放在尸检只检测了死者的一部分胃,而非死者的全部重要器官,"不能断定并非中毒而死"这一事实上。

1997)。该案自 1873 年起，小白菜丈夫可疑的死亡就发展成一出令宫廷、媒体和江南地区的公众想象都为之震惊的戏剧性事件。小白菜和杨乃武在小白菜的丈夫死亡后被认定有罪的主要证据是被告在刑讯之下所吐出的供词([美]安守廉 1984:1204;[美]董玥 1995:89)。① 经过一系列上诉，在一项新的尸检显示死者事实上并非中毒，而是因疾病自然死亡之后，有罪判决才被颠覆([美]安守廉 1984:1219;[美]董玥 1995:110)。

　　除了有一个可确定的情人在旁，成张氏和田孙氏的案件遵循了类似的定罪和上诉模式。尽管导致小白菜和杨乃武最初被判有罪的手段——招供及与之相伴的刑讯，在民国时期的法庭上已经不复存在，但社会规范及对年轻寡妇的怀疑依然存在。这与刑法领域由清代向民国转型的一个重要主题是一致的：中华帝制晚期的法律与民国时期的法律在实践中具有高度的连续性。作为新法律体系现代性的标志，民国法律中引入的无罪推定原则并没有保护成张氏和田孙氏免受最终被证明是不公正的起诉。

结　论

　　在清代法律之下，故意杀人罪就如同整个杀人犯罪谱系一样，是一种层级精细的犯罪，其刑罚设置也有着精细的层级。这类杀人罪主要分为两类：故杀和谋杀。后者还可根据实施预谋杀人的次要意图或动机予以更进一步的细分。清代法律对犯罪意图的详

---

① 此案中刑讯的使用饱受新闻界的质疑和批评，《申报》认为它导致了虚假的招供（董玥 1995:93—96）。

尽关注和具体规定意味着,只有在充分考虑犯罪所涉及的确切主观因素之后,才能做出裁决。

在对犯罪进行分类时,民国的成文法并不像清代的法律那样要求对主观状态进行同样程度的细致分析。民国时期对于犯罪意图的定义是广义的、概括的。法律失去了细节。刑法没有提供识别故意杀人罪的指导方针,只提到了一些模糊的术语,例如犯罪人的意志和预见。

标准杀人规范的范围之广还意味着,一个单独的法规必须涵盖所有的故意杀人罪,而不论其意图和动机的性质如何。事实上,在清代的法律中,预谋杀人是位于杀人犯罪谱系顶端的一项重大罪行,而在民国法律中,预谋被降级为"情节"。现在,预谋只是决定判决时需要考虑的众多因素之一。由于民国刑法的精神在于塑造基于抽象原则的法规,因此任何阐述这一基本原则的东西都被认为在识别犯罪的本质方面是多余的。预谋是犯罪意图的一种,是意图原则的子集,而不是一个独立的主观范畴。因此,根据民国法律,预谋被认为是故意杀人罪发生的一种情节,并将由法官在量刑环节,而非定罪环节予以权衡。有时,这意味着预谋的严重性可能会被其他使得犯罪人令人同情的因素所掩盖,比如我们在谢书田谋杀案的审判中看到的受害人可恶的形象。

刑法组织体系的变化,将预谋等因素归为判决的量刑成分,是清代与民国法律的标志性变化之一:罪名与刑名的分离。就像取消供认作为定罪的必要条件一样,这一变化也会给民国法院带来意想不到的后果,最终会使清代的裁决方式和清代的正义观念在民国时期得以再造。

第五章　法庭审判的延续：民国法院对清代规则的再造

1929 年的某一天,四川巴县的年迈寡妇吴刘氏因被控杀害了她的逆子吴春廷而出庭受审(《最高法院判例汇编》:13.9)。吴春廷向来桀骜任性,吴寡妇曾试图管束其子的行为,却是徒然。因此,母子之间的关系很僵,吴春廷近日甚至扬言威胁要将其母的房屋烧为平地。吴寡妇对自己的生命安全深感担忧,又被儿子目无尊长的行为所激怒,她叫了几个村民一起杀死了吴春廷。不久,人们在当地的泉水边发现了吴春廷的尸体,他是被人勒死的。吴寡妇由于涉嫌犯罪而被逮捕。她因故意杀害其子而被按照标准的杀人罪条款定罪。然而到了量刑的时候,法院援引的一些补充性的法条对最后的判决产生了重要影响。首先,由于其子的恶劣行为,法官援引了刑法中的减刑条款,她的刑罚得以减半。其次,法院裁定吴寡妇认为自己的行为是合法的,因为根据清代的法律,父母杀害不肖子孙的行为不承担法律责任。因此,根据"不知法令"条款的规定,她的刑罚再次减半。最后,吴寡妇被判处两年十个月的有期徒刑,并获得缓刑。当地法院认为应该释放她,很大程度上是因为依照《大清律例》,她可以保持自由之身。

20世纪初,中国开始全方位的法律改革,这一方面是因为来自国家内部的现代化驱动,另一方面是为了终结第一次鸦片战争(1840—1842)之后强加给中国的治外法权。吴寡妇案发生在民国时期制定第一部刑事法规颁布的十七年之后,此时父母杀害不肖子孙的行为已被认定为犯罪,地方法院虽然判处吴寡妇有罪,却给予她缓刑,这如何可能? 法官是如何在民国的刑事法庭上再现清代式的判决? 一个在表面上突破了清代诸多法律原则的新刑事司法体系,又是通过何种渠道重现清代司法中的某些基本原则的?

以往的研究在民法学领域([美]白凯1994,1999;[美]黄宗智2001)、交叉犯罪和公众舆论领域([美]林郁沁2007)对这些问题都进行了探讨。在刑法领域中,我们已经在民国新刑法的体系结构、组织形式和主体内容方面,以及民国刑法与清代刑律的差异方面找到了答案。如前言所述,在帝国时期的最后几年中,由修订法律馆编纂的两部刑法典引起了人们的广泛争议。1910年《大清现行刑律》颁布不久,就被1912年北洋政府的《中华民国暂行新刑律》所取代。《中华民国暂行新刑律》与清代的旧律有显著差异,例如,基于受害人和犯罪人之间的关系而形成的差异化定罪模式已经在很大程度上被取消了;统一了死刑的执行方式;废除了特定重罪的缘坐制度。更重要的是,1912年《中华民国暂行新刑律》以欧洲大陆和日本的法律模式为基础,这些国家的近代刑法典以旨在涵盖所有可能犯罪的一般性、原则性法规为主。另外，清代的最后一部法典《大清现行刑律》的律文和例文超过了 1750 条，而 1912 年的《中华民国暂行新刑律》则简明扼要，律文少于 400 条，而且没有例文。1912 年的刑法大体上缺乏那种能使清朝法律如此详细的情境标记。而且，与清律的个体化条款相比，新刑法的每条法规都涵盖着范围更广阔的行为。在运用这部新法典和这些新法规时，法官可以简要分析手头的案件，提炼出犯罪的一般性质。案件的具体情节现已退居其次，仅是量刑时的参考因素，不再是界定犯罪含义和定义的至关重要的因素。

在量刑阶段，民国时期的法官们获得了自由裁量的权力。1912 年，随着刑法规范变得更加宽泛，《中华民国暂行新刑律》引入了一系列重要的新条款，使法官们获得了更大的自由裁量空间。这些新条款中最为重要的是酌情减刑情节。该条款允许在案件情节值得矜悯时从轻处罚。诸如此类的规定在民国时期的审判当中常常被运用。因此，尽管民国时期的法律已与清代社会延续下来的道德观念和正义观念有所不同，但正如吴寡妇杀死不肖子被判有罪却予以缓刑的案件一样，法官们可以巧妙地操纵新法律，想方设法运用其自由裁量权，在不违背法律的同时使其判决与清代时期的同类判决相去不远。这使得新的法律文本和新的法律体系一方面急剧与清代法律传统分道扬镳，另一方面又成为用来重构那些近日才被官方抛弃的旧有法律传统的重要元素。

清代的罪与刑

中国帝制晚期法律的基本原则之一,是"罪名"往往可以自动对应该罪的"刑名"([美]梅耶尔 1991:1)。"罪"和"刑"这两个术语在概念和语法上都是紧密关联的([美]布迪和莫里斯 1967:11—12)。例如,"罪"既可以指称"罪刑",也可以指称"刑罪"([日]诸桥辙次 1992:28293.20,1886.24)。宋代的刑法典被称为《宋刑统》,宋代的所有刑罚就意味着所有应受处罚的行为,也就是宋代所称的"罪"。与犯罪相关的事件被称作"刑事"([日]诸桥辙次 1992:1886.32)。在清代,用来监督法律和条例实施的政府部门被称为"刑部"。还有,"死罪"一词既可指称可能判处死刑的犯罪,也可指称死刑本身([日]诸桥辙次 1992:16365.64)。

罪与刑的紧密结合与帝制晚期法律高度情境化的特性密不可分。正如布迪和莫里斯所指出的那样([美]布迪和莫里斯 1967:63—68),清代的法典是由律文、具体化的有关个别情节的例文、对犯罪人所处的刑罚构成的。如前述章节所示,中国帝制晚期的法律并不是单纯基于原则的条文,而是包含了以概念和情境为基础的条文。以"斗殴"门为例,《大清律例》中有 23 条律文和 117 款例文,律文的范围从"殴制使及本管长官"(《读例存疑》:306.00 条)到"妻妾殴故夫父母"(《读例存疑》:322.00 条)。例文则进一步细化,详述了律文以外的其他情形应当如何审断。① 在"谋杀人"标

---

① 这些例文大多是由法律案件发展而来的,它们经过刑部复核,后来作为先例编入律典。

准条款(《读例存疑》:282.00 条)之下的十则例文,就是为了解决因奸杀人(《读例存疑》:282.02 条)、苗人图财害命(《读例存疑》:282.06条)和僧人逞凶谋故惨杀十二岁以下幼孩(《读例存疑》:282.07条)而做出的规定。正如第四章所指出的那样,清代法律的这些特性同样扩展到了家庭和社会关系当中,根据受害人和犯罪人在性别、长幼尊卑和基于社会秩序的贵贱阶层方面的相对地位对犯罪予以差异化处理。

在特定的律文或例文当中,我们还可以发现更具体的情境阐述。在针对平等主体之间的谋杀条款中,包含了许多具体的个别条款,每则个别条款之后又立即规定了相应的刑罚。因此,凡谋杀人,造意者斩监候;从而加功者绞监候;从而不加功者杖一百、流三千里。如果受害人伤而不死,造意者绞监候,从而不加功者杖一百、徒三年。如果造意者提出谋杀计划,另有人试图执行,但并没有伤及受害人,则实行人被处以杖一百的刑罚(《读例存疑》:282.00条)。①

由于《大清律例》的每则条款对所涉及的罪行都规定了明确的刑罚,因此,一旦罪行确定,刑罚也会自动确定。法律的这种扩展方式意味着,一旦罪名被确定,法官就不能根据案件的实际情况来自由增减刑罚([日]滋贺秀三 1975:126;[美]梅耶尔 1991:1)。而且,这种自由裁量权的存在几乎是没有必要的。正如第四章所述,那些可能需要增减刑罚的情节,比如尊卑之间的斗殴案件,在清代

---

① 相关裁判将会在下文讨论,并于第六章中做更具体的阐释。

已经成为法律的正式组成部分。诚然,步德茂(1995)对乾隆年间杀人案卷的研究表明,司法官员对司法程序的某些特定方面确实拥有一些自由裁量的权力。比如司法官员向上级报告案件时,其所提供的案件"事实"和情节决定了具体的罪行。强调不同的情节就意味着不同的罪名,并会因此导致不同的刑罚。但我们也会看到,民国时期法律结构的变革创造了清律所不可能具备的司法能动性。

尽管清代的律例众多,但有些时候,律例仍然不能与当下的案情完全对应。在这种情况下,司法官员只能通过比附的方式援引其他条款来进行裁断([美]布迪和莫里斯 1967:175—177)。《大清律例》对于比附或比照的规定如下:

> 断罪无正条:凡律令该载不尽事理,若断罪无正条者,援引他律,比附应加应减,定拟罪名。(《读例存疑》:44.00 条)

在这种情况下,司法官员将选择与手头案情最为接近的法律条款对案件做出裁决。如果案情需要,司法官员可在所选择的法律条款当中按照规定增减刑罚,但不得超过一等(《读例存疑》:44.01条;[美]布迪和莫里斯 1967:176)。

当然,在某些特定情况下,犯罪人在量刑时能够获得标准的减刑或者宽大处理。最常见的情形是,杀人案件中的单丁可以申请减刑(《读例存疑》:18.00 条)。① 作为孝养义务和赡养老人的必要条件,如果犯罪人能够表明他的祖父母、父母因年迈或疾病应当得到赡养,而他是家里唯一的成丁,其刑罚就可以暂缓执行,或者减刑为杖一百,余罪收赎。② 当然,在例文适时指出的一些特定情况下,即使是单丁也不能申请减刑。这些情况包括杀人犯罪中的犯罪人和受害人均为单丁,诬告他人预谋或者故意杀人致使无辜者死亡或遭受刑讯(《读例存疑》:18.07 条,18.10 条)。

标准化减刑也可以在判决之后进行。这样的情况可以发生在犯罪人的死刑判决是绞监候或斩监候,案件进入正常的复核程序时;③也可以发生在秋审或朝审的再次复核当中。朝审主要复核京师地区的死刑监候案件,秋审主要复核各省上报的死刑监候案件(［美］布迪和莫里斯 1967:134—135)。④ 在秋审和朝审中,由九卿组成的官员将对案件予以复核。⑤ 而最终的官方判决的决定权掌握在皇帝手中。

---

① 根据第 20.00 条和第 22.00 条所详细列举的,其他允许标准化减刑的情况包括:对于犯流罪以下罪行的妇女、"年七十以上、十五以下及废疾",法律准许减刑(《读例存疑》:22.00 条)。犯死罪的妇女不能获得标准化减刑(《读例存疑》:20.00 条,420.00 条),但是被判处死刑的老人、儿童和残疾人可以申请减刑(［美］布迪和莫里斯 1967:42—43;景风华 2016:13—44)。

② 如果单丁的声明能够被证明是确实的,调查也有规律的展开,那么上诉就会被批准。对于成功的单丁诉求,参见刑部现审案件(江苏,9303;奉天,6162)。

③ 关于死罪的标准复核程序的详情,参见第一章。

④ 除了秋审,热审也从明朝早期间歇性地举行到了 18 世纪晚期(［美］马伯良 1981:104)。关于秋审的历史,参见［美］马伯良 1981:98—111。

⑤ 九卿即六部、都察院、通政司和大理寺(［美］贺凯[Hucker]1985:1296 条)。会审基于个人上诉而非自动审查,参见［美］欧中坦(Ocko)1988。

会审有明文规定的具体指导方针（［美］布迪和莫里斯 1967：136—139；［美］梅耶尔 1967：28—29）。这些条款包括特定类型的杀人犯罪在经历过一次会审之后，其刑罚将自动由死刑减为流刑（［美］梅耶尔 1967：28—29）。例如戏杀、误杀，但擅杀中的"谋故火器杀人，或连毙二命，及各毙各命，致毙人数在四人以上者"，则不在一次减等的范围之内（《读例存疑》：411.27 条，411.28 条）。会审中的标准化减刑，在上述具体的法律条文中有明确规定。其他的死刑案件，也可以从死刑减为流刑，但其主要取决于某种象征意义上的皇帝恩赦，因此与正式的法定减刑不同。

虽然这些规定是在确定罪行后对刑罚予以增减，但它们是正式的和标准化的。值得考虑的情节都是具体的，并在成文法律或官方规定中逐条列出。这为清代法律又增添了一层特殊性，它不但没有削弱，反而增强了清代法律中罪名与刑名的连接。这种紧密连接正是清代法律的核心原则之一。该原则使得帝制晚期的法律实践和司法裁判具有高度的可预测性和一致性。

《中华民国暂行新刑律》：1912 年

正如前述篇章所言，1912 年《中华民国暂行新刑律》的颁布，对中国刑罚体系的范围和法官适用刑法的方式都带来了巨大的变化。这一变化意味着废除了传统中国法律基于特定情境的本质特征，引入了不一样的刑罚分类体系，并开始允许法官根据法律所赋予的自由裁量权对刑罚进行增减。这些变化的综合作用是分离了罪名与刑名,授予法官比清代大得多的自由裁量权。① 韦伯在分析过去的法律体系时深感忧虑的"专断"裁决的可能性,植根于西方的民国法律远未消除。

在参与 1912 年《中华民国暂行新刑律》起草的人物中,影响力最大的当数沈家本。他与伍廷芳都是修订法律馆的修律大臣。沈家本对比附制度进行了严厉的批判,在 1907 年起草的《大清刑律草案》的总则部分,沈家本明确表达了自己对比附问题的看法:

> 司法之审判官得以己意,于律无正条之行为,比附类似之条文致人于罚,是非司法官,直立法官矣。(《大清新刑律》1911:10 条)

如果因为法律中没有明确对应的条款,就允许法官根据自己的偏私来决定罪行的轻重,这将导致判决不能统一,这是一种弊端。([美]梅耶尔 1967:196)

---

① 在讨论这些从根本上影响了司法体系的变化时,我将其与刑事诉讼法的变化区分开来。刑事诉讼法一般被定义为"管控对犯罪进行调查、起诉、裁决和惩罚的相关机制的规则"(Garner 1999:382)。正如中国帝制晚期的民事法律和刑事法律没有独立的法典一样,诉讼法也没有独立的法典。相反,刑事诉讼法的规则分散在各个朝代的律典当中以及《钦定六部处分则例》、《名法指掌增订》等补充来源当中(张伟仁 1976:67 号,144—146 号,1058—1061 号;[美]梅耶尔 1990:236)。然而,从清末法制改革开始,诉讼法就被认为是一个独立的存在,为刑事审判厅和民事审判厅准备的各种诉讼法草案也先后被制定出来(黄源盛 2000:292—293)。刑事诉讼法引入了一系列新规则,诸如刑事案件与民事案件的分离、被告的律师代理,以及第四章所述,取消供认作为成功起诉的先决条件([美]黄宗智 2001:32—33;[美]梅耶尔 1967:44;《中国刑事诉讼法草案》[1910]1919:348—349 条)。但是,诸如刑罚的范围和司法自由裁量权等问题则留给刑法。

对于沈家本和其他晚清的改革者来说，比附制度是帝制晚期的法律中最不容忽视的缺点之一。相比之下，清代早期的律学家认为，比附制度使司法官员能够坚持一罪一刑的精神。但沈家本则认为，比附制度赋予了裁判官过大的权力：当法官面临的情形不适用律例中的任何规定时，他竟可以根据自己的需要，比附适用任何法律及刑罚。（［美］梅耶尔 1967：69）

为了取代比附的做法，1912 年《中华民国暂行新刑律》做出了以下规定："法律无正条者，不问何种行为，不为罪。"（《中华民国暂行新刑律》：10 条）这一条款符合欧洲大陆的现代刑法理念，即法无明文规定不为罪（nulla poena sine lege）的原则（Joseph Cheng 1977：163，211）。欧洲的法学家认为，罪刑法定原则是推翻过去专断裁决的一场伟大胜利（Barrows 1901：8；Hall 1937：165）。[1] 沈家本也如此认为。

然而，1912 年《中华民国暂行新刑律》不仅废除了比附制度，同时也摧毁了其所支撑的整个刑法体系。新的刑法典简洁而精练。以杀人罪为例，《大清律例》"人命"章中的 20 条律文和 152 条例文被压缩成了杀人犯罪的两种主要类型——故意杀人和过失杀人。法院不再像帝制晚期的法律一样考量具体的犯罪情节，而是以犯罪类别为依据来确定罪种和刑罚。结合概念与情境的法律让步于纯粹的概念导向型法律。为了在刑法中找到合适的条款，法官们现在不得不筛掉犯罪的具体情境和犯罪意图的具体层级，转而在定义宽泛的法规中提炼犯罪的一般概念。

---

[1] 他们同样希望阻止法律的追溯适用（Barrows 1901：17，84）。

除了条文更为精简，我们还可以发现清代法律和民国法律之间的另一个彻底变革：罪与刑的分离。在新的刑法当中，犯罪的类别是如此宽泛，为了实现相对公正，每一种犯罪必须要对应一系列的刑罚。只有这样，法院才可以避免出现下述情形：在同一种类型的犯罪中，更严重的犯罪行为（例如在盗窃案件中，盗走一个人的全部积蓄）和相对较轻的犯罪行为（例如只偷走了一块面包）受到了相同的处罚。自此以后，即使罪行已经确定，并不意味着相应的刑罚会自动确定。法院也不再利用具体情节来帮助确定罪名，而将其作为确定合适的刑罚的次要选择。[①]

20世纪初，中国法律对可接受的刑罚方式进行了审查和修订，随着1912年《中华民国暂行新刑律》的颁布，为了适应新的量刑程序，在法律的特定条款中规定刑罚的做法第一次被取代了。在《中华民国暂行新刑律》中，每一个相当普遍的罪行都对应着如下所示一系列可能的刑罚：

1.死刑；

2.无期徒刑；

3.有期徒刑，分为以下五等：

　A.第一等（十到十五年）

　B.第二等（五到十年）

　C.第三等（三到五年）

　D.第四等（一到三年）

[①] 例如，1917年最高法院检察署的案卷表示："至其杀人之原因如何，仅能据为酌量刑罚之标准，与成立犯罪无涉。"（《大理院刑事判决全文汇编》：2744）

E.第五等(两个月到一年);

4.拘役(一日到两个月);

5.罚金(一元以上)。(《中华民国暂行新刑律》[1912]1923:37条)

《中华民国暂行新刑律》仍有意识地保留了中国的"五刑"传统,将刑罚的组织体系分为五类,①但上述刑罚图表也借鉴了外国的法律模式。② 不仅在第三类到第五类刑罚中规定了最高刑和最低刑,而且对每一刑法条款所涉及的罪行也设置了量刑时可供选择的最高和最低的刑罚类别。因此,盗窃罪的刑罚范围是三等至五等有期徒刑,即两个月至五年有期徒刑(《中华民国暂行新刑律》:367条),故意杀人罪的刑罚范围是死刑、无期徒刑和一等有期徒刑,即十年以上有期徒刑至死刑(《中华民国暂行新刑律》:311条)。对于地方法院而言,从前他们不用承担选择具体刑罚的责任,如今有一系列可供选择的刑罚的新设置可能会令他们感到困惑。

如前所述,沈家本曾对清律中的比附制度感到困扰,因为该制度本质上允许法官在法律规定之外为新的犯罪情境另外开辟一个空间。尽管正如沈家本所愿,比附制度在新刑法中被废除,但这并不意味着法官的整体权力被削弱。事实上,情况恰恰相反。此时,

① 根据帝制时期最后一部刑法所言:"按五刑之制始于舜典(舜是传说时代的统治者,统治时间约为公元前2200年)……自隋(581—618年)开皇定新律,始定笞、杖、徒、流、死五种,历唐至今未改。"(《大清新刑律》1911:37条)
② 1912年新刑律草案包括了对欧洲、美洲及日本的各种刑罚模式的讨论。参见《大清新刑律》1911:第7章。

每种法律类别有了更宽泛的定义，其所对应的刑罚范围也如此之宽，这使得法官在独立的定罪和量刑领域都有了很大的自由裁量空间。

基于自由裁量权的减刑条款引入刑法，使得法官所面对的情况更加复杂，也更进一步扩充了法官手中潜在的权力。这些减刑规定同清律中对单丁等特定种类犯罪人的减刑相比有很大差异。①1912 年《中华民国暂行新刑律》第 54 条规定："审按犯人之心术及犯罪之事实，其情轻者，得减本刑一等或二等。"换言之，依据对犯罪情节的主观分析，法官具有在相关法规所设置的最低法定刑之下，对犯罪者再减刑一等或二等的自由裁量权。就故意杀人罪而言，这意味着犯罪人的刑期可能被减至第三等有期徒刑（三到五年）。这条法规实际上将故意杀人罪所对应的可能的刑罚范围大大拓宽了。故意杀人罪的刑罚可以上至死刑，下至区区三年有期徒刑。

沈家本认为，一罪一刑原则的消失，与这些条款密不可分："同一犯罪情节互异，若株守一致，则法律之范围过狭，反致有伤苛刻。"（《大清新刑律》1911：54 条）因此，法律重新引入了根据犯罪情节予以差异化处刑的办法。不过，以沈家本为代表的法律改革者认为，在初始定罪之后再考虑犯罪情节的做法更为可取。这也

---

① 清律中对妇女和单丁的法定减刑在 1912 年《中华民国暂行新刑律》中被剔除，对老幼废疾者的减刑条款则予以保留（《中华民国暂行新刑律》：11 条，50 条）。

恰好与改革者们仔细研究过的现代日本和欧洲的法律模式相一致。①

第54条的规定赋予了法官减刑的权力,但是实践中如何运用这项权力却不甚明了。当《大清律例》中出现有关减刑的法规,也会同样涵盖其所涉及的标准化情节。相反,在1912年《中华民国暂行新刑律》中,酌情减刑的规定不再有明确的标准。虽然在法律当中,有几种特定情形能自动适用减刑,但什么情节值得减刑却没有具体的指导方针。什么是值得减刑的情形取决于司法机关的意见。我们将在下文看到,对于民国法律实践的讨论,正如学部早期的反对者和各省督抚所认为的那样,这种变革将给予法官前所未有的裁量空间(Joseph Cheng 1977:218—219;[美]梅耶尔 1967:95)。

减刑的自由裁量权被1912年《中华民国暂行新刑律》中有关减刑的另一条款推上了一个新台阶。该条款为:"有二种以上应减者,得累减之。"(《中华民国暂行新刑律》:61条)根据这一法规,法官可以行使自由裁量权减刑一等或二等,然后再援引其他规定予以进一步减刑。法官可以用来进一步减刑的法规有三条,分别是"不知法令"条款(《中华民国暂行新刑律》:13条)、"犯罪自首"条

---

① 提出死罪会在秋审中予以标准化减刑的问题之后,沈家本继续旗帜鲜明地支持利用潜在的自由裁量权来酌情减少死刑。沈家本认为,由于秋审这一死刑复核程序存在,清代每年实际执行的死刑数量不超过总数的百分之十。因此,允许死刑在一审,也就是民国时期地方法院的审判中减为监禁刑,是符合清代司法体系的实际情况的([美]梅耶尔 1967:67;黄源盛 2002:12—13)。然而,无论审判过程的实际情况如何,在地方司法机关对罪与刑进行最初评估之后甚至是省级司法机关进行复核之后,刑罚就会减轻。

款(《中华民国暂行新刑律》:51 条) 和"正当防卫"条款(《中华民国暂行新刑律》:15 条) 。

"不知法令"条款对浸润着外国法哲学的新法律是十分有用的。随着 1912 年《中华民国暂行新刑律》的颁布,新法在文本层面不断取代旧法,例如在清代,未婚女性与他人自愿发生性行为(无夫奸)被视为犯罪,应处以杖八十的刑罚,而在民国法律中则无此规定(《读例存疑》:366.00 条;[美]苏成捷[Sommer] 2000:273, 325;[美]贺萧[Hershatter] 1997:187) 。① 与此相反,清代的父母和祖父母杀害辱骂他们的不肖子孙无须承担法律责任(《读例存疑》:319 条) ,而 1912 年《中华民国暂行新刑律》则对这种行为以普通杀人罪论处。可以预见,对新法律不甚了解的人们很可能因为自己的"不知法令"而锒铛入狱。

不过要指出的是,实施犯罪行为的人因其故意或过失而被处罚,这一点不因"不知法令"条款而改变。"不知法令"条款进一步规定:"不知法令不得谓非故意,但因其情节得减一等或二等"(《中华民国暂行新刑律》:13 条) 。因此,如果有人因为不知新法或不知旧法已被取代,在"不知法令"的状态下实施了某种被认为是犯罪的行为,那么他可以获得减刑一等或二等。这一条款的引入为"吴寡妇案"之类的案件提供了方便之门。如果行为人实施了某种犯罪行为,但该行为在清律中不被视为犯罪,那么他就可以通过这条途径争取部分减刑,富有同情心的法官也可根据这一途径主动

① 1914 年对 1912 年《中华民国暂行新刑律》的修正案确实又将一些和奸行为犯罪化,但只针对良家妇女的和奸行为。1928 年刑法颁布后,这些行为再次非罪化。参见[美]陈美凤(2009:195—197) 对这些问题的详细讨论。

予以减刑。

自首条款是获得部分减刑的另一种途径。犯罪自首的法律规定在清代就已存在(《读例存疑》:25.00 条)。根据《大清律例》的相关条款,"犯罪未发而自首者,免其罪"(《读例存疑》:25.00 条第 1 款),"其知人欲告及叛逃而自首者,减罪二等"(《读例存疑》:25.00条第 2 款)。然而,《大清律例》还规定,杀人犯罪不适用于自首减刑条款(《读例存疑》:25.00 条第 3 款)。在 1912 年《中华民国暂行新刑律》中,犯罪自首的规定如下:"犯罪未发觉而自首于官受审判者,得减本刑一等。"(《中华民国暂行新刑律》1923:51 条)这一条款与清律的不同在于:其一,它仅限于犯罪未发觉前自首。如果罪行马上就要被揭露才认罪,不能获得减刑;其二,它没有限制使用范围。与清代不同,该条款可以适用于所有犯罪(Rickett 171:801);其三,在《大清律例》中,一些自首者可以免罪,而 1912 年《中华民国暂行新刑律》只允许减刑一等(Rickett 1971:801—802)。[1]

考虑到自首条款可以作为减刑情节(《中华民国暂行新刑律》:54 条),那么根据这一民国早期的法律,标准故意杀人罪的刑罚还可能再次减轻。在自首的情况下,如果刑罚已被减为第三等有期徒刑,就可以再进一步减至第四等有期徒刑。如果法官又在其中选择了最低法定刑,那么犯罪人可能仅仅被判处有期徒刑一年。

与自首法规一样,1912 年《中华民国暂行新刑律》中关于正当防卫的条款也与传统没有很大的割裂。不过在《大清律例》中没有正当防卫的明确条款,实际上也不需要这样的特定条款,因为正当

---

[1] 对清代、民国时期和中国 1949 年以后自首法律的更多详细探讨,参见 Rickett 1971,尤其是蒋正阳 2014。

防卫的所有情形都已列入相关类别的具体条款之中。例如,"凡夜无故入人家内者,主家登时杀死者,勿论"(《读例存疑》:277.00条)。或者,一名十六岁以下的男孩杀死了企图鸡奸他的年长男子,这名男孩也不用负法律责任(《读例存疑》:285.33条)。[1]

这里之所以有必要讨论 1912 年《中华民国暂行新刑律》中的正当防卫条款,既是因为这部法律第一次将正当防卫作为法律的一般原则,也是因为正当防卫的法律辩护是另一项可以为被告赢得缓刑或完全免除指控的条款。1912 年《中华民国暂行新刑律》中的正当防卫条款规定表述如下:"对现在不正之侵害而出于防卫自己或他人权利之行为,不为罪;但逾防卫行为过当者,得减本刑一等至三等。"(《中华民国暂行新刑律》:15 条)那么,因为自卫而杀人,如果其杀人行为被视作正当,则该行为不为罪,将不会受到处罚。不过,如果杀死对方被视为本来能够避免的行为,那么对杀人者的处罚将从最初的死刑减至第一等有期徒刑,再减至第四等有期徒刑,即一至三年有期徒刑的处罚。

法规繁多的旧刑法被终止了,取而代之的是一个基于原则的精简的犯罪体系,并伴以日益增多的自由裁量权。法官们首次面临着定罪和量刑的分离。为了做出弥补,有必要在法律中给每项罪行都配置一系列刑罚,并根据每个案件的具体情节来量刑。[2] 然而,正如我们下面将看到的,这些以现代化的名义发起的变革,同时为法官们提供了在民国法律之下重构清代司法精神的必要途

---

① 参见[美]苏成捷(2000:135—138,330—331)对完全免除处罚通常还要满足的其他标准的论述。
② 正如梅耶尔(1967:74)所指出的,这些因素曾被认为是"犯罪构成要件"。

径。梅耶尔在其主要作品《中国现代刑法导论》中指出，发端于1912 年的刑法变革给予了中国更加客观的刑法典和法律体系，"道德化的法律"不再是法院的权限范围([美]梅耶尔 1967:71)。如下文所见，在许多方面，事实恰恰与此背道而驰。① 尽管是通过非常不同的机制，帝制晚期法律的"实质"特性在民国时期的法庭上得到重申，即使它并没有被写进民国时期的刑法文本当中。

《中华民国刑法》:1928 年,1935 年

从沈家本提交第一部刑律草案开始，到其最终被 1928 年颁布的《中华民国刑法》(以下简称 1928 年刑法)所取代，对1912 年《中华民国暂行新刑律》的批评之声不绝于耳。1914 年，法律编查会成立，董康任会长，章宗祥、汪有龄任副会长，日本法律专家冈田朝太郎博士(Dr. Okada Asataro)也参与其中(《中华民国史法律志》:486)。② 1915 年，他们呈递了第一部《修正刑法草案》。1918 年，政

① 法院当然也有不使用这些自由裁量法规的权利(Rickett 1971:801)。例如，在1914 年的一起案件中，大理院维持了四川高等审判厅在量刑时不援引自首条款的决定。在该案件中，曹乃猷因杀害了他的兄弟并在其死后盗窃财物而被定罪(《大理院刑事判决全文汇编》:2660)。尽管曹乃猷已经向当局自首，审判厅并没有选择符合条件的减刑:"第五十一条系酌减之规定……审判官有裁量之自由，不得以原审未予减等谓为违法。"林郁沁(2007:117—119)，Rickett 也引用过该条款，并列举了更多此类例证。

② 董康(1867—1947)于1914 年到1922 年担任大理院院长;章宗祥(1879—1962)毕业于东京帝国大学，于1912 年担任大理院院长;王有龄(生于 1879 年)毕业于日本法政大学，晚清时任教于京师法律学堂，1912 年任法律编查会副会长(黄源盛2000:42—56)。冈田朝太郎(生于 1872 年)，东京帝国大学刑法学教授，曾在欧洲学习法律([美]梅耶尔 1967:64)。

府重设修订法律馆,由董康和王宠惠任总裁(《中华民国史法律志》:487)。① 与1914年的法律编查会一样,修订法律馆的使命也是矫正新法中的问题。同年,他们制定了《刑法第二次修正案》,1919年又制定了《改订刑法第二次修正案》。虽然这些草案从未被颁布,但它们彰显了新法的主要争议点所在,并为1928年刑法提供了蓝图。1928年9月1日,《中华民国刑法》生效,它是自1912年《中华民国暂行新刑律》颁布以来的第一部新刑法,直到1935年6月1日被修订后的版本所取代。而修订版在中国大陆一直沿用到1949年(朱勇1999:537—539)。②

通常认为,1912年《中华民国暂行新刑律》的主要缺陷在于第10条,这一条款废除了比附制度,被认为具有里程碑意义。正如一位在法律颁布之前审阅过草案的批评家沈林一③所指出的那样:"遽以律无正条不得为罪,必生犯人趋避之心,开法官出入之律"(《修正刑律条议》[晚清]:10条)。这位批评家实际上表达了两个互补的担忧。第一个也是最重要的一个担忧,是随着1912年《中华民国暂行新刑律》的颁布,法官们突然要面对数量有限的一般性法律规范,其所伴随的事实情境却令人烦恼地模糊不清。第二个担忧,是类比规则的剔除更加剧了上述问题。旧的法律体系拥有多样化的具体规范,并辅之以类推的办法,这保证了所有罪行都将

---

① 王宠惠(1881—1958),于耶鲁大学获得法学博士学位,在大理院(1920年)和司法院(1928年)都担任过院长(黄源盛2000:40)。

② 由于1935年刑法与1928年刑法在此章所论述的部分上没有重大差异,所以此处主要讨论1928年刑法。

③ 沈林一于1907年到1911年在宪政编查馆任总务处会办。参见Breard出版日期不明。张之洞也提出了类似的批评,参见Joseph Cheng 1976:164。

受到惩罚。而在新的法律体系下,如果法官们仍然习惯于旧体系,就将找不到能够适用于当前案情的法律条款;如果法官不能充分提炼出犯罪的本质,并将其与某一特定法规相匹配,以及如果法官没有将其与他们认为最为相近的事物进行类比的备选方案,这个案件就有可能被整个驳回。

对《中华民国暂行新刑律》的抱怨不仅来自法律改革者,也来自法官自己。例如在 1915 年湖南省高等法院向大理院提交的一起有关财产和生命犯罪的案件中,法官们就对如何裁断表达了困惑:"究应援何律处断,是否无罪,未经明指。"(《大理院解释例全文》:340)在此案当中,案件的情况似乎与任何成文的法律都不契合,湖南省高等法院也不知道如何是好。作为回应,大理院在做出裁决建议的同时还写道:

> 惟社会之事实无穷,律文之规定有限,官厅审理各种事件,往往因特异之事实为法律条文所束缚,因发生疑义而不能释然者,既未敢任意比附,又不能妄为臆断,办理殊形困难。

对于湖南省高等法院法官所面临的问题,大理院并未提出有效的解决方法,只能对此给予宽慰,并建议他们勤于运用法律。尽管有上述担忧,1912 年《中华民国暂行新刑律》中精简的、一般化的法律规范和第 10 条的内容仍然保存了下来,后者实际上还成为 1928 年刑法第 1 条的一部分。

然而,对这些问题的困惑消散得很慢。部分是因为时人强调民国与清代法律体系的急剧断裂,部分是因为新的法院体系的现实情况。由于有资质的法官在新的法院系统刚建立起来的那几年还很匮乏，因此法官们所受到的训练实际上千差万别。例如，有些人在国内外的高等院校接受了三年的专业培训，获得了从事法律职业的资质；而另一些人只凭考试及其工作背景就获得了法官资格（Yao—tseng Chang 1926：175；[美]徐小群 2001：118）。准入门槛如此之低，部分民国早期法官时常对法律问题感到困惑也就不足为奇了。而且，不仅仅是司法官员的经验水平和受法律教育的程度非常有限，民国法院系统的分布范围也十分有限。直至 1926年，中国只有 66 个"现代"的地方法院及这些法院的 23 个分支机构。相比之下，1800 个地区仍在沿用地方行政长官兼理司法的清代模式（《中国治外法权的报告》1926：55；徐小群 1997：18）。1929年，来自江苏省金山县的这样一位地方行政长官向司法院请示：如果一个人教唆杀人，但没有实际参与到行动的谋划当中，其行为是否构成犯罪（《司法院解释例全文》：186）。此案中的行政长官注意到，没有明确的法律条款涵盖这种案情，因此该案"似应不予论罪"。① 尽管司法院找到了一条适用的法规，但金山县县长所遭遇的是一个频繁发生的问题。官员们可能已经在适用新法，但在日常工作中，他们仍然沉浸于清代式的程序环境。司法官员们习惯了一条法规对应一个犯罪的法律体系，这使他们很难适应不断推断犯罪的一般类别，再寻找适合的法规的新体系。

将犯罪情节与合适的刑法规范相配适的困扰，并不是争议的

---

① 此处的行政长官特别提到了新法律缺乏类似《大清律例》"不应得为"的兜底性条款（《读例存疑》：386.00 条）。根据清律，"不应得为"条款允许对该行为做出笞四十或杖八十的处罚。

唯一焦点。1912年《中华民国暂行新刑律》的刑罚条款也受到了诸多批评,这主要体现在两个方面:首先,批评意见认为,新刑律为每一种犯罪都设置了一系列的刑罚,而不像旧的法律体系那样,一种犯罪对应一种刑罚。甚至早在《中华民国暂行新刑律》颁布前,江苏巡抚就抱怨过:"如果司法官员缺乏能力,加上对法律不够精通,那么他就会更多地根据自己的主观倾向来断案,这无疑会导致刑罚的不公。"([美]梅耶尔1967:95)在1912年《中华民国暂行新刑律》生效以后,评论者进一步指出:"甲省所办之案,与乙省显分轻重。"(《修正刑法草案》:导言)即使考虑到司法经验的欠缺和新司法系统的有限范围,这些批评的主要焦点在于,由于一种犯罪所对应的量刑范围如此宽广,导致无法在不同的地区之间和法官之间实现一致性。我们再一次关注到,司法专断的潜在倾向出现在了一个旨在避免这种做法的法律体系当中。

其二个主要的批评意见在于民国法律对于刑罚适用的层级规定过于宽松。1918年《刑法第二次修正案》的编纂者指出,如果实践中有必要加重刑罚,新的刑罚条款允许从一个层级增加至下一个更高的层级,这很可能导致刑罚不公平的剧增:"二等有期徒刑加一等则高度加半、低度加倍……一等有期徒刑加一等变为无期徒刑,相差更远。若只欲加重数年,使不至于无期,则无法处之。"(《刑法第二次修正案》:41条)①发现这一情形站不住脚之后,1928年刑法的编纂者删除了刑等,取而代之的是对每一种犯罪都设定了一个特定的刑罚范围(《刑法第二次修正案》:49条)。因此,对

---

① 清律对刑罚的增减采用了不同的模式,参见附录2。

于故意杀人罪来说，法律所设置的刑罚为十年以上有期徒刑至死刑，而非原来的一等有期徒刑（即十到十五年有期徒刑）到死刑（《刑法第二次修正案》：282 条）。

立法者认为，这不仅能解决量刑实践中的不公正问题，同时也能使混乱的刑罚体系变得清晰："目分则单行法各条，徒刑明定年月，则一目了然，无俟检查等级表即知刑期之短长，较为便利。"（《刑法第二次修正案》：41 条）尽管法律中的每一条款仍然对应着一系列的刑罚，尽管让法官去检查刑法中列明的刑罚表并不会给法官带来过度的负担，但上述引文至少表明了立法者希望回到一个特定法条对应一种特定刑罚的清代模式的企图。对于法官而言，真正的负担是对刑罚的判定，以及刑罚与罪名的分离。

尽管有种种抱怨，但在履行新的量刑职责时，法院似乎并没有遇到什么阻碍。事实上，在法官眼中，量刑不仅仅是一种责任，更是一种权力。早在 1912 年，大理院就在其最早的裁决中表明："审判官于法定范围内有自由裁量之权，科刑既不越乎范围。"（黄源盛 2000：340）在 1915 年来自湖南省的一起案件中，这种裁决得到了支持。该案中，一位丧偶的孕妇被她丈夫的兄弟残忍杀害，以阻止其生下继承人（《大理院解释例全文》：340）。这名女性死后，她腹中的孩子自然也一同丧命。考虑到案件情节的严重性，地方审判厅对犯罪人判处了严厉的刑罚。大理院支持了这一判决，并提示湖南省高等审判厅，在情节严重的案件中（本案显然符合这一要求），法官有权判处最高法定刑——死刑。与之类似，在 1919 年发生于察哈尔的一起案件中，一个男子强奸一名年轻的女孩未遂。女孩逃脱之后，将事情告诉她的父亲（《大理院解释例全文》：1082）。听到这个消息,愤怒的父亲找到那个男子对质,后者承认了罪行,又转而杀死了这位父亲。基层审判厅建议依据标准的杀人法规对犯罪人予以定罪,并以强奸未遂作为量刑的考量因素。

在比附制度和刑罚制度的法律变革遭到猛烈抨击的同时,与之相伴随的酌情减刑的规定却得到了 20 世纪初的法律修订者及 1928 年刑法编纂者的赞同,因为这可以更好地展现每个案件的独特性。因此,1918 年《刑法第二次修正案》的评注指出:"奸所杀死奸夫与图财害命,依法律条文其为杀人……故凡行为虽属犯罪,而情节确有可原者,裁判上则有酌减之例。"(《刑法第二次修正案》:第 10 章导言)酌情减刑的规定使得对涉及盗窃的杀人罪的处刑比带有正当防卫性质的杀人或值得同情的杀人罪的刑罚更重。后两种情形我们将在下文讨论。[1]

1915 年《修正刑法草案》建议,可以将酌情减刑条款的适用范围进一步扩大到引入酌情加刑法规上。[2] 而 1918 年《刑法第二次修正案》的拟定者则从不同的角度进行了考虑,他们没有选择引入一个一般性的条款来允许增加刑罚。此外,他们认为,1915 年的全部提议过于模糊,这恰好体现了 1912 年《中华民国暂行新刑律》中的一个主要缺陷:不明确。虽然立法者并不想完全回到清代的法律模式,但是他们仍然希望纠正司法裁判中缺乏具体指导方针的问题。他们认为,为法官们提供评估刑罚等级的指导标准是非常

---

[1] 关于 19 世纪 30 年代司法与公众同情的力量分析,参见[美]林郁沁 2007。

[2] 该建议条款如下:"审按犯人之心术、犯罪之损害及其他情节,得加重或减轻本刑一等或二等。"(《修正刑法草案》:55 条)这一改变被认为是为法官找到合适的判决提供必要的"余地"(《修正刑法草案》:55 条)。

必要的(《刑法第二次修正案》:62 条)。① 这最终促成了 1928 年刑法第 76 条的诞生,该条款效仿了瑞士和德国的立法模式:

> 科刑时,应审酌一切情形,为法定刑内科刑重轻之标准。并应分别情形,注意左列事项:
>
> 1.犯罪之原因;
>
> 2.犯罪之目的;
>
> 3.犯罪时所受之激刺;
>
> 4.犯人之心术;
>
> 5.犯人与被害人平日之关系;
>
> 6.犯人之品行;
>
> 7.犯人智识之程度;
>
> 8.犯罪之结果;
>
> 9.犯罪后之态度。(《中华民国刑法》1928:第 76 条)②

与清律相比,民国刑法中的这些"标准"仍然是高度概括性的,因此在实践中依然缺乏指导意义。它们显然与清律的特定化程度无法相提并论。此外,如果法官在上述列表中没有发现符合需要的一般性标准,刑法还提供了一条普遍适用的减刑法规:"犯罪之情状可悯恕者,得酌减本刑。"(《中华民国刑法》1928:77 条)但究

---

① 相似的争议也出现在 1919 年刑法草案中(《改定刑法第二次修正案》[1919]1973:2—3)。

② 1918 年草案建议再增加一条根据"犯人生活之状况"来评估刑罚的条款(《刑法第二次修正案》:62 条)。这一条款未被 1928 年颁布的刑法的最终版本所采纳。

竟什么情况是值得悯恕的,又只能留待每个司法机构去自由裁量了。

《刑法第二次修正案》对第 76 条的评注通过举例说明每一条款可能适用的情境,使人们了解其预期用途。例如,关于犯罪人与被害人平时之关系的例子(第 5 款),应当包括涉案双方是否为亲属关系、是否为主仆关系,或他们之间是否存在年龄差异(《刑法第二次修正案》:62 条)。这一条款将根据犯罪人和受害人之间的关系而予以差别化处刑的规范合法化了,而这原本是在清末法律改革中被很大程度上废除掉的帝制晚期的法律元素。此外,考虑犯罪时所受之"激刺"条款(第 3 款),将会再次强化法律对基于性别和长幼尊卑的道德秩序的保护。①

在 1912 年《中华民国暂行新刑律》中,"酌情减刑"条款并不是唯一被引入的允许减刑的条款,也不是唯一在后继版本的刑法中经历了修改的条款。1928 年刑法中的犯罪自首规定(38 条)就是从 1912 年《中华民国暂行新刑律》的有关规定中改编而来的。新版本的法律条款遵循了将减刑方式从减一等变为减三分之一的提议:"对于未发觉之罪,自首于官受裁判者,得减所首罪之刑三分之一。"(《刑法第二次修正案》:31 条)这一变化可能只是为了适应法律中有期徒刑刑等的废除。1935 年刑法(62 条)则引入了更加实

---

① 梅耶尔(1967:114—117,125)认为,沈家本意图在成文法之外,于刑事司法体系中维系儒家秩序的存在。梅耶尔指出,为了回应晚清对新刑法中的新刑罚分配体系的批评,沈家本宣布,他计划编辑一部包含量刑指导方针的手册,名为《判决录》,这将有助于维系儒家秩序。1911 年,国会下令尽快将这些指导方针写下来。然而,直到 1920 年 10 月,国民政府才颁布《科刑标准条例》,对众多犯罪指定了准确的刑罚(Yung 1925:128)。

质性的变化：它规定犯罪自首允许减轻刑罚，但没有提供减刑的具体数额。最重要的是，它对减刑没有限制，这为完全免除刑罚打开了大门，决定权则握在法官手中。

1928 年刑法中的"不知法令"条款（28 条）也遵循着与此相同的模式：首先，刑罚的减等变为固定期限的减刑（一半），这与 1918 年刑法草案的建议相符。其次，1935 年刑法中，取消了固定减刑的规定，并以简单直白的"按情节得减轻其刑"取而代之（《中华民国刑法》1935:16 条）。对于自首案件应该如何处理，则没有具体指导方针来说明何谓应当减刑的情节。1935 年刑法对于该规定又增加了一则条款，注明"如自信其行为为法律所许可而有正当理由者，得免除其刑"（《中华民国刑法》双语版 1960:16 条）。如果被告人能充分证明其不知法律，那么他将免于刑罚。例如在吴寡妇这样的案件中，父母杀死忤逆的子女属于按照清律不会受到处罚的行为，而在民国的法律体系下则可援引"不知法令"条款获得大体相当的判决结果。

有关正当防卫条款的情况则要复杂一些。在 1912 年《中华民国暂行新刑律》中，因自卫而使用致命暴力以及致使对方死亡的情形如果被法庭认为是"必要"的，则不被认为是犯罪（《中华民国暂行新刑律》1923:15 条）。但如果因自卫而使用致命暴力以及致使对方死亡的情形被法庭认为是"不必要"的（即不那么激烈的自卫行为也可以解决危机），则构成杀人罪。不过，这种情况允许减轻刑罚（《中华民国暂行新刑律》:15 条）。而 1928 年刑法对这些可能构成犯罪的自卫者更加宽宏大量：即使使用致命暴力被认为"救护行为过当"，法律依然不仅允许减刑，还允许完全免除刑罚（《中华民国刑法》1928:37 条)。① 这一变化似乎与 1928 年刑法中的另一种变化如影随形:遵循着 1918 年《刑法第二次修正案》的建议,1928 年刑法在杀人罪章节引入了对正当防卫概念进行补充说明的法规——一则涵盖"出于义愤"杀人的条款(《刑法第二次修正案》:283 条;《中华民国刑法》1928:286 条)。1912 年《中华民国暂行新刑律》和此后法律版本中的正当防卫条款保护受害人免受身体上的危害,而义愤杀人法规则允许对来自道德上的危害进行防卫。该条款内容如下:"当场激于义愤而杀人者,处一年以上七年以下有期徒刑。"(《中华民国刑法》1928:286 条)

1918 年《刑法第二次修正案》的评注中特别指出,"出于义愤"的情节包括"自己或亲属受莫大之污辱,或妻子与人奸通等"(《刑法第二次修正案》:283 条)。② 在清代法律中,侮辱他人的亲属、实施通奸等违反道德的行为被认定为犯罪;在某些特定情形下,杀了犯下此类罪行的人甚至不构成犯罪。即便民国法律引入了"出于义愤"条款,杀死有违道德的人依然被认为是犯罪。但是通过尽量减刑的举措,民国法律已经非常接近允许合法使用暴力来捍卫道德秩序的清代法律。

① 这样的举动实际上超越了清律的范围,因为清代法律确实包含对防卫过当的处罚(参见《大清律例》:277.00 条,323.00 条,388.00 条)。1915 年《修正刑法草案》曾建议修改正当防卫条款以限制减刑——如果防卫过当,应在原刑罚的基础上减刑一等或二等,而不是 1912 年《中华民国暂行新刑律》所允许的三等(《修正刑法草案》:15 条)。但此后法律条款中关于正当防卫的范围反而扩大了。
② 无论是法条还是评注的文字表述,都与 1871 年德国刑法典第 213 条的措辞几乎一致(《德意志帝国刑法典》1917:213 条)。包含类似的条款还有 1810 年《法国刑法典》第 321 条、第 326 条,1899 年《意大利刑法典》第 51 条,以及 1867 年《比利时刑法典》第 411 条(Barrows 1901:26,27,128)。

民国的法律实践

到目前为止,本章的讨论很大程度上局限于法律文本和法典精神的变化。虽然法律改革家的评注为我们了解法律的意图提供了十分有用的洞见,但通过对法院适用该法律的详细考察,我们可以对民国法律的变化和延续有更多的了解。在 20 世纪初至 40 年代之间,地方法院、高等法院和最高法院在千变万化的法律中,巧妙操控着刑事案件定罪与量刑的过程。在某些情况下,法院能够做出与清代大致相符的判决。① 虽然法院的确遵循了新的、现代的民国法律文本,但其所产生的判决却浸润着清代正义理念的意味。

以 1936 年发生在四川合州的夏金廷案为例。夏金廷是一名佃农,他因杀害一名小偷而受审,该案件在第二章中有更详细的讨论(四川高等法院:46454)。在第二章中,我们的注意力集中于对犯罪意图本质的讨论上,即究竟是伤害的意图还是杀人的意图。而此处我们将集中讨论法院在量刑时所做的选择。夏金廷在抓住了一个意图盗窃其财物的人,并牵涉进将那个人殴打致死的案件。尽管他们试图掩饰罪行,但还是很快引起了当局的注意。毫无疑问,夏金廷在杀害受害人的行动中是主犯。在地方法院的审判中,他被判处故意杀人罪,面临着十年有期徒刑乃至无期徒刑的处罚(《中华民国刑法》1935:271 条)。在四川高等法院,这一判决被改为伤害至死罪,配套刑罚为七年有期徒刑至无期徒刑(《中华民国

---

① 对于清代和民国时期民事审判实践的讨论,参见[美]黄宗智 2001。

刑法》1935：277 条）。地方法院和高等法院都找到了将夏金廷的刑期减至法定最低刑的一半的方法。地方法院认为，由于杀人动机是受害人想要窃取水桶，因此可以援引"犯罪之情状可悯恕"这一减刑条款（《中华民国刑法》1935：59 条），将其刑罚减至五年有期徒刑。四川省高等法院也紧随其后，将最初的七年有期徒刑减至三年零六个月。

如果这一犯罪发生在清朝，则有一则条款与此案非常契合。《大清律例》第 277.01 条规定："若贼犯偷……白日入人家内院内偷窃……邻佑人直前追捕，登时仓促殴毙者，杖一百、徒三年。"（［美］梅耶尔 1990：243）。在本案当中，对夏金廷的减刑使得他所受到的刑罚几乎与清代的官方判决完全一致，杖一百的肉体体罚实际上被折合成了有期徒刑六个月。

通奸和违反道德的犯罪

民国时期的法律与清代社会规范十分接近的最明显情形发生在涉及通奸的杀人案件中，特别是涉及妻子一方卷入婚外情的案件。这样的行为在过去被视为违反道德的犯罪，是对父系社会秩序的挑战。在 1912 年以前，如果丈夫撞见妻子和奸夫通奸，立即当场杀死二人是为法律所允许的（［美］梅耶尔 1991：39—47，68—71；Yeung 1997：126—129；《读例存疑》：285.00 条）。在这种情形下，只杀死奸夫而没有杀死妻子也是法律所认可的（［美］梅耶尔

1991:70;Yeung 1997:138;《读例存疑》:285.00 条,285.02 条)。①
即使丈夫只杀死了不贞的妻子,其刑罚也仅为杖八十([美]梅耶尔
1991:50;《读例存疑》:285.01 条)。而在 1912 年《中华民国暂行新
刑律》中,这种行为完全是违法的。不过,它们被描绘为非法,并不
意味着犯下此类罪行的人必须接受惩罚。正如下面一系列案件所
要说明的那样,民国法律在实践中可以运用大量允许自由裁量的
减刑法规,并以此来再现清代的判决。

在 1913 年的甘肃省,一名丈夫撞见其妻子与奸夫同床,当即杀
死了他们(《大理院解释例全文》:49)。大理院裁定,如果通奸的双
方被抓了现行(*flagrante delicto*),则丈夫可以适用正当防卫条款(《中
华民国暂行新刑律》:15 条),因为通奸行为对丈夫造成了伤害。
但是,如果通奸行为在丈夫发现时已经结束,司法机关则更倾向于
适用标准杀人条款(《中华民国暂行新刑律》:311 条)。不过法院
还是认为:"但均得斟酌情形,依第 54 条(酌情减刑)或第 13 条第 2
项(所犯重于犯人所知或相等者,从其所知)减轻。"(法律部分摘自
《中华民国暂行新刑律》[1912]1915:4)第一种选择意味着丈夫可
以用致命暴力来对通奸这种侵害进行自我防卫,1907 年法部就公
开支持这一法律解释,当时《中华民国暂行新刑律》还处于起草阶
段([美]梅耶尔 1967:87)。第二种选择则意味着丈夫很可能并没
有意识到他的行为违反了新法。无论择取哪种选项,丈夫所受到
的实际刑罚将微乎其微。事实上,如果根据正当防卫条款进行判
决(《中华民国暂行新刑律》:15 条),丈夫的行为甚至不构成犯罪。

---

① 然而,根据清代例文所述,在这种情形下,丈夫必须卖掉妻子。这则例文是为了防
止一对夫妻为了除掉敌人而假意设下通奸的陷阱。参见 Yeung 1997:138—146。

　　1916 年浙江省浦江县发生了一起案件,奸夫首先采取了行动:由于其情人的婆婆成为他们婚外情的阻碍,因此奸夫逼迫本夫之母自杀身亡(《大理院解释例全文》:529)。这名被戴了绿帽子的丈夫悲痛欲绝,他在其妻子与奸夫下一次幽会结束的时候杀死了二人。杀人之后,丈夫前往警察局自首。大理院反对此案适用正当防卫条款,因为杀人行为并不是在他发现奸情后立即发生的。这一批评意见仍在坚持清代的法律标准。在清代,如果杀死奸夫和妻子的丈夫想要被判无罪,就必须要同时满足两个条件:第一,杀人行为发生在奸时;第二,杀人行为发生在奸所。如果杀人行为发生在其他场所,或者杀人行为在通奸结束后才实施,丈夫就将受到处罚([美]梅耶尔 1991:44—45;《读例存疑》:285.01 条,285.02 条)。这样的规定为防止人们因过往奸情怀恨杀人或通奸后义愤杀人提供了保障([美]梅耶尔 1991:41)。这起 1916 年的案件并不符合清代的标准,因此大理院认为,这名丈夫应当依据标准杀人法规(《中华民国暂行新刑律》:311 条)进行裁断。不过,大理院还根据"犯罪自首"条款(《中华民国暂行新刑律》:51 条)和"减轻情节"条款(《中华民国暂行新刑律》:54 条)对其予以减刑处理。

　　1919 年,广西昌平也发生了一起通奸案,后来被提交到大理院(《大理院解释例全文》:1124)。某天晚上,一名男子乙用一个借口使他的朋友甲离开了家。利用甲外出的这段时间,乙和甲的妻子丙幽会,原来乙丙二人早有私情。然而,甲比他们所预想的更早返回家中,当场捉住了赤身裸体躺在床上的二人。房间里还有一把刀,这是乙带来的。根据案卷记载:"甲愤极,立即入室,抽刀砍乙左肋一下。丙惊醒,均急起各以一手夺刀未得。丙急向外奔。甲续砍乙中背脊一下，转身追及丙于卧室外……"乙在甲和丙后面一瘸一拐地离开房间，甲又在外面继续攻击二人。最后，甲将乙和丙都杀了，并把他们的头割下，然后向有关机关投案自首。

下级审判机关针对此案提出了两种有关的思路，其中一种是依据上述 1916 年浙江省案件中所适用的法律，对甲予以减刑。第一种意见注意到乙和丙已经"裸体合抱睡着"，显然已经完成了通奸行为。此外，案件中甲用的刀是乙带到案发现场来的。因此对于甲杀害乙的行为，应当适用正当防卫条款，因为他"实无他法可排除行奸不正当之侵害"。他的这一行为事出有因，"不为罪"。至于甲杀死自己妻子的行为，则应依据标准杀人法规（《中华民国暂行新刑律》:311 条）论处，但由于其有自首情节，故可依据自首条款（《中华民国暂行新刑律》:51 条）减轻处罚。而且，甲事先并不知道附近会有把刀，他抓过刀并使用它完全是发生在极端情况下。司法机关认为整个案件"情尤属大有可原"，因此，依据这众多的减刑情节（《中华民国暂行新刑律》:54 条），甲可以再次获得减刑。

下级司法机关提出的第二种思路认为甲的行为是过当的，其批评意见与前述案件的理路相一致。司法机关注意到，这对情人并不是在真正的通奸之时被捉住并被杀害，而是在通奸之后——毕竟那时他们已经睡着了。此外，杀人行为并没有发生在奸所，而是发生在房间外面。因此，司法机关认为，甲因为防卫过当而应入罪。这两种选择，一种以标准杀人罪对甲进行论处，另一种则利用了第一种思路中也提到过的正当防卫条款，只是将其同时适用于杀害妻子和杀害奸夫当中。然而，此案中的杀人行为超过了防卫的适当界限，犯罪人最多只能在杀人罪的基础上减刑三等。根据这一解释,这名丈夫不能被无罪释放,但是他可以被判处低至一年有期徒刑的刑罚。①

　　最终,大理院认为下级审判厅的第一种整体性思路更为合理。对于甲杀死妻子和奸夫的犯罪,应当根据标准杀人罪(《中华民国暂行新刑律》:311 条)进行论处。不过,在进一步调查之前,有几个方面可能有资格获得减刑。第一,甲向当局自首(《中华民国暂行新刑律》:51 条);第二,减刑情节(《中华民国暂行新刑律》:54 条)。此外,大理院还建议适用一项被下级审判厅忽略的法律条款。大理院注意到,如果甲实施犯罪是由于他不知法令,那么便可对其适用"不知法令"条款(《中华民国暂行新刑律》:13 条)。累加起来,这些减刑可以极大地减轻这名丈夫的刑罚,几乎接近于免除处罚。② 为了与将杀害奸夫和妻子的行为认定为违法的民国法律文本相一致,大理院建议将丈夫甲定为杀人罪。然而,在定杀人罪的同时,大理院所建议的行动路线仍可使其获得实质上的无罪判决。我们发现,1912 年《中华民国暂行新刑律》中的大量减刑条款使司法机关得以强化清代的社会规范,在本案中,司法机关相信丈夫的行为乃是出于自卫,即使不是为了他自己,至少也是为了他的父系家族。

　　甚至直到 1931 年,"不知法令"条款仍被基层法院在杀死奸夫案中当作减刑的正当理由而加以援引。在 1931 年陕西省的一起案

---

① 按照清朝法律,这名丈夫的行为也不会不受惩罚。因为杀人行为发生在奸所之外,而且很可能是在通奸行为已经发生之后。根据具体情节,其刑罚可能是杖八十,或杖一百、徒三年(《读例存疑》:285.01 条,285.02 条)。

② 大理院指出,如果丈夫在奸所杀死奸夫,这就属于正当防卫案件,如上文详述的甘肃省案件一样,甲将免于刑罚。这一解释也符合清朝的法律规范。

件中，一名丈夫在将其妻子和奸夫捉奸在床后，将两人一并杀死（《司法院解释例全文》:626）。下级法院注意到，根据清律，该杀人行为不被认为是犯罪。法院认为这名丈夫很可能误信清代旧规如今依然有效，并不知晓当今刑法已将此种行为犯罪化。因此，对其应当依据"不知法令"条款（《中华民国刑法》1928:28 条）予以减刑。司法院的意见与此相左，他们认为即便杀死通奸者在清代不被认为是犯罪，但也需要满足特定的条件，即杀人行为须发生在奸所和奸时。而在本案中，这对情人只是"同床吸烟"，"不知法令"条款并不适用。但是，他可以根据"犯罪情状可悯恕"条款（《中华民国刑法》1928:77 条）获得减刑。尽管实际刑罚并未在史料中列出，但我们可以基本肯定，这名丈夫被判处的刑罚非常轻。[1] 在上述这两起案件当中，无论是下级还是高级别的司法机关都试图对丈夫尽可能从轻处罚，因为这样的行为在过去不被认为是犯罪。

民国的法律改革者们在刑法的评注中特别指出，1928 年刑法针对通奸犯罪新增了"基于义愤"条款。在 1930 年发生在浙江省的一起通奸杀人案中，当地法院就是运用这一条款来处理案件的。在该案中，陈章炉趁着农民杜荣银外出走亲戚之际，与杜荣银的妻子杜任氏在一个春夜里通奸（《最高法院判例汇编》:10.10）。根据案件记录，"次晨，被告回家，撞见床上，当用拳殴逐出章炉"。陈章

---

[1] 王觐（1933:4—5）讲述了发生在 1930 年的一个类似案例。胡桂山不仅娶了一个名叫李秀英的年轻女子为妾，还和她的母亲有婚外情。这件丑事为人所知，然而胡桂山与这两名女性不但没有终止这种混乱的关系，反而派胡桂山的手下帮助他们将李秀英的父亲赶出了家门。最后，这名父亲杀死了胡桂山和他的手下。尽管案件情节明显是预谋杀人，但此案的法官王觐还是尽可能地对李秀英的父亲予以宽大处理，运用自由裁量权将这名父亲的刑罚减半。

炉未能从这顿毒打中恢复过来,不到三周,他就死掉了。东阳县法院认为这显然是一起基于义愤(297 条)而引发的伤害案件,该罪的最高刑期为有期徒刑三年。

次年,该案被上诉至最高法院,最高法院撤销了原判决,并提出了新的判决和新的理由:杜荣银并不构成犯罪,因为他是在保护自己的夫权,这种情形被涵盖在 1928 年刑法第 36 条当中。该条款的内容为:"对于现在不法之侵害,而出于防卫自己或他人权利之行为不罚。"(《中华民国刑法》[1928]:36 条)最高法院认为,虽然正当防卫条款和基于义愤条款类似,但前者更适合该案的情形。在法院看来,杜荣银是在保护自己的夫权,其行为属于第 36 条的适用范围,因此他可以免受处罚。由此,最高法院找到了一个比基于义愤条款更有效的方式来支持杀死奸夫的行为。

如上述案例所述,假如法官不认同法律的变化——例如,法无明文规定允许丈夫杀死不贞的妻子及奸夫——并试图尽可能以符合清代旧律的方式来裁决案件,纵使他无法完全达成此目标,但其依然能够做出非常接近清代法律(无罪)的判决。在清代法律当中,例如道德伦理或案件被害人无德等外部因素也会被纳入定罪的考量范围,而在民国法律下,由于法官在量刑时被给予了新的自由裁量权,这些因素也被赋予了新的重要性。

正当防卫杀人

下文所述的三个案件,表明了民国司法机关对个人自卫和村落自卫的认同趋势。在动乱日增的时期,土匪及当地闲散人员的滋扰成为村落的心腹大患，地方民兵和自卫组织则是解决这些问题的必要应对机制。① 然而，武装组织增多的自然后果之一，就是会有无辜人员伤亡或受伤。对于此类事件，民国司法机关不可能视而不见，但在一些案件中，他们又运用民国刑法中的"减刑情节"条款来回避对杀人罪的严格规定，在判决结果中体现了对这类犯罪人的怜悯。

正当防卫杀人就是这样的条款。在 1919 年发生于天津的一起案件中，一个名叫刘威的值夜人员向一名试图在晚上翻越庭院围墙的人开枪射击，因为刘威认为那个人是小偷，在要求对方表明身份未果的情况下开枪打死了他（《司法公报》1930：77.34）。不幸的是，那个人并不是小偷，而是刘威所看守的公司的员工。大理院对此案进行了判决，刘威被控故意伤害致死罪（《中华民国暂行新刑律》：313 条），该罪对应的刑罚为第一等或第二等有期徒刑（五到十五年有期徒刑）至无期徒刑。然而，刘威认为自己实施的是自卫行为，可以依据正当防卫条款减刑三等（《中华民国暂行新刑律》：15 条）。② 尽管现在留存的材料并未列明最后的具体判决结果，但很有可能，减刑后的刑罚可以低至两个月有期徒刑。

在本书开头所论述的 1941 年张寿才案中，法院则利用了另外一种方式来对其减轻刑罚（北京地方法院 J65.4.313—315）。张寿才是北京城外郭公庄自卫队的一名成员。在某日凌晨两点左右，

---

① 民国时期惩治盗匪的方法，参见徐小群 2007，中国法律对于光棍的治理，参见［美］苏成捷 2002：68—72。

② 参见第 13 条的规定："所犯重于犯人所知或相等者，从其所知。"（《中华民国暂行新刑律》［1912］1915：4）

他与另一名自卫队成员一起巡逻，在当地居民李文玉家的庭院中发现了一个人。张寿才命令那人表明身份，却没有得到回应。于是他连开两枪将对方打死，不料死者竟是这户人家的家庭成员——李文玉之妻李赵氏。北京地方法院判定张寿才的行为构成故意杀人罪（他是故意开枪），该罪的标准法定刑区间为十年有期徒刑至死刑。不过，由于张寿才有自首情节，因此法院援引自首条款将其刑罚减至五年有期徒刑。张寿才不服，向河北省高等法院提起上诉。河北高等法院申斥张寿才未能采取更好的步骤来确定院中人的身份及其是敌是友，但法院仍然给予他进一步的减刑，其刑罚被降至三年有期徒刑，理由是张寿才的动机是单纯的，他认为自己只是在从事自卫行为，保护其村庄不受土匪的滋扰，因此值得矜悯。在这起案件中，法院再次运用了兜底性的"犯罪之情状可悯恕"对其予以额外减刑。①

在本案当中，最初的裁决是故意杀人罪，减刑是通过适用其他条款来实现的。而在犯罪情节基本相同的马锦福案中，法院通过适用不同的法律规范，使得对马锦福的判决结果比张寿才更轻。马锦福是浙江省乐清县的一名警察（《司法公报》1930∶66.17）。1928年12月15日，根据群众举报，在五环洞大桥附近有一艘被怀疑载着土匪的船只（但最终证明，船里载得是来自北方的难民）。马锦福前往现场调查。根据法庭案卷记载，"被告上前喝问，告以警察来此查船，该难民闻声出船，并有多数喊打之声。时值黑夜，

---

① 由于张寿才开枪时受害人手无寸铁，而且并没有对其造成威胁，故而自卫条款（第23条）事实上是被扩张了。另一起涉及民兵组织成员自卫杀人案件的处理结果甚至比张寿才所受到的处罚还要轻。参见四川高等法院∶2601。

被告情急开枪,致枪弹中伤船内难民王怀德咽喉部位,旋即身死"。地方法院判决马锦福犯过失杀人罪(《中华民国刑法》1928:291条),处有期徒刑八个月,被告在案件调查与审判期间的羁押天数,每两日折抵徒刑一日。我们再次发现,在动乱频仍的年代,法院以对涉及假想防卫或真实防卫的案件从轻处罚的方式表达着他们对犯罪人的同情。

杀害家庭成员和仇杀

民国时期刑事领域的法庭实践回归清代审判模式的另一例证为杀害家庭成员案件的处理。《大清律例》中有14条律文和超过60条例文规定家庭内部间的杀人和攻击行为。此外,刑法中还有更多罪名涉及性别因素和长幼尊卑的社会秩序。因此,当我们发现民国法院并不愿意放弃维护该社会秩序的特定权力也就不奇怪了。

例如,1935年发生在湖北省的一起家庭成员受到侵害的案件就凸显了民国法院复制清代裁决的冲动。在该案中,二十岁的农民饶秀龙和他的祖父饶荣春一起前往嘉鱼县芝麻洲开荒种田(《司法公报》1937:180.26)。根据法院文献记载,在1934年7月下旬,"该地保长岑心斋因饶荣春欠有电杆费二角未缴,带同保丁但茂仁、胡子卿二名前往催收"。根据胡子卿的供词,当饶荣春说自己无力支付这笔款项后,岑心斋答道:"今天要你拖步同我们到大队部去玩下。"饶荣春听出了这句话背后的真实意涵,挣扎着不愿被拖走。在随后发生的扭打中,他被"殴打倒地"。看到这一幕,饶荣

春的孙子饶秀龙拿起刀,杀了岑心斋,刺伤了但茂仁。根据河北高
等法院和最高法院的解释,饶秀龙的祖父遭受蛮横欺压,因此饶秀
龙攻击伤害他祖父的人不构成故意杀人和故意伤害,而是基于义
愤而杀伤人,他将被判处三年有期徒刑(《中华民国刑法》1935:273
条)。这一判决与清律处理类似情形的条款非常接近。根据《大清
律例》,如果子孙目睹祖父为人所杀,只要子孙在目睹犯罪后即时
杀死行凶者,他就可以免除处罚(《读例存疑》:323.00 条)。在本案
当中,祖父遭到毒打,但没有被杀害,根据《大清律例》,报仇心切的
孙子可能被判处死刑,但最终会获得减刑(《读例存疑》:323.00 条,
323.01 条)。在 1934 年,造成地方政府官员一死一伤不可能免予
处罚,但与此同时,法院在某种程度上也认可孙子的做法。因此再
一次地,清代的社会规范仍然受到民国司法系统的积极认可。①

　　最后,让我们回到吴寡妇案(《最高法院判例汇编》:13.9)。正
如我们所提到的,就像丈夫登时杀死不贞的妻子和奸夫的行为在
清代不被认为是犯罪一样,杀死忤逆不孝的儿子在清代的法律体
系之下也被认为是不受处罚的行为(《读例存疑》:319.00 条)。然
而,在 1912 年《中华民国暂行新刑律》颁布以后,这样的行为会被
纳入法律中的标准杀人条款。但正如吴寡妇案所示的那样,民国
法院仍倾向于用清律的精神来解决类似案件,就像他们在处理杀

---

① 林郁沁(2007)曾探讨过广为人知的施剑翘案。施剑翘于 1935 年和 1936 年试图
刺杀前军阀孙传芳为其父亲报仇。在对此案的审判当中,自首条款和减轻情节条
款都发挥了重要作用。施剑翘最终被定罪,但被政府赦免。林郁沁指出,许多因
素影响了这起案件的结果,比如这场刺杀及审判的轰动效应、公众同情的力量等。

死女性通奸者及其奸夫的案件一样。①

正如本文开头所述，吴寡妇造成了她那忤逆妄为的儿子的死亡。她因此受到审判并被确认犯下标准杀人罪(《中华民国刑法》1928：282 条)，但是对她的量刑却通过适用"减刑情节"条款(《中华民国刑法》1928：77 条) 和"不知法令"条款(《中华民国刑法》1928：28 条)而予以多次减轻。最后，法庭还违背刑法的规定，将吴寡妇剩余的刑期设置成缓刑。②

最高法院在对 1932 年和 1933 年的案件的复核中，取消了基于"不知法令"的减刑，但仍旧允许基于犯罪"情有可原"而减轻刑罚。不过，在该案中最引人注目的是，迟至 1929 年，在杀害子孙已被认定为犯罪的二十年之后，"不知法令"的观点依然在某些法院中占据支配地位。此案同样提供了基于传统长幼尊卑的社会秩序而予以差异化处刑的例证。这种社会秩序随着 1912 年《中华民国暂行新刑律》的颁布已经很大程度上在纸面文字中湮没了，但定罪和量刑相分离的制度使得这种社会秩序又回到了法律实践的轨道上来。

---

① 在笔者所收集的超过 300 件到达最高法院的民国杀人案件中，只有一起案例涉及尊亲属杀害卑亲属。与此相反，我们可以在同一部分档案中找到大量相反的例子(大约有 30 起案件涉及卑亲属杀害尊亲属)。对杀害卑亲属案件的漏报并不令人感到意外，因为它们引起的社会愤慨较小，所以也就不太可能会引起当局的注意。

② 根据 1928 年刑法第 90 条的规定，刑罚超过两年有期徒刑的犯罪人不能适用缓刑。最高法院在复核这个案件时，将对吴刘氏的缓刑判决称为"草率"和"违法"。

结　论

民国是一个充斥着巨大的动荡与张力的时代。在借鉴了外国的思想和法律模式后，传统中国的法律模式在多大程度上遭到了遗弃？这些外国模式在多大程度上帮助了中国，又在多大程度上以失败而告终？民国时期的司法系统也难免这样的困境，改革者们和法官们在进行复杂的考量时面临着艰难的抉择，在采纳外国的法律模式时，有时会选择顺应它们，有时则会抵制它们。

白凯（1999）通过对财产法规的研究，展示了这些相互矛盾的力量对民事法律领域的影响。乍看起来，民国民法中规定的性别平等原则似乎能够提高妇女的地位，但其他的新规定又使得获得这种平等的可能性被降低甚至被消除。黄宗智（2001）同样检视过法律表达、法律实践，以及土地所有权、债权、继承和养老、结婚和离婚的习俗之间所存在的相似的复杂互动关系。本章所举的实例主要来自刑事法律领域。在 20 世纪最初的几十年中，中国刑法几乎完全被改写。改革者借鉴近代日本和欧洲模式编制了新的刑法典，这些新刑法也确实在表面上完全与清代的法律传统决裂。作为"一罪一刑"原则被剔除以及支撑该原则的大量法规被剔除的结果，这种决裂尤为显著。刑法现在只包含一般性的法规，这与日本和西方的动态相一致，也与韦伯式的理想类型相一致。其结果是，犯罪的具体情节不再是定罪的决定性因素，而是对既定罪名的量刑起着重要作用。

为了应对这种变化，法律给予法官在量刑方面前所未有的自由裁量权。从犯罪自首条款到允许酌情减刑的新规则，刑法中的大量规范都旨在帮助法官履行他们的新职责。由于法官们一路上经历了民国法律条款与清代社会规范的割裂，因此他们能够熟练运用其日益增加的自由裁量权来重申传统的规范和标准，从而调和法律理想与现实社会的差距。沈家本认为，清代法律允许司法官员立法而不仅仅是简单的审判。正如此处所述，他帮助制定的民国刑法亦是如此。同某些学者所主张的道德在新式"客观"刑法之下将不再被法律化的论断相反（［美］梅耶尔 1967：71），民国法律实践的现实证明，道德的强制实施将得到最低限度的保护。

林郁沁（2007）和徐小群（2008）的研究表明，在南京国民政府时期（特指 1927—1937 年），司法系统并不是脱离社会其他系统而孤立存在的，文化和政治发展，尤其是国家政权在增强党权和党治方面所作的努力皆会投映到司法领域。① 在之前的二十年里，我们看到了与众不同但同样强大的力量在发挥作用。因此，我们不应该忽略那些始于清末、延续到民国时期的关于中国传统与现代性之间的广泛争议所带来的潜在影响。从袁世凯对改革近乎极端的回击，到五四运动时期彻底拒斥儒家传统，直到最后在国民政府的引领和质疑中产生趋于保守的倾向。② 正是借助这些力量，司法机关能够本着改革的精神颁布法律，但是又通过判决，避免那些同样的改革冲动走得太远。

---

① 关于南京国民政府时期，参见 Eastman 1994 和 Strauss 1998。
② 关于袁世凯，参见 Young 1977。关于五四运动时期，参见 Chow 1960。

第六章　损害与赔偿：观念的变迁

　　有些时候,杀人罪及涉及人身伤害的相关类别并不仅仅隶属于刑事法律或刑事司法的范围。它们也可能涉及民法和民事司法。为了探究这种重叠性,本章采用了在普通法系传统中被称为侵权行为法(torts)的这类法律范畴。侵权行为是"一种被侵权人有权要求伤害实施者赔偿其损失的民事过错行为"(Ebke and Finkin 1996:197)。① 侵权法在厘清清代和民国时期刑事法律的本质方面起着重要作用。在许多方面,侵权法占据着民事司法领域和刑事司法领域之间的间隙位置(Mann 1992:1796—1800)。在清代,这些体系是一元的,一部法律涵盖所有的法律问题,一个司法系统裁判所有的案件,无论这些案件在本质上属于民事领域还是刑事领域。在民国时期,这一体系被一分为二,民事司法体系和刑

---

① 在大陆法系传统中,相应的范畴被称作不法行为(delict)。

事司法体系分离开来，同样地，民法和刑法也被区分开来。①

　　然而，侵权行为的法律范畴在民事领域和刑事领域中都有其存在的基础。《中华民国刑法》规定，基于故意或者过失的行为应当被认定为犯罪（《中华民国暂行新刑律》：13 条；《中华民国刑法》1928：24—27 条）。《中华民国民法》中的侵权行为部分是侵权法条款（即侵权行为条款）的归依，也有着相同的要求（傅秉常、周定宇 1964：184 条）。② 事实上，如果一个人想对涉及伤害、死亡或暴力行为等民法典规定的事项提出侵权责任的主张，他通常就需要在刑事审判的过程中，或者至少一开始就向法院提起附带民事诉讼。在做出民事判决之前，必须先确定被告的责任。最明确的阐明责任的方式就是通过地方检察官之手获取一份刑事有罪判决。

　　当涉及侵权行为时，民事领域和刑事领域之间的这种紧密联系不仅仅是一条刑事裁决影响民事裁决的单行道。在现代西方法律中，民事判决有时会起到最终的惩罚性作用，这取决于所判罚金的数额（Jerome Hall 1943b：977—978）。同样的道理也适用于民国时期的中国法律，民事诉讼给被告带来的经济负担可能远远超过刑事司法体系施加的惩罚。同时，民事诉讼也有可能影响刑事判决。因此，原告与被告就丧葬费用等事宜达成的庭外和解可以减轻相关刑事审判的最终惩罚。

　　民事法律与刑事法律之间的这种相互作用是本章的重点。本

---

① 关于中国民事司法与刑事司法的交织，以及非正式司法与正式司法的重叠，参见［美］黄宗智 2016。关于中国法律中的侵权行为，参见［美］黄宗智 2010：158—163，208—209，238—239。

② 西方侵权法亦是如此。参见 Jerome Hall 1943a：778—779，1943b：968。

章以过失杀人及其他几个位于杀人犯罪谱系低端的杀人罪类别和伤害法规作为观察中国正义理念变革和获取该种正义的方法变革的窗口。本章发现，在 20 世纪初，中国的正义理念处于不断变化当中。帝制晚期的法律体系在一定程度上寻求的是平衡的恢复。在清代，这种平衡主要是通过国家的体罚来实现的。但是，清代司法机关也会判定，在某些情况下，犯罪人需要直接对被害人予以赔偿。待到民国时期，我们发现，法律体系的重构意味着寻求正义和表达正义的新话语。与之前用一套体系来进行社会正义和个人正义的分配不同，现在有两套体系来分配正义。但是，所要实现的正义的性质在某些重要方面，与清代相比却变化甚少。

中国帝制晚期的正义内涵

中国帝制晚期法律体系的目标是多方面的。这一体系旨在纠正错误；旨在惩罚违法犯罪者，从而预防他人也犯同样的错误；旨在提醒那些对家庭和国家负有儒家责任的人，并给予他们更强大的道德指南。它有助于维系国家秩序，以致天下万物最终都能井然有序。①

关于中国刑事法律的诸多讨论，其焦点都落在了报应的面向上，尤其是"抵命"，或同态报复的观念。中国法律史的学者，包括布迪和莫里斯（1967：182—183，331—332）、梅耶尔（1967：2—4，32—33，80—82；1980：211—214）和马若斐（1996：122—131；201—

---

① 此处借用孟子的描述。关于帝制晚期正义体系的精神，参见瞿同祖［1961］1980；［美］布迪和莫里斯 1967；［英］马若斐 1996。

202)都强调"抵命"在包括清代的整个帝制晚期时代对于中国法律精神的重要性。① 这种观念实质上是一种报偿的理念，我们可以在汉代初期的感应宇宙论中找到其哲学依据。② 根据这一体系，社会领域的不平衡或不公正，例如犯罪所造成的不公，会以果报的形式，通过自然界的失调或灾难反映出来。③ 要恢复自然界的平衡，就必须矫正不公，而这种矫正是通过报应性惩罚来实现的。失衡的理念在杀人犯罪中表现得尤为强烈，杀人犯罪造成了最严重的失衡，而恰当矫正由杀人所造成的失衡的唯一方法就是通过刑罚剥夺犯罪人的生命。当一个人被杀，杀人者的生命也会被剥夺以作报偿。④

对《大清律例》律和例的研究提供了大量援用报应观念的例证。例如，我们可以在清律中发现一些法律条款，这些条款论及在一起有着多名犯罪人参与的攻击案件中，应当如何判定谁该被判处死刑："若两人共殴人致死，则以顶心、囟门、太阳穴、耳窍、咽喉、胸膛、两乳……为致命论抵。"(《读例存疑》：290.03 条) 另一条例文则规定，在共殴案件中，如果多名犯罪人中的一人自杀或在审判

---

① 不仅考虑官方法律文化，也讨论宗教领域和公众情感领域中的正义和报应问题，参见[美]康豹 2009。
② 唯一的反对声音是徐道邻(1970)，他在反驳布迪和莫里斯(1967)时提出，感应的宇宙论与报应的观念之间没有直接联系。
③ 例如，汉代学者董仲舒指出："世治而民和，志平而气正，则天地之化精，而万物之美起；世乱而民乖，志僻(旧本作"癖")而气逆，则天地之化伤，气生灾害起。"(冯友兰 1953：57) 有关天人感应的宇宙论的详细信息，参见 Henderson 1984。
④ 作为以儒家学说为基础的社会秩序的基本要素之一，犯罪人和受害人之间的关系总是能够战胜报应的问题。例如，父母如果杀死忤逆不孝的孩子，则无需任何报偿(《读例存疑》：319.00 条)。

过程中死亡,其生命的消逝会被视为必然的报应,其他犯罪人将不会被判处死刑(《读例存疑》:290.12 条,290.14 条;[美]梅耶尔 1980:201)。①

对于报应的讨论不仅限于刑事法律领域,在清代的案卷记录以及地方官员的手册当中也能找到相关记载。李渔②在针对杀人犯罪量刑方面的论说中指出:"无论打伤之情确与不确,总无不抵命之人矣。"(《牧令书》1848:19.14b)他还劝诫地方官尽快解决调查问题,以免"凶犯脱逃无人抵命"(《牧令书》1848:19.23b)。汪辉祖也在其作品中指出,在人身攻击案件中,必须谨慎妥善地记录证词并保留任何涉案凶器,因为"万一伤者殒命,此即拟抵之据"(《牧令书》1848:19.16b)。甚至在晚清案件的判决书中也提到了报应。1906 年,一名北京郊区的男子将精神不健全的邻居误当作小偷杀死,法部(前身为刑部)所撰写的备忘录提道:"惟被该犯殴伤太阳并左乳等处较重,其为死于此伤无疑,应以该犯拟抵。"③(刑部现审案件:江苏,9303)

虽然法律的语气可能赞同报应的理念,但法律的现实情况却反映出某种不同。的确,在六杀当中,从谋杀一路降至过失杀,皆会以死刑作为最初裁决。但是在出于意外的过失杀案件当中,死刑仅仅是一种象征性的姿态,因为该罪行是可以自动收赎的。此外,从犯罪意图的角度来看,许多有责性程度高于意外过失杀人的

---

① 还可参见《读例存疑》(290.08 条,290.09 条,290.13 条,292.01 条,303.07 条)。
② 李渔(1611—1680)是一位多产的剧作家和散文家。参见[美]恒慕义(1944)1991:495—497。
③ 该案在第二章中有详细讨论。同样可参见刑部现审案件(奉天,6376)。

杀人罪类别，死刑甚至从未被提及。例如，对于弓箭杀人罪的刑罚是杖一百、流三千里（《读例存疑》：295.00 条）。而对于失火致人死亡的罪行，其刑罚为杖一百（《读例存疑》：382.00 条）。在《大清律例》关于杀人罪章节（第 32—34 章）的十八条杀人律当中，有五条涉及非死刑，既然死刑从未被提及，更不用说死刑能否自动收赎的问题了。总而言之，并非所有的杀人事件都受到报应观念的制约。

当涉及真正执行死刑时，清代的法律实践为这一问题提供了另一条线索。每一个涉及监候判决的案件最终都会进入到秋审程序。如第五章所述，每年在京师要举行秋审和朝审，对符合条件的案件进行高级别复核，并由皇帝进行至少是象征性地审查（[美]布迪和莫里斯 1967：134—143；[美]马伯良 1981：98—111；[美]梅耶尔 1984：1—16）。除了可以自动收赎的过失杀，在清代，还有特定类型的杀人罪在经过一次秋审之后就可以自动减刑为流刑或者徒刑，比如戏杀（[美]梅耶尔 1967：29；黄源盛 1991：182；Joseph Cheng 1976：133）。事实上，《大清律例》将这类罪行特别称为"秋审时应入可矜者"（《读例存疑》：18.04 条）。减刑通常是减一等处罚，即将死刑减为杖一百、流三千里（《读例存疑》：411.27 条）。薛允升认为这类犯罪较轻，如果要对其科以死刑就过于严刻了（《读例存疑》：411.27 条）。

清末的法律改革家们显然对刑罚以及复核制度的现实状况有着清醒的认识。因此，我们发现法部在 1908 年的一份备忘录中写道："毋庸虚拟，似死罪既于随案核议时，当即改为流徒。"（《北京审判制度研究档案资料选编》1999：1925）最后官员们决定，对于特定的杀人罪，即使免除虚拟死罪，直接判处犯罪人在一次秋审之后终将受到的惩罚,这也是可以接受的(黄源盛 2002:13;Joseph Cheng 1976:134)。① 1910 年颁布的《大清现行刑律》采纳了这些建议。② 清代法律的现实状况是,在一些主要的杀人罪类别中,报应论很早以前就被剔除了。现在,法律文本同样反映了这一现实。无论在理论上还是在实践当中,法律体系都不再支持杀人偿命的观念。

报应论被废止并不意味着清末的法律体系无法实现正义。事实上,这意味着法律体系在衡量和界定正义的方式上发生了变化。这一变化过程在整个民国时期都在延续,并在民事领域和刑事领域同时发展。

清代杀人罪与伤害罪的民事责任

当我们想到清代有关杀人罪的法律规范时,就会立即将其归入刑事法律的范畴。这并不是说中国在清代就有独立的民事和刑事司法系统。虽然此前的学术研究已经阐明,在清代的法律规范当中,确有被我们今天称为"民法"的强大体系([美]黄宗智、[美]白凯 1994;[美]黄宗智 1996,2000;[美]白凯 1999),但民事案件与刑事案件都在同一个司法体系中,依据同一部法典来处理。我们

---

① 官方废除报应论可能与清代将政治活动与宇宙论联系起来的正当性日益弱化有关。亨德森(Henderson 1984:191—193)认为,季节与政府活动(例如死刑处决)相互对应的观念受到了知识分子的抨击。布迪和莫里斯(1967:47—48)认为,这一观念的衰落也影响了对人与宇宙的关系的认知。
② 废除特定杀人罪的死刑也影响到了其他诸多犯罪,从而使涉及死刑的犯罪数目大大减少(Joseph Cheng 1977:213)。例如,对受害人没有造成身体伤害的抢劫和盗窃将不再被判处死刑(《中华民国暂行新刑律》:367—370 条),亵渎非自己祖先的坟墓也不再受到死刑的惩罚(《中华民国暂行新刑律》:257—263 条)。

更应该承认的是，清代有关杀人罪的法规通常被认为与民事案件相去甚远。然而，有些杀人罪条款，其刑罚既包括"刑事"因素，也包括"民事"因素。

对于那些位于杀人罪谱系低端的罪名来说，司法机关最终对其施加的处罚超出了传统的笞、杖、徒、流、死的五刑体系的范围，甚至也超出了枷号这类附加刑的范围。对于这些罪行，犯罪人将会被处以罚金。但这不仅仅是上交给国家的罚款，也是向受害人家属缴纳的罚款。从本质上说，我们在一些适用清代杀人罪条款所做的判决中发现了民事处罚的痕迹。①

对于过失杀犯罪，清律规定死刑可自动收赎。收赎的金额为12.42 两白银（《读例存疑》：292.02 条）。然而，这笔费用不是上交给国家的，而是给予受害人家属用于举行葬礼的（《读例存疑》：292.00 条）。② 这在本质上就是一种民事赔偿形式——犯罪者人直接向其伤害的对象给予赔偿，而不是向政府或整个社会提供赔偿。这个数目是 12.42 两白银，对于清代的农民来说，这将是一种巨大的惩罚和沉重的负担。举几个可作对比的例子，这一赔偿数目比17 世纪中期长江三角洲地区农业劳动者的年收入（大约为 9.5 两）还要高（［美］黄宗智 1990：66—67）；在 18 世纪中期，这是长江三角洲地区一个有五口人的农民家庭在扣除"租金和生产成本"之后超过 70% 的年收入（［美］布伦纳和艾仁民 2002：653—654）；③也是 18

---

① 关于这一现象在唐代至明代杀人罪法规中的体现，参见［英］马若斐 1988：68—74；1990：184。

② 这种收赎的方式是在元朝引入的（陈衡昭 1979：52；［英］马若斐 1988：70）。

③ 粮食总产量为 9.75 石，每石价值 1.75 两银子（［美］布伦纳和艾仁民［Brenner and Isett］2002：653—654）。

世纪中国北方欠发达地区一个男性农业劳动者年收入的三倍以上
(李文治等 1983:407,413—417,转引自[美]黄宗智 1990:65)。①

　　不仅是过失杀案件,大多数位于杀人犯罪谱系底层的其他杀
人罪也要为受害人家属提供某种金钱赔偿,用以支付丧葬费用。
因此,对于车马杀人罪,除了杖刑和流刑的处罚外,犯罪人还应向
被害人家属支付"烧埋银一十两"(参见《读例存疑》:296.00 条)。
弓箭杀人罪的刑罚也是如此(《读例存疑》:295.00 条)。以及,如果
有人企图毒杀老鼠或其他讨厌的动物,而在经常有人出入的地方
投下毒药,无意中致使一人或多人死亡的案件;还有在某些涉及庸
医导致病人死亡的案件,都会出现征烧埋银的处罚(《读例存疑》:
289.02 条,297.00 条)。因此,我们可以对第一章所讨论的李秀玉
案再次进行分析。该案于 1791 年被提交到刑部,此前,李秀玉被下
级司法机关判定用未提纯的药物毒死了两个人(《刑案汇览》:
33.28a)。当刑部因为该案涉及两人死亡而提高刑罚基准的同时,
还下令将通常烧埋银的金额增加一倍,好让两名受害人的家属都
能得到赔偿。这种类型的赔偿也适用于在某些狩猎的过程中致使
受害人死亡的情形,在处以"杖一百、徒三年"的刑罚之外,犯罪人

---

① 平均收入为 3564 文铜钱。如果按照清代官方的货币兑换率,1000 文铜钱兑换 1
两银子(Vogel 1987:5),那么上述收入大致可以折算为 3.6 两银子。清律中包含
这样的规定,如果一名犯过失杀的犯罪人无力支付所需的费用,那么他就不得不
接受体罚(《读例存疑》:292.09 条)。

也要向受害人家属缴纳烧埋银(《读例存疑》:298.00 条)。① 对于这些犯罪,罚款除用来举行葬礼以外,并没有任何其他目的。②

马若斐(1988:72)指出,在明代的法律当中,过失杀是唯一强制要求进行这种赔偿的主要杀人罪类别。清代的法律也是如此。③然而,一些其他犯罪,则被要求支付超出烧埋银的罚款。因此,在涉及采生折割或杀害一个家庭的三名成员的案件中,犯罪人的财产将移交给受害人的家属(《读例存疑》:288.00 条,287.00 条)。这两种罪行都属于在清律及前代律典开篇就特别指出的极具侮辱性

---

① 支付赔偿金给死者家属的其他情形包括:某杀人犯罪本应被依法判处死刑,但是遇到了大赦或者刑罚被减轻(《读例存疑》:292.01 条[该条承袭明律,1646 年生效],292.02 条,24.02 条)。马若斐(1988:73)注意到这条承袭自明代的条款规定,如果犯罪人"十分贫难",赔偿可以减半(《读例存疑》:292.01 条)。此外,在一些涉及家族之间致命混战的情形当中,根据双方的伤亡情况,一些幸存者可能会从犯罪人那里获得烧埋银(《读例存疑》:290.08 条,290.09 条)。同样的情况也适用于犯罪人威逼人致死的案件(《读例存疑》:299.00 条)。
② 在犯意层级较低的杀人罪条款当中,唯一的例外大概来自第 296 条仅有的一则例文:在骑马造成伤害的情形当中,马应移交受害人作为赔偿。然而,如果受害人死亡,马将被移交给政府(《读例存疑》:296.01 条)。据推测,一旦犯罪变成杀人案件,受害人家属将得到的烧埋银赔偿会远远超过马的价值。
③ 此处有两种例外情形。第一种例外发生在一起斗杀案件的犯罪人成功通过了留养承嗣声请的情形中。在这种情况下,犯罪人被允准免于死刑,留在家里侍奉尊长(《读例存疑》:18.00 条),但他随后需要向受害人家属支付 20 两白银(《读例存疑》:18.06 条)。这笔钱被明确表示不是烧埋银,而是用于"养赡"的费用。这反映出留养承嗣的声请是围绕赡养尊长的问题而展开(《读例存疑》:18.06 条)。第二种例外情形是一则临时性条款:1744 年引介的一则例文指出,本应被判处死刑的命案犯罪人如果被皇帝允准死罪收赎,那么他就需要支付 40 两白银给受害者的亲属作为埋葬的费用(《读例存疑》:292.06 条)。从杀人犯罪的谱系来看,这是将赔偿适用于更加严重的犯罪,其犯罪意图程度远超过失杀犯罪,因此收赎的费用也要高得多。然而,这则例文于 1758 年被通过诏书废除(《大清高宗纯[乾隆]皇帝实录》1970:8202—8203)。感谢景风华使我注意到这份诏书。

和严重性的"十恶"犯罪中的"不道"类别(《读例存疑》:2.00 条;《唐律疏议》1979:61—62)。在"屏去人服食"的情形中(《读例存疑》:291 条,包括用蛇、蝎或毒虫咬伤他人的条款),如果对饮食和衣服的剥夺造成他人"笃疾"的后果,那么犯罪人就要将他一半的财产交付受害人作为养赡费用(《读例存疑》:291.00 条)。在斗殴造成严重伤害的情形中也有类似的规定(《读例存疑》:302.00 条)。最后,在关于诬告的条款当中,如果诬告致使他人被处决,除了诬告人自己也要被判处死刑之外,他还要向受害人家属支付赔偿金,以供其"备偿取赎,断付养赡"(《读例存疑》:336.00 条)。在所有这些情形中,都要求犯罪人直接向受害人给予赔偿。

　　虽然上述大部分讨论都是专门针对杀人罪的,但对于伤害罪,法律也有类似的规定。因此,在斗殴的情形当中,如果受害人遭受了严重的伤害或永久性损伤(包括打断双腿、致使受害人双眼永久性失明等各种情形),除律典规定的刑罚制裁之外,犯罪人还需将"犯人财产一半"移交给受害人作为养赡费用(《读例存疑》:302 条)。即使在造成的损伤较轻的情形当中,犯罪人仍然需要根据损伤程度,向受害人提供为期二十日至五十日的"医治"费用(《读例存疑》:303.00 条,303.07 条)。①

　　这些例证表明,对某些暴力犯罪的处理兼具民事与刑事的性质。犯罪人为受害人家庭遭受的损失直接提供赔偿的观念对清代法律来说并不陌生。事实上,上述实例表明,国家是代表这些家庭要求犯罪人予以赔偿的。国家自动追求社会正义,但是也没有忽

---

① 与烧埋银一样,这种做法在元朝时就开始实行了。参见陈衡昭 1979:52。

视个人正义和个人赔偿。正如我们将在下文所看到的那样，为受害人家庭争取民事正义的因素一直延续到民国时期，但从民国后期开始，民事赔偿变成了受害人家庭所要追求的东西，国家将不再采取主动态势。

民国时期的民事责任：侵权行为

为了理解民国法律当中的金钱赔偿问题，让我们以过失杀人的情形为例。这种情形有可能同时在民事司法系统和刑事司法系统中运作。虽然一定期限的监禁当然是可行的，但刑事法院也可以选择施以罚金刑，罚金直接上交给政府，上限为五百元（1912 年法典）、一千元（1928 年法典）或三千元（1935 年法典）。这大致等同于清代对所有过失杀案件实行自动收赎死刑的政策，但与清代法律不同的是，民国法律中的罚金直接上交给了当局。犯罪人需要向国家支付这笔钱，罚金刑是实现刑事正义的相关机制。不过，这笔罚金并不是唯一的官方救济途径。受害人家属也可以对犯罪人提起民事诉讼，要求额外的金钱赔偿，而这笔款项将直接给予受害人家属。

提起这种民事诉讼主要有两种方式。第一种是向民事法庭提出诉讼请求。这种诉讼请求必须在侵权行为发生的十年内提出，或者在知晓侵权人的两年内提出，以先到期的时效为准（《中华民国民法》1930：197 条）。不过，在受害人或受害人家属即刻就知晓侵权人是谁时，他们大多选择了另一种途径：向检控犯罪人的刑事法庭提起民事诉讼。这种诉讼被称为"附带民事诉讼"（《中华民国刑事诉讼法》1936:491 条)。这类民事诉讼除必须与正在进行的刑事案件直接相关这一主要需求之外,其立案并没有什么其他限制。它们只需在初审或上诉审的过程中及进入审判阶段之前提出,而且既可以口头提出,也可以书面提出(《中华民国刑事诉讼法》1936:492 条,496 条,499 条)。[1]

附带民事诉讼的诉讼请求可由刑事法庭在处理相关刑事案件的同一时间或紧接其后予以直接处理(《中华民国刑事诉讼法》1936:500 条,505 条)。刑事法庭也可能以民事诉讼请求似乎过于"繁杂"为由而将其剥离出来,移交给民事法庭进行裁决(《中华民国刑事诉讼法》1936:508 条)。[2] 后一种做法在北京地区的基层案件中最为常见,虽然偶尔也有附带民事诉讼由于程序问题被直接驳回,但大多数案件都是直接移交民事法庭进行进一步的调查和裁判。正如我们在下文对具体案件的考察中所看到的那样,这些附带民事诉讼,与直接向民事法庭提起的诉讼一样,都可以主张许多不同类别的损害赔偿金。在刑事法庭看来,这些复杂的金钱主张连同反反复复的抱怨最好还是留给民事法庭去处理。

当然,诉讼请求必须有正当理由。原告必须证明他们或他们

---

[1] 法院严格遵守这些时间规定。如果附带民事诉讼启动得太早(在刑事审判开始之前)或太晚(在初审或第一次上诉审的结案陈词之后),法院将以程序理由驳回附带民事诉讼。有关驳回的案例,参见北京地方法院:J65.7.2838,J65.26.1939。

[2] 在清代,民事纠纷,尤其是涉及钱财问题的民事纠纷被天然地视作"细事",参见 Dykstra 2014:8—9。

的家庭成员遭受到了民国民法第二编中所描述的"侵权行为"。①
第一则可适用的条款勾勒出了侵权行为发生的条件:某人"故意"
或"过失"伤害他人(傅秉常和周定宇 1964:184 条)。② 一旦侵权
行为被证实,则可以要求侵权人支付类似于清代法律所规定的丧
葬费用:

> 不法侵害他人致死者,对于支出殡葬费之人,亦应负损害
> 赔偿责任。(《中华民国民法》1930:192 条)

不过,清代法律规定了丧葬费用的具体数额,但民国法律并没
有规定。

法律并没有止步于丧葬费用。民国民法典还允许死者家属就
非财产上之损害要求侵权人进行赔偿:

> 不法侵害他人致死者,被害人之父、母、子、女及配偶,虽

---

① 在 1929 年至 1930 年国民党颁布民法典之前,1910 年修订的《大清现行刑律》是处
理民事纠纷的官方法律主体。在 1910 年律典生效的那些年里,大理院对民事案件
的裁决形成了指导性案例体系,下级司法机关的法官可以将其作为指导原则,而
且这一案例体系往往具有开创性。这些大理院的裁决,有许多都是依据清代在最
后十年间起草、但是并未颁行的民法典草案做出的。参见[美]黄宗智 2001:第一
章;[美]白凯 2000:74—78。
② 这一规定事实上自 1916 年大理院就这一问题做出裁决以来就一直存在。该案的
摘要中写道:"侵权行为赔偿责任之要件有三:1.故意或过失;2.损害;3.故意或过
失与损害之因果联络。"(傅秉常和周定宇 1964:189)"过失"这一术语在民国民
典的官方英译中有两种用法。有时它被翻译成"negligence"或"negligent"(例如
218 条中的"重大过失"),有时又被翻译成"fault"(例如《中华民国民法》1930:184
条和 186 条中的"过失";傅秉常、周定宇 1964:184 条和 186 条)。

非财产上之损害,亦得请求赔偿相当之金额。(《中华民国民
法》1930:194 条)

清末未曾颁布的民法典草案,能够使我们对立法者意图有更
深入的了解。一则法律条款指出,损失可能包括诸如"灭失活动能
力"等事项,并可能需要定期付款,以帮助养赡受害人(《大清民律
草案》[1911]1973:958 条)。因此,潜在的损失还包括对某人在受
到伤害之前的生活质量和生活能力的损害。此外,犯罪人可能还
需要支付医疗费用或长期康复所需的其他费用,比如,立法者提供
了安装假肢这一具体例证(《大清民律草案》[1911]1973:958 条)。

物质性损失并不是该法律所规定的唯一损失。1916 年大理院
的裁决指出,寻求对"精神上之痛苦"的损害赔偿也是正当的,只要
该项痛苦非常深重、难以弥合(郑天锡 1923:175;郭卫 1972:148)。
这项裁决允许失去亲人的家属,无论是父母、孩子、丈夫还是妻子
要求精神损害赔偿,而不仅仅是花费在与丧葬有关的事项当中的
费用。由于法律对赔偿未曾设定界限,没有对"相当"这一术语做
出界定,这为寻求对所遭遇痛苦的赔偿或者对失去家庭主要经济
支柱的潜在损失的赔偿诉讼打开了大门。晚清未曾颁行的民法典
草案甚至建议失去家庭的主要照顾者也可以纳入赔偿范围:"妻被
害,夫得向加害人请求相当之赔偿。"因为丈夫失去了他所依赖的
从事"家事"的人,大概也包括照顾他们的孩子(《大清民律草案》
[1911]1973:969 条)。这些规定是 1900 年德国民法典相关条款的
镜像,国民政府于 1929—1930 年颁布的民法典在很大程度上植根
于 1900 年德国民法典(《德国民法典》1907:823 条,843—847 条;
Ebke and Finkin 1996:208—209)。

我们在第五章中看到，民国时期的法官被授予比以往任何时期都更宽广的自由裁定刑罚的权力。而在此处，我们看到民国的法律条文再次为法官的自由裁量权打开了大门。这一次，法律不仅对特定种类的犯罪给予了比清代法律所允许的更广泛的惩罚范围，而且给予了更广泛的惩罚标准。各种杀人罪条款中对伤害的定义，不仅包括身体上的伤害或财产上的损失，也包括精神上的痛苦。犯罪人在从事犯罪行为时的主观状态在帝制晚期的法律中一直是界定犯罪性质的重要因素。而现在，受害人及其家属的主观状态同样可以发挥重要作用，即使不是在界定犯罪方面，也是在决定对罪行的惩罚方面。与此同时，这些新法规要求个人更加直接地参与到为受害人家属或受害人本人伸张正义的进程当中。与晚清的情况相比，这些微小简单的程序性变化是消除同态报复的下一个步骤吗？或者说正义、损害和赔偿的观念是否进化到现在只能在民事领域寻求报偿？我们必须查看案件记录，检视法庭上的法律变化是如何发生的。

案　例

我们已经得知，无论是清代的法律还是民国的法律，法律文本与法律实践之间往往大相径庭。因此，我们必须探讨，民国民法展现给读者的那些变化，到底在多大程度上是由杀人案件和伤害案件的诉讼当事人实现的？又是在何种程度上，受到伤害的受害人及其家属，以及杀人案件中的受害人家属会通过民事司法系统寻求赔偿？法院又是如何回应这个新的司法领域的？

损失的类别

当原告提起要求赔偿的民事诉讼时,他们要求赔偿的种类有许多。最容易证明的要求和最经常获得批准的要求是医疗费用(在受伤的情况下)和丧葬费用(在死亡的情况下)。例如,在 1943 年,住在北京前门外附近的二十一岁男子陈景隆在对杨德福的刑事审判中提了一个附带民事诉讼。二十四岁的杨德福被控过失致使陈景隆的父亲陈海死亡,随后杨德福也被法庭认定为过失杀人(北京地方法院:J65.19.2454)。杨德福是国际运输公司的一名司机,在他工作之时,他撞上了陈海并致使其死亡。此案相对简单,因为杨德福没有对事件的细节提出异议,也没有试图将责任推到其他地方。虽然杨德福在法庭上的行为是直率的,但他在街道上的行为必然是十分过分的:刑事法庭称杨德福的过失"相当重大",而且需要特别指出的是,法院想要拿他做一个例子,下令对其处以过失杀人法规所允许的最高阶的刑事制裁——两年有期徒刑。[1]

陈景隆的民事诉状写得很好,很可能是出自其律师崔健之手。其中引用了民法第 192 条来解释陈景隆要求支付赔偿金的原因("不法侵害他人致死者……")。诉状还指出,杨德福要对陈海的不法侵害行为兼负刑事责任和民事责任。陈景隆要求支付一大笔

---

[1] 20 世纪 40 年代对一般过失杀人的全部刑罚范围是"两年以下有期徒刑、拘役或两千元以下罚金"。而在从事业务过程中的过失杀人,刑罚范围是"五年以下有期徒刑或拘役",再加一个可供选择的三千元以下的罚金(《中华民国刑法》1935:276 条)。

赔偿金，但是所有的钱都是用于丧葬费用：一个木制棺材350元，入殓的衣服150元，运输棺材30元，埋葬棺材1000元，差旅费50元。陈景隆总计索要1580元。刑事法院将案件移送民事法院进行调查和裁决，不到一个月，双方就向法院出具了和解文书。杨德福同意赔偿陈景隆300元。尽管考虑到达成和解的速度和最终的赔偿金额，最初要求的赔偿金很可能被严重夸大，但杨德福知道法院不太可能让他逃脱责任。法律包含要求支付丧葬费用的具体规定，由于他的刑事责任已经确立，民事责任是很难避免的。此外，支付受害人的丧葬费用并不是什么新鲜事。这是清代法律所规定的标准做法，许多人此时依然对这种做法记忆犹新。还有一个新的因素是，赔偿金的支付不再是法律强制要求，而是必须要由受害人家属提出诉求。此外，赔偿金的支付数额也不再确定，而是由法院根据对案件情况的评估来决定。

丧葬费用和医疗费用通常被列入"零用费"和"所失利益"的赔偿诉求当中。在这方面，法院有更重的责任来评估索赔的有效性。例如，1940年发生在两名北京①市民之间的一起伤害案件，让地方民事法庭和省级民事法庭都感到头疼。在这个案件中，住在北京东四附近的二十七岁的男子孙寿铸与住所邻近的来自沈阳的男子杨海山发生了争执（北京地方法院：J65.18.310）。一场口水战升级为暴力冲突，孙寿铸用一把小刀划伤了杨海山的头部和胸部。刑事法庭认为杨海山受的伤并不严重，宣称"犯罪情节……非重大"，仅仅判处孙寿铸三个月有期徒刑，虽然其罪名最高可被判处三年

---

① 1937年北平沦陷，成为伪政权的首都，改称"北京"。为尊重原始档案文书的记录，此处以"北京"称之。

有期徒刑。① 然而,杨海山在刑事案件完结前提出了附带民事诉讼,刑事法庭宣称该问题过于复杂,无法及时处理,因而将此案移交给了民事法庭。

杨海山总共向孙寿铸索要 3500 多元。部分金额将涵盖值得考虑的医疗费用,以及他卧病在床这段时间里的零用钱。杨海山详细列举了他因遭受孙寿铸的攻击而多次前往三个不同医院治疗并发症的情形,包括肺炎,"记忆力丧失"和"精神时有错乱"。剩下的金额将用于弥补其丧失的收入。杨海山声称他在此之前在一家工厂工作,一个月能够获得超过 100 元的工资,但孙寿铸的攻击给他造成的生理上和心理上的问题不仅使他无法继续工作,而且还会使他在至少五年的时间里无法回去工作。面对这些诉求,孙寿铸的回应不仅在质疑其有效性,而且对杨海山的人品也提出了责难。孙寿铸指出,杨海山只去过一家医院,其他医院的收据都是伪造的。他坚称,杨海山不仅没有在工厂工作,事实上他一直无所事事,而且大部分时间都在和妓女调情。

地方民事法庭仔细审查了双方提供的各种诉求和收据,以及他们在法庭上的陈述。最终,法院裁定杨海山对于医疗费用的诉求是有效的,杨海山的医疗费用本来就应该由袭击他的人来提供,这与清代主动提出的要求差不多。② 然而,他对于零用钱的诉求被描述为"空言",以及他对于自己精神衰弱的索赔主张也被法庭利

---

① 故意伤害罪的刑罚范围是"三年以下有期徒刑、拘役或一千元以下罚金"。如果伤情严重,那么刑罚也会增加:"使人受重伤者,处五年以上、十二年以下有期徒刑。"(Fuller and Fisher 1960:277—278 条)

② 有关清代的裁决直接被民国时期的判决予以再创造的例证,参见第五章。

用他在庭审当中的表现予以驳斥："查其陈述本案事实之经过，情形历历为绘，与常人无异，绝非有疾病之人，讵而谓五年间因不能执行业务，显然难以置信。"杨海山所追求的对于"所失利益"的索赔主张因此被不予理会，他试图向河北高等法院重申这些主张的努力也因为程序性的原因而失败。①

像杨海山这样的索赔主张，超出了简单的对于所花费费用的偿还，它通常涉及一大笔钱，因此法院在调查时必须谨慎小心。原告要求巨额赔偿的逻辑可能是，不管索赔主张是否合理，其要求赔偿的金额越大，他们通过和解或法院正式裁判所获得的金额就越大。

这并不是说法院从来就不愿意站在民事案件的原告这边进行裁决。事实上，一些法庭对原告表现出了极大的同情。但它们仍然倾向于谨慎行事。例如，在1928年发生于浙江省、上诉到最高法院的一起伤害案件中，原告沈阿来不仅要求偿还医疗费用，还要求赔偿五个月的家用费，以及作为一名小摊贩的收入损失（张虚白1929—1933：2.1：13）。沈阿来遭到了攻击并导致左眼失明。浙江高等法院没有考虑到一只眼睛失明会妨碍他继续从事小摊贩的工作，只判给沈阿来他所请求的医药费和家用费，共计120元。直到最高法院对此案进行审查时，沈阿来要求额外赔偿金的请求才被认为是有效的。最高法院指出，"无论何项职业，莫不赖双目并用"，从而要求省级法院予以再审，主要聚焦于确定应当支付给沈阿来的未来二十年间所损失收入的恰当赔偿金数额。

法官们认识到，在这样的案件中，裁决偏向原告就意味着加重

---

① 孙寿铸也向河北省级法院提起上诉，要求减少地方法院所裁决的赔偿金额，但是法院判决他败诉。

被告的经济负担。在许多情况下,这远远超过了刑事司法体系所规定的刑罚。这既是附带诉讼,也是附带惩罚,它来自向司法系统寻求新型个人化、个性化正义的诉讼当事人。司法系统在确定这种个人化的正义到底该有多大剂量时总体是持小心谨慎的态度。

对个性化正义的渴求最为鲜明地体现在不法侵害致人死亡的诉讼案件对于损失的表达,尤其是幸存者对其所遭遇的精神痛苦的赔偿诉求。[①] 为死者服丧的家庭成员不仅仅是支出了葬礼的花销,他们迅速提醒法庭,自己还遭受到了情感上的创伤。例如 1942 年的这起案件,郭俊华的父亲被一辆失控的骡车碾压,郭俊华对骡车的驾驶者朱廷棠提起了附带民事诉讼(北京地方法院:J65.19.3173)。这起事故发生在北京南部的郊区,朱廷棠和他的兄弟都驾驶着装满砖块的骡车。这时,他兄弟的骡车陷进了泥里。在朱廷棠想要帮助兄弟拉出骡车的时候,他自己的骡车失控奔跑,撞上了正在道路上行走的郭俊华的父亲。刑事法庭认定朱廷棠在从事业务的过程中过失杀人,他将马路中央自己的骡车"弃去不顾",犯下了重大过失。

在民事诉讼请求中,郭俊华不仅要求支付医疗费用和丧葬费用 900 元(郭俊华的父亲并没有立即死亡),还要求支付总计 1000 元的"慰藉金"。后者大概有助于抚慰郭俊华的丧父之痛。它进一步惩罚了原告口中郭俊华的"任意"行为和刑事法庭口中的"过失"行为。这些都是惩罚性赔偿,它们补充了对犯罪人已经做出的刑事处罚。

---

① 有关虐待配偶和赡养费案件中的情感强迫问题,参见[美]郭贞娣 2012:109—137, 155—174。

郭俊华的诉讼以庭外和解的方式而告终。和解协议详细规定了这笔赔偿金的数目，但没有说明这笔钱的预期使用目的。由法院解决的诉讼则更加具体。例如在1942年的案件中，吴显忠因其小女儿吴大之死，对邻居张刘氏提起民事诉讼（北京地方法院：J65.19.135）。这两家的关系向来很差，吴显忠指出两家之间"积有嫌怨"。吴显忠声称，张刘氏故意用一块木头击打他的女儿，导致其受伤死亡。虽然刑事法庭不认为张刘氏的袭击行为出于故意，但是张刘氏实行了攻击行为并导致幼小的吴大死亡，因此法院判处张刘氏有期徒刑四个月，缓刑三年。

在吴显忠的民事诉讼中，除清楚记录在收据上的320.40元的丧葬费用之外，吴显忠还要求法庭基于两个额外的理由判给他的家庭更多的赔偿金。首先，他要求赔偿他和妻子930元的"扶养费"，这是他们的女儿将来本可照顾父母的费用。第二，他要求支付2500元的抚慰金。本案中的抚慰金是一个笼统的术语，它意味着对夫妻二人的补偿，因为如果他们的女儿还活着，"不但长大可帮助原告等夫妇营业生利，且可在膝下承欢"。从本质上说，吴显忠和他的妻子认为他们应该得到赔偿，因为他们失去了女儿对家庭营生的贡献——他们是售卖糕点和茶水等食品的小商贩，吴大长大后很可能会帮助她的父母。此外，他们还失去了女儿所能提供的陪伴和支持。不过，吴显忠并没有止步于此。他还强调，由于女儿的死亡，他和他的妻子"精神上大受损失"。他们心神狂乱，因此需要有抚慰金来予以安抚。在判决中，法院无视或驳回了丧失收入和赡养父母的赔偿请求。而法官认为正当合理的，是吴显忠在讲述其所遭遇的情感痛苦时所引发的"无形损害"。在法院看来,这种痛苦和折磨应当得到赔偿。

在最后一个案例中,我们可以看到,这种对无形损失的赔偿在某些情况下实际上是法院给予原告的唯一赔偿。尽管法院用相当平淡的口吻描述着这起案件,但原告毛贵宝的遭遇无疑传递出悲剧信息:"本年(1941 年)十一月一日,原告祖母毛朱氏带领原告赴被告所住百顺胡同念佛。被告之子杨小弟乘机将原告拉至屋中,以棉花堵塞原告之口,强行奸污。"(北京地方法院:J65.19.77)虽然法庭文件没有披露袭击者和受害者的具体年龄,但我们已经了解到他们当时都是未成年人,也就是十四岁或更小(《中华民国刑法》1935:18 条)。

尽管杨小弟的家人对强奸的指控提出异议,声称这些指控都是捏造的,并将杨小弟形容成一个整天待在学校里的好孩子,但法院并不认同。对受害人的身体检查揭示了强奸的证据,其他方面的调查也证实了这一点。但是法院多少被束缚住了——根据刑法,杨小弟还过于年幼,无法接受审判。法院对此表示懊恼,两次指出它阻止了对杨小弟的"起诉处分"。法院能够做的事只是将杨小弟送入警察局下属的收容教养机关进行"感化教育",法院最后也确实这么做了。这就是刑法的界限。

毛贵宝,可能还有她的家人,对这一结果并不满意,又对杨小弟的家人提起了民事诉讼。他们提出 300 元医疗费用的赔偿,用于给毛贵宝治疗遭受强奸的创伤,他们还提出 200 元"名誉金"的赔偿,指出"原告被杨小弟奸污,名誉完全扫地"。该诉讼请求还援引了民法第 195 条:

> 不法侵害他人之身体、健康、名誉或自由者，并害人虽非财产上之损害，亦得请求赔偿相当之金额。其名誉被侵害者，并得请求为恢复名誉之适当处分。（《中华民国民法》1930：195 条）

民法允许对损害个人名誉的行为进行赔偿。因此人们可以很容易地主张，在民国社会，就像在清朝一样，毛贵宝的声誉会因为她所遭受的暴力而留下永久性的伤疤，因此她的家人有理由寻求赔偿。民事法庭同意了这一诉求，尽管他们将其称为"抚慰金"。通过使用"抚慰"这一术语，法院选择回避了毛贵宝的声誉问题，转而关注她所遭受的痛苦。但是法院只判给毛贵宝 100 元，也就是其最初诉讼请求的一半，理由是她还如此年幼，"知识未开"，"其所受精神上之痛苦尚非重大"。姑且不论这一极具争议性的主张，我们确实能够发现法院愿意对犯罪人实施惩罚性的民事制裁，这种制裁超出了刑事司法体系的惩罚，而且它可以针对所受到的精神损害，并不仅仅是身体伤害。这是一个寻求正义的新的官方领域，这个领域在清代是没有的。

责任范围

扩展责任在帝制晚期的法律中是一个熟悉的概念，至少在刑事司法领域中如此。官员应当对其下属的不当行为负责，因为官员显然是玩忽职守，没有注意到即将来临的麻烦（[英]马若斐 1990：142）。在《大清律例》和前代的律典当中，我们可以找到许多一名家庭成员犯罪,全体家族成员都要受到惩罚的例子,这种情况被称为"连坐"（黄六鸿 1984：455；［加］叶山［Yates］1987：223—226）。在某些情况下,家庭因未能报告或制止某一犯罪而负有责任,但在其他情况下,这种扩展责任只是扮演着一种威慑力量（［英］马若斐 1990：124—125）。清律甚至规定,整个家庭对其成员所欠下的经济赔偿负有连带责任。例如,被控侵吞国家资产的已故官员的妻子和儿子可能会被追究财物被盗的责任,如果儿子也是官员,那么他可能会被扣掉薪俸,用以偿还其父的债务（《读例存疑》：264.04 条,264.05 条；Metzger 1973：301）。

那么民国时期的责任范围何在？在确定刑事行为的民事责任时,法律究竟在多大程度上发挥了作用？根据民法典,民事责任并不总是以犯罪人本人为终结。如果一名犯罪人因精神疾病或年龄而丧失责任能力,那么他的"法定代理人"——父母或法定监护人,应当对其所犯的任何行为负连带责任,有时甚至是单独责任（《中华民国民法典》1930：187 条）。这就是上文所讨论的毛贵宝和杨小弟诉讼案所面临的情况。杨小弟的母亲需要对其儿子的行为负连带责任,并被要求支付其子无力偿还的 100 元赔偿金。

父母对孩子行为的责任相对容易证明,因为其标准是客观的——如果孩子是未成年人,父母就需分担责任,这是可以验证的事实。然而,涉及执行职务过程中致使他人受伤的案件,对于法院来说就棘手得多。如果雇员在工作时间犯罪,公司是否负有责任？根据民法,雇主确实应当对其雇员的行为负责,但只限于雇主本人疏于监督的情形：

> 受雇人因执行职务，不法侵害他人之权利者，由雇用人与行为人连带负损害赔偿责任。但选任受雇人及监督其职务之执行已尽相当之注意，或纵加以相当之注意而仍不免发生损害者，雇用人不负赔偿责任。(《中华民国民法》1930：188 条)

此外，第 188 条指出，对于经济困窘无力履行民事判决的雇员，无论雇主是否在监管责任上存在疏失，都要为雇员所欠的赔偿金负责。① 不过，"无辜"的雇主随后被允许向雇员追偿，大概是通过扣工资的方式来收回所支出的款项。

为了了解法院在多大程度上愿意运用扩展责任，在下文中，我考察了 20 世纪 30 年代末至 40 年代涉及北京电车公司的三起案件。北京电车公司是北京唯一拥有牌照的电车运营公司。不过，尽管它拥有这样的垄断地位，该公司并未取得立竿见影的成功。受金融危机的困扰，在 1924 年开始运营的三年内，公司负债高达 400 万元(Strand 1989：137)。而且，金融问题并不是公司所遇到的唯一麻烦，因为电车还经常卷入碰撞案件中。事实上，在电车系统开通的第一天就发生过一起这样的碰撞，一连串类似的事故促使政府对电车的速度和安全性进行更为严格的监管(Strand 1989：134，139)。

第一起案件是针对该公司和其二号线的一名司机傅桂林的(《司法公报》1938：4.4)。傅桂林在驾驶着开往东四牌坊的电车

---

① 法学家吴经熊(John C. H. Wu)认为，在将替代责任分配给法律承认没有过错的一方的问题上，中国侵权法超越了其所依据的德国侵权法(吴经熊 1931：325)。然而，雇主可以自己寻求追偿的权利削弱了这一论点。

时,撞上了一个九岁的小男孩并致使其死亡。尽管傅桂林一开始声称,是小男孩突然冲到电车面前,他没有办法避开他,但后来,傅桂林又改变了他所叙述的故事,声称在男孩第一次出现的时候,他事实上已经停车了,就在他再次启动车辆的时候,男孩又跑回车的面前去了。在第二种说法中,傅桂林承认:"我们司机开车时,不顾两边,只顾前面。"刑事法庭在这些陈述中找到了"昭然"的证据,证明傅桂林犯有过失杀人罪,民事法庭因此认定他负有赔偿小男孩家庭损失的责任。不过,民事法庭并没有就此止步。他们还对北京电车公司做出了判决,认为该公司既在监管行为中存在过错,又要对事故本身负直接责任。对于前者,电车公司在试图洗脱罪名时只是向法庭提交了一套驾驶规定,以及其要求员工完成考试和培训的相关信息,而没有提供与傅桂林的表现有关的任何具体信息。由于缺乏这类无罪辩解的证据,法院裁定该公司未能满足民法第 188 条的要求——在挑选及监督傅桂林的问题上,没有"尽相当之注意"。对于后者,法庭对电车公司的批评更为严厉。事实证明,为了节约成本,电车公司从未在傅桂林所驾驶的电车上安装重要的电动刹车,这迫使他只能依靠手刹来停车。没有电动刹车并没有减少傅桂林的责任,但却增加了北京电车公司的责任,使得电车公司也负有赔偿受害人家属的责任。

　　同月,最高法院在其审理的另一起案件中也提出了类似的批评。在这起案件中,北京电车公司及其四号线司机吴建基因为撞伤了一位名叫马崇敏的年轻人而被民事法庭和刑事法庭认定应当承担责任(《司法公报》1938:7.3)。马崇敏的四肢均遭到严重创伤,法院宣告其"工作之功能几全损",即使十年后可能也无法恢复。法院命令吴建基和他的雇主每月提供马崇敏 20 元生活费。①
吴建基被裁定为过失伤人，因为他在电车驶近繁忙的十字路口时
没有按铃。北京电车公司被判负有连带责任，因为该公司再次未
能提供充分证据证明它在选择员工和履行监督职能方面尽到了
"相当之注意"。

最后是 1943 年北京电车公司及其三号线司机熊笃俊的案件
（北京地方法院：J65.7.11983）。熊笃俊驾驶电车驶向新街口时，电
车脱轨翻车，造成多人受伤，两人死亡，其中包括检票员张增华。
根据汽车脱离轨道和最终停止的位置之间的距离，可以确定电车
当时正在高速行驶。对工程师和一名目击事故的警察的访谈显
示，熊笃俊刹车太快，以致电车脱轨。熊笃俊被认定为在从事业务
过程中的过失杀人罪，被判处有期徒刑一年，缓刑三年。

在刑事审判的过程中，张增华的遗孀发起了对司机和电车公
司的附带民事诉讼进程。由于司机的过错已经在刑事领域进行了
讨论，因此这名寡妇着重强调电车公司的责任，指责该公司使用了
有缺陷和过时的设备。她要求被告支付十年的赔偿金，共计 3.6 万
元，她说这笔钱将用于抚养三个失去父亲的年幼孩子，自从孩子的
父亲去世后，家里没有任何经济来源。她的诉状引用了第 188 条
的话语，提到由于司机本人无力支付大部分索赔，他的雇主应该对
余款负最终的责任。不过这个问题并未经过民事审判。在她第一
次提出动议的三个月内，以及在她请求刑事法庭将案件移交给民

---

① 马崇敏对这笔赔偿金的数目并不满意，他提出上诉，要求将补助的数额提高到至
少每月 40 元。尽管最高法院默认了当时的通货膨胀，但它拒绝增加补贴数额，称
"此系由于一时之特殊事态"。

事法庭以获得更多关注的十天内,检票员的家人又回到了法庭,提交了第二份动议,要求驳回第一次的请求。根据文件中使用的溢美之词:"公司与被告,均非有何过失",这家人"不忍再使无辜之被告久受讼累"。很明显,双方达成了庭外和解。北京电车公司对于此类诉讼有着丰富的经验,在其他案件中,最高法院的裁决要求其承担民事损害赔偿责任。在这种情况下,庭外和解很可能比打一场公司不太可能取胜的漫长官司要更加可取。

因此,在这些案件当中,我们可以看到民国时期民事法律下扩展责任的证据,尽管这并不是吴经熊(1931)所暗示的直接替代责任的证据。① 首先,就像毛贵宝和杨小弟的案件一样,我们发现家庭成员对疏忽大意的亲属所招致的债务负有赔偿责任。其次,我们发现公司有责任承担由于员工的疏忽大意而产生的经济责任。这两类群体,作为父母和雇主,都应该对被判有罪的人起到监督作用,因而也需要分担过失。的确,在某些情况下,法庭发现管理者本身的行为存在过失。但在其他情形中,虽然司法体系并没有对管理者发出官方责难,但管理者依然需要赔偿受害人,因为双方在审判开始前已经达成了民事和解。这种实际上的扩展责任并不一定是民国刑法的选择,但对于精通清代法律的人来说,它也是一个完全熟悉的领域。

---

① 对于 1949 年以后的时代,黄宗智指出"无过错民事责任"领域的存在。在这个领域当中,当事人需要为他们没有过错但依然负有解决责任的行为支付赔偿([美]黄宗智 2010:158—163)。黄宗智将此描述为"对社会现实的让步"(2010:238),即受害人应当得到某种形式的赔偿。早在清代,过失杀的范畴就不仅包括低级别的过失行为,还包括出于意外的行为,我们可以将其称之为"无过错刑事责任",其运作逻辑与之类似。

民事和解与刑事判决

民事诉讼的时机允许民事司法和刑事司法之间存在某种交叉关系。刑事判决可以影响民事诉讼的过程，而附带民事诉讼、民事和解，以及正在进行的民事审判也可以影响刑事法庭做出的判决。

如果在提起民事诉讼之前已经做出了刑事判决，那么原告肯定会在他的诉状中提到这一点。如果这起纠纷进入到民事审判，原告通常会提交刑事审判的记录作为证据。有罪判决确定了侵权行为的发生，减轻了被告证明因果关系的负担。相反，刑事审判中的无罪判决肯定会使民事赔偿请求无效。正如北京地方民事法庭在驳回一位悲痛的母亲对最近亡故的女儿的主治医生提起的附带民事诉讼时所指出的那样："（刑事法庭）检察官检验福子实系因病而死，被告依法不负任何责任，更无赔偿可言。"（北京地方法院：J65.19.1938）此处，民事审判已经开始，而刑事审判仍在进行。刑事审判做出的决定使得民事法庭的工作非常容易开展。

我们也发现了影响以另一种方式传播的证据，即从民事领域到刑事领域。例如，在上文所述的电车检票员张增华一案中，当受害人家属撤回其民事赔偿的动议时，刑事审判仍在进行当中（北京地方法院：J65.7.11983）。不到三个月之后发布的刑事判决特别指出了这一事实。法院提供了一系列为何应对电车司机从轻论处的原因——"被告年幼"，"家口又仰以为生"，"恶性尚非深重"。最后承认受害人家属已经放弃了民事请求：他们"不愿诉"。因此，刑事法庭决定做出有期徒刑一年和缓刑三年的正式判决，但其实，它也运用了刑法典授予法院的自由裁量权来减轻惩罚：只要电车司机在接下来的两年到五年内没有实施其他犯罪行为，那么他就不必在监狱中服役一年（《中华民国刑法》1935：74—76条）。此处，我们发现法院一并考虑了潜在的民事和刑事结果，在权衡这两个领域的最终结果的基础之上来达成更完善的司法正义。

发生于1942年的段成奎案也出现了类似的情况。段成奎是北京东安市场中的一名厨房工人（北京地方法院：J65.6.3235）。段成奎骑着自行车从他生活和工作的地方向东行驶时，撞到了一名行人王王氏。王王氏的头部受了重伤，第二天在医院中去世。段成奎向调查人员承认，在他撞到王王氏的时候，他对当时地面状况的注意确有"不慎"。刑事法庭认为，段成奎明显犯下了过失杀人罪，但与前一个案件一样，由于段成奎支付了丧葬费用，他的刑罚得以减轻。用法院的话来说："被告深觉悔悟，已代出费用，将被害人成殓葬埋。是被告犯罪后之态度不无可原。"最终判决其有期徒刑六个月，缓刑两年。此处，我们看到的是犯罪人做出的赔偿与清代法律要求为过失犯罪予以赔偿的准确类型相一致的例证，即支付丧葬费用。这一赔偿，尽管可能是庭外达成的，但它引起了刑事法庭的注意。当我们将这一赔偿与缓刑结合起来时，会发现其结果与根据清代法律所判处刑罚实际上完全相同。

最后，我们有一个1942年的案例。曾春荣是著名的北京电车公司四号线的一名司机（北京地方法院：J65.6.3289）。他在驾驶电车从北新桥向西行驶时，撞上了一名只有四岁的小女孩沈慧弟。沈慧弟很快就死于后来被认定为灾难性的头部创伤和其他下肢创伤。曾春荣没有否认自己撞到了女孩，尽管他在地方刑事法庭和省级法院二审时对自己为何撞到女孩给出了不同的解释。无论如何，两级刑事法庭都谴责曾春荣没有尽到足够的注意义务，尤其是这起事故发生在一个繁忙的十字路口附近，那里挤满了汽车和行人，其中包括儿童。毕竟，这是他自己选择的职业，他应该了解得更多。曾春荣被认定为在从事业务的过程中过失杀人，上诉也维持了原判。然而，他的判决受到了沈家提起的民事诉讼的影响。在刑事审判的过程中，曾春荣给予了沈家经济赔偿，因此该问题没有进入到民事审判当中。地方法院发现了这一举动，认为曾春荣"颇忏悔态度"。河北省高等法院也表示同意，指出"其犯罪后之态度颇知后悔"。两家法院都特别指出，给予沈家的赔偿是曾春荣获得从轻判决的理由，他只被判处六个月有期徒刑并予以缓刑。

在民国法院的这些行动当中，我们看到民事责任和刑事责任在法律系统当中的重聚，这相当于合并两个司法系统，共同协力创造一个统一的司法正义。每一方都可根据另一方的行为来修正自己的行为。在跨越两个领域的案件当中，二者共同创造了一个完整的正义体系。当民事领域取得充分的公正，从某种意义上说，刑事法庭所给予的惩罚将相应地减轻。

结 论

根据民国时期的民法，可以对那些故意杀人或过失致人死亡的犯罪人提起侵权诉讼。不过，除了少数例外，本章所讨论的案件通常只涉及伤害或过失杀人。这并非是我有意为之，只是我在北京市档案馆和已出版的资料汇编中查找涉及故意杀人的不法侵害案件时一无所获。虽然它们当然可能存在，但显然，这类诉讼的绝大多数涉及过失或非致命伤害，而非故意的事项。这就引出了为什么会这样的问题。

如果我们考虑到民国时期的民法（尤其是侵权法）与刑法之间的关系，就会得出部分答案。刑法一般惩罚危害性行为，而侵权法则赔偿受害人的损失（LaFave 2000：13）。从本质上讲，侵权行为法更多关注的是受害人的个人事务，而刑法更多地关注公共领域内的事务。我们还必须考虑到法律对待故意行为和疏忽行为的严厉程度。故意杀人罪一经定罪，就可能被判处无期徒刑或者死刑。过失杀人罪则不太可能被判处一年或两年以上的有期徒刑。

很少有家庭就故意杀人提起民事诉讼，这意味着此类家庭认为，从刑事法庭所获得的正义的质量已经足够。犯罪人即使没有被终身监禁，也会在相当长的一段时间内被投入监狱，甚至可能失去生命。对于国家来说，他对社会造成的任何威胁都将长期消失。对于受害人及他们的亲友来说，某种形式的报应也已经达成。此外，从家庭的角度来看，在这种情形下，通过民事审判是否能够获得更多利益是值得怀疑的。犯罪人将没有持续的收入来支付损害赔偿金，在刑事审判结束后，可能也没有什么财产可供罚没或典当。由刑事法庭所完成的惩罚和正义，至少在官方司法领域是足够的。

然而，过失杀人完全是另一回事。虽然犯罪人可能被判处三年有期徒刑，但刑事法庭通常只会判处一年以下有期徒刑。对犯罪人的处罚相对较轻，而且与清代不同，受害人及其家属没有得到任何赔偿，刑事法庭征收的任何罚款都将直接交付给政府。正是在这种情形下，许多受害人家属向法律体系寻求更多的帮助。他们认为在刑事领域所取得的正义是不够的，于是又转向民事领域。① 虽然民事法庭做出的经济裁决并没有被正式认定为"惩罚性"的，但它仍然允许受害人家属寻求并实现他们自己的个性化正义。受害人家属将直接得到犯罪人的赔偿。当然，民事领域的任何结果都将纯粹是金钱方面的，但这并不会削弱其对被告的潜在影响。在上文所考察的一些案例中，被告被迫变卖家产。例如，在杨小弟强奸毛贵宝一案中，案卷中附有一张动产清单，包括一张木床和一把水壶，总价值 37 元（北京地方法院：J65.19.77）。显然，杨家会因支付法院裁决的 100 元赔偿金而处境艰难。对于许多犯罪人（在某些案件中还有他们的家人）来说，这些民事处罚是他们唯一愿意付出的代价。但对另一些人来说，民事法庭所判处的赔偿金要比相应的刑事审判所发布的任何刑罚都更具惩罚性。对于生活在社会边缘的家庭来说，这种经济处罚可能是毁灭性的。同样的情况也适用于过失伤害或故意伤害案件。清代法律会对这些案件启动自动的民事赔偿，既包括医疗护理费用，也包括受伤后的生活费用。当这些案件发生在民国时，受害人及其家属会很自然地提起民事诉讼，以得到与他们在清代将会得到的相一致的正义。

沿着这条路线，我们还应记住，在清代的六杀之中，只有过失杀被规定了民事赔偿责任。它与伤害罪及其他位于犯罪意图谱系底层的杀人罪都具备此项特征，但刑事法律领域的其他犯罪却鲜有该项特征。因此，当我们看到很少有民国时期不法侵害致人死

---

① 他们也可能诉诸于宗教仪式。参见［美］康豹 2009。

亡的民事赔偿案件超出过失犯罪和伤害犯罪的界限,我们也不应感到意外。这只是民国法制实践延续清代法律规范的又一例证。

本章还重点介绍了民国时期实现正义的新机制,以及诉讼当事人在司法程序中的参与方式的变革。这是民国时期新的侵权法与大家熟悉的清代刑事法律之间的关键差异。在侵权行为中,受害方要求索赔并提起诉讼,而不像犯罪行为那样,一旦某项问题进入当局的关注范围,则由国家负责处理。因此,新的侵权法领域要求民国时期犯罪案件的受害人及其家属,在追求正义方面比清朝时期发挥更加积极的作用。

在民国的法庭上,受害人或受害人家属必须站出来,表达他们所受的损失,有时不止需要一次,而是两次。而且他们的目的也会因受众的不同而不同。① 在刑事审判中,法庭对证据进行评估,听取被害人的申诉,并考虑被告的行为所造成的社会危害性。在宣布刑罚的时候,必须将社会的需要纳入考量的范围:这个人是否危险? 对于他的行为,是被判入狱还是准许缓刑能够确保他受到了足够的惩罚,从而阻断其再犯可能性?② 相比之下,在民事审判的过程中,家庭的诉状将成为焦点。当然,诉状通常是在律师的协助下精心策划的。家庭尽可能引发共鸣及证明其损失的能力将决定最终的结果。因为对受害者个人所造成的伤害是民事法庭所关注

---

① 可以肯定的是,受害人家属在清代也必须参加审判活动。事实上,由于清代的官僚机构十分有限,官方的监督力度又很轻,提起诉讼和侦破刑事案件的重担往往落在受害人家属的身上。但是,一旦有刑事案件引起了衙门的注意,司法官就会自动对社会正义和个人正义问题进行全面的调查和充分的关注。

② 尽管罚款在民国的法律当中是过失犯罪案件可供选择的刑种,但它很少被适用。几乎所有的判决都是短期监禁。

的焦点。① 这种新程序以前所未有的方式，将犯罪案件中受害人的法律体验个性化。

对于位于杀人犯罪谱系底端的杀人罪类别来说，尤其是过失杀人，侵权法及不法侵害他人致死条款的纳入同样意味着民国法律的惩罚范围超出了清代法律。同态复仇的接受度在清代、甚至可以说在整个帝制晚期时代都在逐渐减弱。基于严格的"杀人偿命"理念的政策已不再有效。到了清末，法学家们已经从法典中废除了这一理念，理由是对于许多犯罪而言，其他惩罚方式更为公正合理。在 20 世纪早期，对于这些犯罪科以监禁刑和罚金的条款替代了虚拟死罪判决。这一变化发生在民国时代刚刚来临、新的法律体系刚刚形成的时候。

随着民事领域与刑事领域的分离，过失杀人案件中的正义实现方式也发生了变化。国家利益和个人利益现在将沿着两条不同的路线来追求，它们有时平行，但有时也会重叠。因此，虽然民国时期的过失杀人法律所涵盖的行为范围比清代窄，但民国时期过失杀人罪所获得的潜在惩罚可能远远超过清代法律所科处的刑罚。在清代的法律当中，过失杀人案的犯罪人会支付一笔钱款作为丧葬费用，但不会有其他经济上的处罚。

随着这些转变，受害人家属对正义的追求和所获取的正义的

---

① 在这部分讨论中，我受到了以往研究作品的影响。这些著作指出，民国时期对于个人的关注在增强，特别是在民国民法典的编纂以及当时法律界与知识分子的辩论中，个人和个人权利受到了极大关注（[美]白凯 1999；[美]黄宗智 2001，2010；[美]郭贞娣 2012）。正如一些作者所指出的那样，在侵权法中，我们再次看到了对于个人的转向。不过，我这里讨论的重点并不是强调对个人权利的呼唤，而是强调对个人损失的日益关注。

质量也发生了变化。此前由一个法庭来处理社会正义和个人正义,并由一个诉讼程序决定的体系,在民国时期被分成了两部分。一种新的逻辑注入了民国的司法体系,在这个体系中,更多责任被分配给了追求赔偿的受害者个人。与清代相比,民国时期的原告必须以更加实质性的方式参与到法律当中。甚至在一些案件中,如果他们想要取得与清代相近似的正义质量,这都是必要的。然而,在另一些案件中,当原告为无形的、情感上的损失寻求经济赔偿时,司法系统就进入了一个前所未有的领域。法院现在将作为仲裁者来评估和确定对个人所造成伤害的价值。尽管这项研究强调了清代法律和民国法律在好几个方面的交叉融合之处,至少在侵权法方面,我们看到了一些与众不同的的东西:法院系统对个体公民的关注日益增加,并且不是从常常进行讨论的个人权利的角度来切入,而是从个人损失的角度来切入。

结　语

　　以往的研究将清代的刑事法律描述为一个陷入特定情境的律例体系,该体系以具体的情境为中心,在很大程度上缺乏抽象的概念化。这幅图景掩盖了中国帝制晚期法律最为重要的元素之一:中国法律在处理抽象概念时的复杂性,尤其是犯罪意图的复杂性。犯罪意图是清代律学家进行分析的重要范畴,它是一个按照意图的严重程度予以精细层级划分的谱系性概念。律典当中的主要杀人罪类型依据其意图被定义为"六杀"。对于谋杀来说,其杀人的意图是在犯罪实施前产生的,而对于故杀来说,其杀人的意图是在实施犯罪的那一刻才产生。其他类别还包括故意伤害致人死亡、鲁莽冲动致人死亡、疏忽大意致人死亡及意外致人死亡。

　　第一章的主体是过失杀,它在清律中位于杀人犯罪谱系的底端。这种犯罪既包括意外杀人,也包括低级别的过失杀人。在清代法律下,过失犯罪的种类不仅体现在过失律当中,还体现在车马杀人等一系列其他律文当中。这些其他罪行显然不仅仅是出于意外或低级别的疏忽大意,即使犯罪人确实没有故意伤害的意图。对这些犯罪所科处的刑罚确证了它们在杀人犯罪谱系中的位置:其刑罚重于过失杀,但轻于故意伤害罪的刑罚。而戏杀这一类别向具有犯意的犯罪又迈进了一步。

第二章利用清代的斗殴杀范畴,对涉及伤害意图的杀人罪进行考察。斗殴杀的律文部分是基于情境的。毕竟,它与冲突、争吵或打斗的情境密切相关。但是,它也将对犯罪人主观心态的分析纳入了法律定义当中。这种分析非常重要,因为斗殴杀与更为严重的故杀犯罪具有相同的情境标记。故杀与谋杀是第三章的主题,它们占据了杀人谱系的顶峰。虽然犯罪意图的产生时间,即杀人的意图是临时起意还是事先预谋位于司法分析的核心位置,但清律同样关注犯罪中的隐秘意图或动机。某些特定动机,例如为了促成另一项犯罪的实施,可能导致比标准故意杀人案更为严厉的刑罚。杀人犯罪中的犯意等级及其特性对于司法机关来说至关重要。

在 20 世纪初期,中国开始了一系列全面的法律改革。对于刑事法律来说,这意味着要根据欧洲大陆的模式颁布一系列新法典。欧洲大陆新近的法典是由一般性的、基于原则的法规所组成,旨在涵盖所有可能的犯罪情形。因此,民国时期的第一部法典只包含了故意和过失这两种一般性的刑事责任类别,并将对犯罪意图的进一步评估降至审判中的量刑阶段。不过,民国刑法也不是简单地全盘继受外国模式。在某些方面,清代法律与民国刑法之间的连续性超过了这些变化。由于新刑法典未能完全应对中国帝制晚期法律的广阔领域,因此,许多民国时期的立法活动主要聚焦于修订新刑法典，以便使其更加贴近从清代社会延续下来的法律规范。

部分调整是通过重新引入清代的法律范畴或法规来实现的。以民国时期对清代斗殴杀这一范畴的处理为例。同许多其他类别一样，该范畴在民国初期就被剔除了。新法典中与斗殴杀最为相似的条文是关于伤害致死的法律条款。按照新法典的精神，这一条款被设想为一个没有任何情境标记的概念导向型法规，意图涵盖不论情节的所有伤害案件。然而，到了法律实践当中，对民国时期法律案件的考察显示，尽管最高法院试图剔除对清代区分杀人罪类别的技术依赖，但下级法院继续信奉它们，并利用清代区分故杀和斗殴杀的标准去区分民国的标准杀人罪和伤害致死罪的范畴。虽然民国的法律范畴意图完全脱离情节和事实情境，但将意图构想与具体情境结合起来的清代模式被证明不仅是法官们更加熟悉的模式，也是更加适合的模式和最为公正的模式。因此，为了进一步支持清代杀人罪概念体系的回归，1928 年《中华民国刑法》重新引入了在 1912 年被废除的一项清代法规，该法规涵盖了群殴当中的杀人行为（《中华民国刑法》1928：300 条）。这样一来，民国立法者们默认，民国有关杀人罪的法规在某些方面正在慢慢回复到清代的形式。

有关谋杀的法律也遵循着类似的轨迹。在 1912 年至 1928 年《中华民国暂行新刑律》有效期间，该法律缺乏有关谋杀的具体法规。事先预谋的杀人案件只根据标准的杀人罪法规进行裁决，而预谋只被当作量刑阶段的诸多考量因素之一。而在清代，谋杀不仅有其独立的法律条款，还占据着杀人犯罪谱系的顶峰。预谋的地位较其在清代大大降低，这使许多法学家感到懊恼。最终，在从

1928 年到 1935 年的刑法中包含着一种妥协:刑法典的杀人罪篇章引入了一项新法规,其中详细说明了一系列应当在标准杀人罪的刑罚基准上加重处罚的情节,预谋也包括在内(《中华民国刑法》1928:284 条)。民国的法律体系在效仿西方,在西方的眼中,它看起来既熟悉又先进。但对于那些习惯了以清代的方式思考法律和正义的人来说,新的民国的方式是不够的。预谋作为一种法律范畴已不复存在。这是一种进步吗? 疏忽大意和鲁莽冲动之间的细微差别也消失了。法学界对于新制定的民国法典做出的反应又背离了新的民国体系,重新回到了清代模式,这种反应在立法者层面和执法者层面皆有发生,表明他们认为 20 世纪早期诸多法律修改是不公正的。

民国法律所采取的第二种方式是开始适应社会规范,以及从清代社会关于审判量刑的方法中延续下来的正义内涵。根据民国法律,对特定罪行予以定罪并不意味着会自动对应特定的惩罚。现在,民国刑法典中每一则相对笼统的法规都包含着一系列可能的刑罚,法官有权从中选择他们认为最适当的判决。有时,法官们会遭遇清代的官方正义与民国时期的法典化正义之间存在断裂的情况,比如丈夫杀死不贞的妻子及奸夫的案件。在民国的成文法与清代持久的官方正义观相抵触的情况下,中国的法官们可以运用他们手中大大增加的自由裁量权在民国时期复制清代的判决,从而在民国法律之下重建清代的司法正义精神。

第三种方式,可能也是最广泛适用的一种方式,在处理发生在刑事法庭和民事法庭边缘地带的杀人案件时,我们可以看到对于清代司法模式的回归。在清代,由一个法律体系来处理这类案件,看来似乎可令受众满意。而到了民国时期，这些案件是在两个分立的领域进行处理的。清代的统一司法模式在民国时期被割裂。然而，这两个司法体系又开始相互协作，使得司法体系虽然在表达上彼此分立，但在现实当中又重新统一起来。

虽然中国帝制晚期的法律经常被贴上前现代的标签，认为其缺乏现代法律体系所独有的抽象推理的高度，但分析清代的杀人犯罪法律体系及其对犯罪意图的处理，揭示出帝制晚期法律在处理抽象概念上的复杂性。其处理方式比西方同时期甚至 20 世纪的许多西方法典更为复杂和精妙。从清代至民国刑事法律的变迁来看，我们发现，精简化、一般化的民国新法典有的时候不仅不能很好地处理清代法律的广阔领域，而且也不能很好地适应中国法律与社会的现实。因此，民国时期的立法往往致力于重新引入清代的法律条文。在司法实践领域，法官行使新近扩张的自由裁量权，在民国时期复制清代的判决。最后，清代与民国刑事法律之间的连续性往往超过了这些变化，揭示出 1911 年前后的中国司法体系否定了前现代法制与现代法制的二元范畴。

经历过改革开放初期对韦伯现代性设计的接纳，中国知识分子近些年来开始背离韦伯，批判他的欧洲中心主义，以及他将 19 世纪晚期的大陆法系作为现代性的典范（臧东升 2014b）。对于一些人来说，对韦伯的批评与对西方整体性的批评，尤其是对西方法律模式的负面评价非常吻合。在他们看来，韦伯式的现代主义及其固有的西化冲动应当抛弃，中国应当利用固有文化和社会规范发展出一套自己的法律体系，采用类似于"和谐"调节的方式，在实践中一只脚立足于 20 世纪前的传统,另一只脚立足于毛泽东时代的传统([美]黄宗智 2010:230;臧东升 2014a:160—162)。正如臧东升(2014b:47—48)所指出的那样,其结果有时是后现代的,同时又是对韦伯和西方的反现代批判。

虽然本书对韦伯模式进行了批判,但并没有试图加入后现代式的批评阵营,也没有打算在中国过去的历史当中进行一场明确寻找韦伯现代性种子的探索之旅。相反,它提供了一个历史经验,当代中国的立法者们也许可以从中吸取教训。在民国初期全盘继受西方模式是有问题的。它先验地假设此前清代的规则、章程、实践,以及中国整个法律传统都是有缺陷的,而那些占统治地位的后殖民国家,比如西方和日本的法律模式是优越的。清末民初的立法者要么不愿意承认,要么不能承认清代法律具有复杂而微妙的方法论和实践。诚然,中国法律传统中的一些元素最好还是置于一旁以满足 20 世纪初期国家与社会的需要。但是,将清代的法律实践当然假定为前现代的做法意味着清代法律中有价值的元素也被抛弃了。对于杀人罪的法律规范来说,这意味着对犯罪的主观因素进行细致入微的概念分析方法被一种更为简单的方法所取代,而这种方法在很多层面都不适合中国。

我们可以抛弃韦伯的价值判断,但不抛弃他的法律方法中某些有益的方面。韦伯认为中国法律缺乏抽象的概念化体系,这一观点是错误的,但是他将抽象概念与具体事实情境相提并论的术语非常有用。它使我们对帝制晚期法律的优势之一有了明确把握——它结合了之前被认为是不可调和的事物,而且在帝制晚期的法律当中,抽象概念是与具体情境结合在一起来设定的。

正如第四章所讨论的，在帝制晚期的司法机关当中，司法官所追求的是揭示"那个"（the）真理，而不是承认"一个"（a）真理。这个冠词的选择决定了一切，而后一种方式，从韦伯的观点来看被认为是更加先进的。当我们试着接近现代性概念时，我们可以翻转这个有关冠词的游戏。帝制晚期的法律具备"一个"它自身的现代性。但这并不是韦伯所定义的"那个"现代性，也不是西方所赋予的"那个"现代性，我们已经远远超过了那个能够假定所有事物都拥有单一现代性的时代。随着冠词的转变，我们能够承认帝制晚期的法律在特定领域具备复杂性，我们能够更好地理解民国时期的立法者和法律从业者为何如此渴望回归某些清代模式，我们也能够看到，为何民国现代化事业当中的一些元素存在着问题。

民国时期法律的妥协、革新，连同对特定清代模式的选择性回归（或者至少是一种回归的冲动），可以作为当今中国法律改革者的指南。我们可以从过去的实践中发现优势和现代性，而无论如何应当避免的是法律改革的意识形态化。在任何时代，这都是一条危险的道路。在 20 世纪初期，帝制晚期的传统与西化的冲动发生了抵触，帝制晚期的传统落败并被官方所抛弃。接下来的是数十年的适应和对抗期，在 1949 年民国时期结束时，法律体系仍在很大程度上处于进步当中。

附录 1　杀人罪的主要类型及其刑罚

附表 1　清代的主要杀人罪类型及其刑罚

类型	刑罚
谋杀	斩监候
故杀	斩监候
斗殴杀	绞监候
误杀	斩监候(故杀或谋杀案件中的受害人错误)
	绞监候(斗殴杀或戏杀案件中的受害人错误)
戏杀	绞监候(一次秋审过后自动减为流刑或徒刑)
过失杀	可收赎的绞监候(收赎费用为 12.42 两白银)

来源:《读例存疑》:282 条,290 条,292 条,292.04 条,411.27 条。

附表 2 民国时期的杀人罪类型及其刑罚

类型	刑罚
(故意)杀人	十年有期徒刑至死刑
过失杀人	1912:五百元以下罚金
	1928:两年以下有期徒刑、拘役或一千元以下罚金
	1935:两年以下有期徒刑、拘役或两千元以下罚金

来源:《中华民国暂行新刑律》1912:37 条,311 条,324 条;《中华民国刑法》1928:282 条,291 条;《中华民国刑法》1935:271 条,276 条。

附录2　清代的标准刑罚条款

五刑体系(按照刑罚等级从低到高的次序排列)

1.笞刑五

一十(折四板)

二十(折五板)

三十(折一十板)

四十(折一十五板)

五十(折二十板)

2.杖刑五

六十(折二十板)

七十(折二十五板)

八十(折三十板)

九十(折三十五板)

一百(折四十板)

3.徒刑五

一年、杖六十①

一年半、杖七十

两年、杖八十

两年半、杖九十

三年、杖一百

4.流刑三②

两千里、杖一百

两千五百里、杖一百

三千里、杖一百

5.死刑

绞监候

斩监候

绞立决③

斩立决

来源：《读例存疑》第 1 条；[美]布迪和莫里斯 1967:77—78。

---

① 这里所列举的附加于徒刑的杖刑数量和下文所列举的附加于流刑的杖刑数量,都将按照上文所列举的折算方法自动减轻。

② 流刑,除了少数例外,是指将犯罪人从其家乡省份流放出去,而且一般不会流放到中国境外。

③ "立决"这一术语并不意味着当场行刑,而是指在每年的秋审程序中,该犯罪人的刑罚没有资格获得减等或收赎。参见[美]梅耶尔 1984:2—5。

以上并不是清代所颁布或使用的完整的刑罚清单。比如在五刑体系之外,凌迟处死等更加严酷的死刑变体会被分配给一些穷凶极恶的犯罪。对于这些死刑变体的详细信息,可以参阅卜正民、巩涛和布鲁的《杀千刀》一书(Brook,Bourgon,and Blue 2008:特别是第 55—61、85—87 页)。而上面所列出的刑罚的更多细节,可以参阅布迪和莫里斯的《中华帝国的法律》一书(Bodde and Morris 1967:76—98)。

当法律条款提到加重刑罚时,此处的加刑意味着增加一个小层级的刑等。因此,加刑一等会将笞三十的刑罚提高到笞四十,而加刑二等会将徒两年半、杖九十的刑罚提高到流两千里、杖一百([美]布迪和莫里斯 1967:101)。而减刑则要复杂一些。如果最初的刑罚是笞刑、杖刑或徒刑中的一种,减刑就意味着减轻一个小层级的刑等。但是,如果最初的刑罚是流刑或死刑中的一种,减刑则意味着减到下一个刑种当中的最高小层级。因此,如果最初的判决是斩刑或绞刑,刑罚将会降至流三千里、杖一百;而流两千五百里、杖一百的刑罚将会降至徒三年、杖一百(详见《读例存疑》:36条)。

索　引
（按汉语拼音排序）

参考文献

中　文

史料类

巴县档案,四川省档案馆藏。[引用时注明档案编号]

北京地方法院,北京市档案馆藏。[引用时注明档案编号]

《北京审判制度研究档案资料选编》,北京市档案馆1999年版。

《大清民律草案》(1911),收入《法律草案汇编》,台北成文出版社1973年版。[引用时注明法条编号]

《大清新刑律》(1911),上海,版本不详。[引用时注明法条编号]

《大清刑律总则草案》(1907),沈家本辑,法律馆。[引用时注明法条编号]

《大清刑事诉讼律草案》(1910),沈家本辑,版本不详。[引用时注明法条编号]

《大清高宗纯(乾隆)皇帝实录》第11册第559卷,台北华文书局1970年版。

傅秉常、周定宇编:《中华民国六法理由判解汇编》卷二,台北新陆书

店 1964 年版。［引用时注明法条编号］

《改订刑法第二次修正案》(1919)，收入《法律草案汇编》，台北成文出版社 1973 年版。［引用时注明法条编号］

郭卫：《刑法学各论》，法学编译社 1946 年版。

郭卫编：《大理院解释例全文》，上海法学编译社 1931 年版。［引用时注明裁判编号］

郭卫编：《大理院判决例全书》，台北成文出版社 1972 年版。

郭卫编：《司法院解释例全文》，上海法学编译社 1946 年版。［引用时注明案件编号］

郭卫编：《最高法院判例汇编》(1929—1937)，上海法学编译社。

黄源盛编：《大理院刑事判决全文汇编》，未出版，台湾政治大学法律研究中心。

《牧令书》(1948)，版本不详。

《钦定大清现行刑律案语》(1910)，沈家本辑，收入《续修四库全书》，上海古籍出版社 1995 年版。

四川高等法院，重庆市档案馆藏。［引用时注明档案编号］

司法公报(1939—1938)。［引用时注明年份、发行号数和页码］

《唐律疏议》，台湾商务印书馆 1996 年第 2 版。

魏若虚编：《刑部驳案汇要》(1789)，版本不详。

吴翊如点校：《宋刑统》，中华书局 1984 年版。

《刑案汇览》，图书集成局 1986 年版。

刑部现审案件，中国第一历史档案馆藏。［引用时注明机构和档案编号］

《刑法第二次修正案》(1918)，收入《法律草案汇编》，台北成文出版社 1973 年版。

薛允升：《读例存疑》（五卷），黄静嘉点校，台北成文出版社 1970 年版。［引用时注明法条编号］

薛允升：《唐明律合编》，法律出版社 1998 年版。

《修正刑法草案》(1915)，收入《法律草案汇编》，台北成文出版社
1973 年版。

《修正刑律条议》，《北京审判制度研究档案资料选编：清代部分》，
北京市档案馆，1999 年。

姚思仁：《大明律附例注解》，北京大学出版社 1993 年版。

张虚白辑：《最高法院判例汇编》，上海法政学社出版(1929—1933)。

郑继芳订：《大明律集解附例》(1908)，扬州古籍书店 1989 年版。

《中华民国暂行新刑律》(1912)。转引自杨鸿烈《中国法律发达
史》，台北商务印书馆 1988 年版。[引用时注明法条编号]

《中华民国刑法判解释义全书》，台北新陆书局 1972 年版。

论文、论著类

黄源盛：《帝制中国最后一部传统刑法典——兼论晚清刑事法近代
化的过渡》，收于《甘添贵教授六秩祝寿论文集：刑事法学之理想与探
索》，学林出版社 2002 年版。

黄源盛：《民初法律变迁与裁判(1912—1928)》，政治大学出版社
2000 年版。

黄源盛：《沈家本法律思想与晚清刑律变迁》，台湾政治大学博士论
文，1991 年。

江庆柏：《清代人物生卒年表》，人民文学出版社 2005 年版。

景风华：《少年儿童不法行为处遇：清代以来的理念与实践》，中国人
民大学博士论文，2016 年。

李文治：《明清时代的农业资本主义萌芽问题》，中国社会科学出版
社 1983 年版。

罗竹风主编：《汉语大辞典》，香港商务印书馆 2010 年版。

平平：《论过失犯》，《法律评论》35.9:1—3,1930 年。

[日]诸桥辙次：《大汉和辞典》，台北蓝灯文化事业股份有限公司
1992 年版。

沈家本：《寄簃文存》，台湾商务印书馆 1976 年版。

王凤生：《宋州从政录：归德府一州七县水道图》(1826)，版本不详。

王觐：《预谋杀人，果应处唯一的死刑乎》，《法律评论》11.5：1—6，1933 年。

谢扶民：《中华民国立法史》(1948)，收入《民国丛书》，上海书店出版社 1996 年版。

徐朝阳：《中国刑法溯源》，上海商务印书馆 1932 年版。

张伟仁：《中国法制史书目》，台湾"中研院"史语所 1976 年版。

赵琛编：《刑法总则》，上海商务印书馆 1944 年版。

郑秦：《清代司法审判制度研究》，湖南教育出版社 1988 年版。

《中国人名大辞典》，台北商务印书馆 1990 年版。

《中华民国史法律志》，台北"国史馆"。

朱勇：《中国法制史》，法律出版社 1999 年版。

英　文

Alabaster, Ernest(阿拉巴德). [1899] 1968. *Notes and Commentaries on Chinese Criminal Law and Cognate Topics, with Special Relation to Ruling Cases.* 台北成文出版社.

Alford, William P(安守廉). 1984. "Of Arsenic and Old Laws: Looking Anew at Criminal Justice in Late Imperial China." *California Law Review* 72.6: 1180-1256.

Allee, Mark A. 1994.*Law and Local Society in Late Imperial China: Northern Taiwan in the Nineteenth Century.* Stanford, CA: Stanford University Press.

Asen, Daniel. 2016. *Death in Beijing: Murder and Forensic Science in Republican China.* Cambridge: Cambridge University Press.

Barrows, S. J. 1901. *Penal Codes of France, Germany, Belgium and Japan.* Washington, D.C.: Government Printing Office.

Bernhardt, Kathryn(白凯). 1996. "A Ming-Qing Transition in Chinese Women's History? The Perspective from Law." In *Remapping China: Fissures in Historical Terrain,* edited by Gail Hershatter, Emily Honig, Jonathan N. Lipman, and Randall Stross. Stanford, CA: Stanford University Press.

———. 1999. *Women and Property in China,* 960–1949(《中国的妇女与财产》). Stanford, CA: Stanford University Press.

Bernhardt, Kathryn, and Philip C. C. Huang(白凯和黄宗智), eds. 1994. *Civil Law in Qing and Republican China*. Stanford, CA: Stanford University Press.

Binder, Guyora. 2004. "The Origins of American Felony Murder Rules." *Stanford Law Review* 57.1(October): 59–208.

Blomsma, Jeroen. 2012. *Mens Rea and Defences in European Criminal Law*. Cambridge: School of Human Rights Research.

Blomsma, Jeroen, and David Roef. 2015. "Forms and Aspects of Mens Rea." In *Comparative Concepts of Criminal Law*, edited by Johannes Keiler and David Roef. Cambridge: Intersentia.

Bodde Derk, and Clarence Morris. 1967. *Law in Imperial China: Exemplified by 190 Ch'ing Dynasty Cases*. Philadelphia: University of Pennsylvania Press. ([美]布迪和莫里斯:《中华帝国的法律》,朱勇译,江苏人民出版社2003年版)

Bohlander, Michael. 2009. *Principles of German Criminal Law*. Portland, OR: Hart Publishing.

Bréard, Andrea. n.d. "Meng Sen and Shen Linyi(孟森与沈林一):Two Actors, Two Careers in the History of Modern Statistics in China." Unpublished manuscript.

Brenner, Robert, and Christopher Isett. 2002. "England's Divergence from China's Yangzi Delta: Property Relations, Microeconomics, and Patterns of Development." *Journal of Asian Studies* 61.2(May): 609–662.

Brook, Timothy, Jérôme Bourgon, and Gregory Blue. 2008. *Death by a Thousand Cuts*. Cambridge, MA: Harvard University Press. （［加］卜正民、［法］巩涛、［加］布鲁：《杀千刀：中西视野下的凌迟处死》，张光润等译，商务印书馆 2013 年版）

Bünger, Karl（宾格尔）. 1950. "The Punishment of Lunatics and Negligents According to Classical Chinese Law." *Studia Serica* 9: 1-16.

Buoye, Thomas（步德茂）. 1995. "Suddenly Murderous Intent Arose: Bureaucratization and Benevolence in Eighteenth-Century Qing Homicide Reports." *Late Imperial China* 16.2(December): 62-97.

Buxbaum, David C（包恒）. 1971. "Some Aspects of Civil Procedure and Practice at the Trial Level in Tanshui and Hsinchu from 1789 to 1895." *Journal of Asian Studies* 30.2(February): 255-279.

Chang, Yao-tseng. 1926. "The Present Conditions of the Judiciary in China and Its Future." *Chinese Social and Political Science Review* 10.1: 163-182.

Ch'en, Paul Heng-chao（陈衡昭）. 1979. *Chinese Legal Tradition under the Mongols: The Code of 1291 as Reconstructed*（《蒙古统治下的中国法律传统》）. Princeton, NJ: Princeton University Press.

Cheng, F. T（郑天锡）. 1923. *The Chinese Supreme Court Decisions (Relating to General Principles of Civil Law, Obligations, and Commercial Law)*. 北京：治外法权委员会.

Cheng, Joseph Kai Huan.1977. "Chinese Law in Transition." Ph.D. dissertation, Brown University.

China Law Review. 上海：东吴大学法学院.

The Chinese Criminal Code and Special Criminal and Administrative Laws. 1935. Translated and annotated by the Legal Department of the Shanghai Municipal Council. 上海商务印书馆. ［引用时注明法条编号］

Chow, Tse-tsung（周策纵）. 1960. *The May Fourth Movement: Intellectual Revolution in Modern China*. Cambridge, MA: Harvard University Press.

Ch'ü, T'ung-tsu. [1961] 1980. *Law and Society in Traditional China.* Westport, CT: Hyperion Press.(瞿同祖:《中国法律与中国社会》,中华书局 2003 年版)

———. 1962. *Local Government in China Under the Ch'ing.* Stanford, CA: Stanford University Press.(瞿同祖:《清代地方政府》,法律出版社 2004 年版)

The Civil Code of the Republic of China(《中华民国民法》). 1930. Books I–III. Translated by Ching-lin Hsia et al. Shanghai: Kelly and Walsh. [引用时注明法条编号]

The Code of Criminal Procedure of the Republic of China and the Court Agreement Relating to the Chinese Courts in the International Settlement of Shanghai, China. 1936. Bilingual edition. Translated by the Legal Department of the Shanghai Municipal Council.上海商务印书馆. [引用时注明法条编号]

The Code of Criminal Procedure of the Republic of China(《中华民国刑事诉讼法》), *Bilingual Edition.* 1960. Translated by Lawrence J. Fuller and Henry A. Fisher, Jr. Taipei: Sino-American Legal Series.

Cohen, Paul(柯文). 1988. "The Post-Mao Reforms in Historical Perspective." *Journal of Asian Studies* 47.3(August):518–540.

———. 2003. *China Unbound: Evolving Perspectives on the Chinese Past.* London: Routledge.

Cong, Xiaoping(丛小平). 2013. "From 'Freedom of Marriage' to 'Self-Determined Marriage': Recasting Marriage in the Shaan-Gan-Ning Border Region of the 1940s." *Twentieth-Century China* 38.3(October):184–209.

———. 2014. "'Ma Xiwu's(马锡五)Way of Judging': Villages, the Masses and Legal Construction in Revolutionary China in the 1940s." *China Journal* 72:29–52.

Conner, Alison W(康雅信). 1979. "The Law of Evidence during the Ch'ing Dynasty." Ph.D. dissertation, Cornell University.

The Criminal Code of Japan(《日本刑法》). 1907. Translated by J. E. De Becker. Yokohama: Kelly and Walsh. [引用时注明法条编号]

The Criminal Code of the Republic of China(《中华民国刑法》). 1928. Translated by S. L. Burdett in collaboration with Judge Lone Liang. 上海临时法院印行. [引用时注明法条编号]

The Criminal Code of the Republic of China(《中华民国刑法》), *Bilingual Edition*. 1960. Translated by Lawrence J. Fuller and Henry A. Fisher, Jr. Taipei: Sino-American Legal Series. [引用时注明法条编号]

Dikötter, Frank. 2002. *Crime, Punishment and the Prison in Modern China.* New York: Columbia University Press. (［荷］冯客：《近代中国的犯罪、惩罚与监狱》,徐有威译,江苏人民出版社 2008 年版)

Dong, Madeleine Yue(董玥). 1995. "Communities and Communication: A Study of the Case of Yang Naiwu, 1873－1877." *Late Imperial China* 16.1(June):79－119.

*The Draft Code of Criminal Procedure of China, (*1910*).* 1919. Translated by F. T. Cheng(郑天锡). 北京:法部. [引用时注明法条编号]

Dutton, Michael R. 1992. *Policing and Punishment in China: From Patriarchy to "the People."* Cambridge: Cambridge University Press. (［美］迈克尔·达顿:《中国的规制与惩罚:从父权本位到人民本位》,清华大学出版社 2009 年版)

Dykstra, Maura(戴史翠). 2014. "Complicated Matters: Commercial Dispute Resolution in Qing Chongqing from 1750 to 1911." Ph.D. dissertation, University of California, Los Angeles.

Eastman, Lloyd(易劳逸). 1974. *The Abortive Revolution*: *China under Nationalist Rule,* 1927－1937. Cambridge, MA: Harvard University Press.

Ebke, Werner F., and Matthew W. Finkin, eds. 1996. *Introduction to German Law.* The Hague: Kluwer Law International.

Feng, H. Y(冯汉骥), and J. K. Shryock. 1935. "The Black Magic in

China Known as *Ku.*" *Journal of the American Oriental Society* 55: 1–30.

Feng, Yu-lan(冯友兰). 1953. *A History of Chinese Philosophy, Volume II* (《中国哲学史》). Translated by Derk Bodde. Princeton, NJ: Princeton University Press.

Fletcher, George P(弗莱彻). 1971. "The Theory of Criminal Negligence: A Comparative Analysis." *University of Pennsylvania Law Review* 119.3 (January): 401–438.

Garner, Bryan A., ed. 1999. *Black's Law Dictionary*. 7th ed. St. Paul, MN: West Publishing.

Geertz, Clifford(格尔茨). 1983. *Local Knowledge: Further Essays in Interpretive Anthropology*(《地方性知识:阐释人类学论文集》). New York: Basic Books.

The German Civil Code(《德国民法》), *Translated and Annotated, with an Historical Introduction and Appendices, by Chung Hui Wang*. 1907. London: Stevens and Sons. [引用时注明法条编号]

The Great Qing Code(《读例存疑》). 1994. Translated by William C. Jones(钟威廉), with the assistance of Tianquan Cheng and Yongling Jiang. Oxford: Clarendon.

Hall, Jerome. 1937. "Nulla Poena Sine Lege." *Yale Law Journal* 47.2(December): 165–193.

——. 1943a. "Interrelations of Criminal Law and Torts: I." *Columbia Law Review* 43.6(September): 753–779.

——. 1943b. "Interrelations of Criminal Law and Torts: II." *Columbia Law Review* 43.7(November-December): 967–1001.

Henderson, John B. 1984. *The Development and Decline of Chinese Cosmology*. New York: Columbia University Press.

Hershatter, Gail(贺萧). 1997. *Dangerous Pleasures: Prostitution and Modernity in Twentieth-Century Shanghai*(《危险的愉悦:20 世纪上海的娼妓

问题与现代性》). Berkeley: University of California Press.

Hsu, Dau-lin（徐道邻）. 1970. "Crime and Cosmic Order." *Harvard Journal of Asian Studies* 30: 111–125.

Huang Liuhong（黄六鸿）. 1984. *A Complete Book Concerning Happiness and Benevolence: A Manual for Local Magistrates in 17th Century China*（《福惠全书》）. Edited and translated by Djang Chu（章楚）. Tucson: University of Arizona Press.

Huang, Philip C. C（黄宗智）. 1990. *The Peasant Family and Rural Development in the Yangzi Delta, 1350–1988*（《长江三角洲小农家庭与乡村发展》）. Stanford, CA: Stanford University Press.

———. 1995. "Rural Class Struggle in the Chinese Revolution: Representational and Objective Realities from the Land Reform to the Cultural Revolution."（《中国革命中的农村阶级斗争——从土改到文革时期的表达性现实与客观性现实》）*Modern China* 21.1（January）: 105–143.

———. 1996. *Civil Justice in China: Representation and Practice in the Qing*（《清代的法律、社会与文化：民法的表达与实践》）. Stanford, CA: Stanford University Press.

———. 2001. *Code, Custom, and Legal Practice in China: The Qing and the Republic Compared*（《法典、习俗与司法实践：清代与民国的比较》）. Stanford, CA: Stanford University Press.

———. 2010. *Chinese Civil Justice, Past and Present*（《过去和现在：中国民事法律实践的探索》）. Lanham, MD: Rowman and Littlefield.

———. 2016. "The Past and Present of the Chinese Civil and Criminal Justice Systems: The Sinitic Legal Tradition from a Global Perspective."（《中国古今的民、刑事正义体系：全球视野下的中华法系》）*Modern China* 42.3（May）: 227–272.

Hucker, Charles O（贺凯）. 1985. *A Dictionary of Official Titles in Imperial China.* 台北南天书局.

Hulsewé, A. F. P（何四维）. 1955. *The Remnants of Han Law*. Leiden: E. J. Brill.

Hummel, Arthur W（恒慕义）.［1944］1991. *Eminent Chinese of the Ch'ing Period*(《清代名人传略》). 台北南天书局.

Imperial German Criminal Code(《德意志德国刑法》). 1917. Translated by R.H. Gage and A. J. Waters. Johannesburg: W.E. Hortor. Cited by article number.

Jiang, Yonglin(姜永琳). 2011. The Mandate of Heaven and the Great Ming Code. Seattle: University of Washington Press.

Jiang, Zhengyang（蒋正阳）. 2014. "The System of 'Turning Oneself In' in Qing and Contemporary China: Some Reflections on Legal Modernism."(《清代与现代自首制度的比较研究——对法律现代主义的几点反思》)In *The History and Theory of Legal Practice in China: Toward a Historical-Social Jurisprudence*(《历史社会法学：中国的实践法史与法理》), edited by Philip C. C. Huang and Kathryn Bernhardt. Leiden: Brill.

Kadish, Sanford H., and Stephen J. Schulhofer. 1989. *Criminal Law and Its Processes: Cases and Materials*. 5th ed. Boston: Little, Brown.

Kao, Karl S(高辛勇). 1989. "Bao and Baoying: Narrative Causality and External Motivations in Chinese Fiction." *Chinese Literature: Essays, Articles, Reviews* 11(December): 112−138.

Karasawa, Yasuhiko(唐泽靖彦). 2007. "From Oral Testimony to Written Records in Qing Legal Cases." In *Thinking with Cases: Specialist Knowledge in Chinese Cultural History*, edited by Charlotte Furth, Judith T. Zeitlin, and Ping-chen Hsiung. Honolulu: University of Hawai'i Press.

Karlgren, Bernhard(高本汉). 1950. *The Book of Documents*. Stockholm: Museum of Far Eastern Antiquities.

Katz, Paul R(康豹). 2009. *Divine Justice: Religion and the Development of Chinese Legal Culture*. London: Routledge.

Kiely, Jan（杨凯里）. 2014. *The Compelling Ideal: Thought Reform and the Prison in China,* 1901–1956. New Haven, CT: Yale University Press.

Kuhn, Philip. 1990. *Soulstealers: The Chinese Sorcery Scare of* 1768. Cambridge, MA: Harvard University Press.（孔飞力：《叫魂：1768 年中国妖术大恐慌》，上海三联书店 2014 年版）

Kuo, Margaret（郭贞娣）. 2012. *Intolerable Cruelty: Marriage, Law, and Society in Early Twentieth-Century China.* Lanham, MD: Rowman and Littlefield.

LaFave, Wayne R. 2000. *Criminal Law.* 3rd ed. St. Paul, MN: West Publishing.

LaFave, Wayne R, and Austin W. Scott, Jr. 1986. *Criminal Law.* 2nd ed. St. Paul, MN: West Publishing.

Lai, Junnan（赖骏楠）. 2014. "Reconstructing Max Weber's 'Sociology of Law': The Power of Idealism and the Limits of Objectivity." In *The History and Theory of Legal Practice in China: Toward a Historical-Social Jurisprudence,* edited by Philip C. C. Huang and Kathryn Bernhardt. Leiden: E. J. Brill.

Lean, Eugenia（林郁沁）. 2007. *Public Passions: The Trial of Shi Jianqiao and the Rise of Popular Sympathy in Republican China.* Berkeley: University of California Press.（《施剑翘复仇案：民国时期公众同情的兴起与影响》，江苏人民出版社 2011 年版）

MacCormack, Geoffrey（马若斐）. 1988. "The Tang and Ming Law of Homicide." *Revue Internationale des Droits de l' Antiquité* 35: 27–78.

———. 1990. *Traditional Chinese Penal Law.* Edinburgh: Edinburgh University Press.

———. 1996. *The Spirit of Traditional Chinese Law.* Athens, GA: University of Georgia Press.

———. 2011. "Xisha [Killing in a Game] and Negligence in Traditional Chinese Law." *Journal of Comparative Law* 6.2: 178–202.

Mann, Kenneth. 1992. "Punitive Civil Sanctions: The Middleground between Criminal and Civil Law." *Yale Law Journal*. 100.8(June): 1795-1873.

McKnight, Brian E(马伯良). 1981. *The Quality of Mercy: Amnesties and Traditional Chinese Justice*. Honolulu: University of Hawai'i Press.

——, trans. 1982. *The Washing Away of Wrongs: Forensic Medicine in Thirteenth-Century China*. 台北南天书局。

Meijer, Marinus(梅耶尔). 1967. *The Introduction of Modern Criminal Law in China*. 2nd ed. Hong Kong: Lung Men Bookstore.

——. 1978. "The Concept of Ku-sha in the Ch'ing Code." In *Il dirrito in Cina*, edited by L. Lanciotti. Florence: Olschki.

——. 1980. "An Aspect of Retribution in Chinese Law." *T'oung Pao* 66: 4-5.

——. 1984. "The Autumn Assizes in Ch'ing Law." *T'oung Pao* 70: 1-17.

——. 1990. "Self-Defense." In *Thought and Law in Qin and Han China: Studies Dedicated to Anthony Hulsewé on the Occasion of His Eightieth Birthday*, edited by W. L. Idema and E. Zürcher. New York: E.J. Brill.

——. 1991. *Murder and Adultery in Late Imperial China: A Study of Law and Morality*. Leiden: E.J. Brill.

Metzger, Thomas A. 1973. *The Internal Order of the Ch'ing Bureaucracy: Legal, Normative, and Communication Aspects*. Cambridge, MA: Harvard University Press.

Mitter, Rana. 2011. "1911: The Unanchored Chinese Revolution." *China Quarterly* 208: 1009-1020.

Moreland, Roy. 1952. *The Law of Homicide*. Indianapolis: Bobbs-Merrill.

Mueller, Gerhard O. W. 1955. "Mens Rea and the Penal Law without It: A Study of the German Penal Law in Comparison to the Anglo-American Penal Law." M.A. thesis, Columbia University. Buffalo, NY: Hein's Legal Theses and Dissertations.

Ng, Vivien(伍慧英). 1990. *Madness in Late Imperial China: From Illness to Deviance. Norman: University of Oklahoma Press.*

Ocko, Jonathan(欧中坦). 1988. "I'll Take It All the Way to Beijing: Capital Appeals in the Qing."(《千方百计上京城：清朝的京控》) *Journal of Asian Studies* 47.2(May)：291–315.

The Provisional Criminal Code of the Republic of China(《中华民国暂行新刑律》). [1912]1915. Translated by T. T. Yuen and Tachuen S. K. Loh. Paris: Impr. de Vaugirard.

The Provisional Criminal Code of the Republic of China(《中华民国暂行新刑律》), *embodying presidential mandates, the provisional criminal code amendment act, the revised draft of the law on offences relating to morphine, revised regulations concerning military criminal cases, regulations governing naval criminal cases.* 1923. 北京：治外法权委员会. [引用时注明法条编号]

Reed, Bradly (白德瑞). 2000. *Talons and Teeth: County Clerks and Runners in the Qing Dynasty*(《爪牙：清代县衙之书吏及差役》). Stanford, CA: Stanford University Press.

Report of the Commission on Extraterritoriality in China. 1926. Washington, D.C.: Government Printing Office.

Rickett, W. Allyn. 1971. "Voluntary Surrender and Confession in Chinese Law: The Problem of Continuity." *Journal of Asian Studies* 30.4(August)：797–814.

Robinson, Paul H. 1980. "A Brief History of Distinctions in Criminal Culpability." *Hastings Law Journal* 31.4(March)：815–853.

Sayre, Francis Bowes. 1932. "Mens rea." *Harvard Law Review* 45.6 (April)：974–1026.

——. 1933. "Public Welfare Offenses."*Columbia Law Review* 33.1(January)：55–88.

Shiga, Shūzō(滋贺秀三). 1975. "Criminal Procedure in the Ch'ing

Dynasty-With Emphasis on Its Administrative Character and Some Allusions to Its Historical Antecedents(II) ." *Memoirs of the Research Department of the Tōyō Bunko* 33: 115−138.

Singer, Richard G. 1989. "The Resurgence of*Mens Rea*: The Rise and Fall of Strict Criminal Liability." *Boston College Law Review* 30.2: 337−408.

Sommer, Matthew(苏成捷). 2000. *Sex, Law, and Society in Late Imperial China*(《中华帝国晚期的性、法律与社会》). Stanford, CA: Stanford University Press.

——. 2002. "Dangerous Males, Vulnerable Males, and Polluted Males: The Regulation of Masculinity in Qing Dynasty Law." In*Chinese Femininities, Chinese Masculinities: A Reader*, edited by Susan Brownell and Jeffrey N. Wasserstrom. Berkeley: University. of California Press.

The Statutory Criminal Law of Germany: With Comments: A Translation of the German Criminal Code of 1871 *with Amendments, Together with the Most Important Supplementary Penal Statutes and with the Law Nos.* 1 *and* 11 *and Proclamation No.* 3 *of the Control Council for Germany.* 1946. Washington, D.C.: Library of Congress.

Staunton, George T(斯当东). [1810]1966. *Ta Tsing Leu Lee*(《大清律例》); *Being the Fundamental Laws, and a Selection from the Supplementary Statutes, of the Penal Code of China.* 台北成文出版社.

Strand, David. 1989.*Rickshaw Beijing: City, People, and Politics in the* 1920*s.* Berkeley: University of California Press.

Strauss, Julia C. 1998.*Strong Institutions in Weak Polities: State Building in Republican China,* 1927−1940. New York: Oxford University Press.

Takayanagi, Kenzō(高柳贤三). 1963. "A Century of Innovation: The Development of Japanese Law, 1868−1961." In *Law in Japan: The Legal Order in a Changing Society*, edited by Arthur Taylor von Mehren. Cambridge, MA: Harvard University Press.

The T'ang Code（《唐律疏议》），*Volume 1: General Principles.* 1979. Translated with an Introduction by Wallace Johnson（庄为斯）. Princeton: Princeton University Press.

The T'ang Code, Volume 2: Specific Articles. 1997. Translated with an Introduction by Wallace Johnson. Princeton: Princeton University Press.

Taylor, Greg. 2004. "Concepts of Intention in German Criminal Law." *Oxford Journal of Legal Studies* 24.1: 99–127.

Tran, Lisa（陈美凤）. 2009. "Sex, Law, and Equality in Republican China: The Debate over the Adultery Law." *Modern China* 35.2: 191–223.

——. 2015. *Concubines in Court: Marriage and Monogamy in Twentieth-Century China.* Lanham, MD: Rowman and Littlefield.

Vogel, Hans Ulrich. 1987. "Chinese Central Monetary Policy, 1644–1800." *Late Imperial China* 8.1（December）: 1–52.

Wallacher, Benjamin E. 1983. "The Chinese Offense of Homicide through Horseplay." *Hanxue yanjiu* 1.1: 259–316.

Weber, Max（韦伯）. 1978. *Economy and Society: An Outline of Interpretive Sociology.* Edited by Guenther Roth and Claus Wittich. Berkeley: University of California Press.

Werro, Franz, and Vernon Valentine Palmer. 2004. *The Boundaries of Strict Liability in European Tort Law.* Durham, NC: Carolina Academic Press.

Westen, Peter. 2013. "The Significance of Transferred Intent." *Criminal Law and Philosophy* 7: 321–350.

Wigmore, John H. 1894. "Responsibility for Tortious Acts: Its History." *Harvard Law Review* 7.6: 315–337.

Williams, Glanville, 1961. *Criminal Law: The General Part.* London: Stevens and Sons.

Wu, John C. H（吴经熊）. 1931. "Two Forms of Tortious Liability in the Modern Chinese Law." *China Law Review* 4.8: 321–326.

Xu, Xiaoqun(徐小群). 1997. "The Fate of Judicial Independence in Republican China, 1912—1937." *China Quarterly* 149: 1—28.

———. 2001. *Chinese Professionals and the Republican State: The Rise of Professional Associations in Shanghai,* 1912—1937. Cambridge: Cambridge University Press.

———. 2007. "The Rule of Law without Due Process: Punishing Robbers and Bandits in Early Twentieth-Century China." *Modern China* 33.2(April): 230—257.

———. 2008. *Trial of Modernity: Judicial Reform in Early Twentieth-Century China,* 1901—1937. Stanford, CA: Stanford University Press.

Yang, Lien-sheng(杨联陞). 1957. "The Concept of Pao as a Basis for Social Relations in China." In *Chinese Thought and Institutions,* edited by John K. Fairbank. Chicago: University of Chicago Press.

Yates, Robin D. S(叶山). 1987. "Social Status in the Ch'in: Evidence from the Yun-mung Legal Documents. Part One: Commoners." *Harvard Journal of Asiatic Studies* 47: 197—237.

Yeung, Alison. 1997. "Female Criminality in Qing China: Adulteress-Murderesses in Legal and Popular Culture, 1644—1912." Ph.D. dissertation, University of California, Los Angeles.

Youd, Daniel. 2007. "Beyond *Bao:* Moral Ambiguity and the Law in Late Imperial China." In *Writing and the Law in Late Imperial China*: *Crime, Conflict, and Judgment,* edited by Robert E. Hegel and Katherine Carlitz. Seattle: University of Washington Press.

Young, Ernest. 1977. *The Presidency of Yuan Shih-k'ai*(袁世凯): *Liberalism and Dictatorship in Early Republican China.* Ann Arbor: University of Michigan Press.

Yung Kiang.1925. "The Development of Modern Legal Institutions and Judicial Reform in China." *China Law Review* 2.3: 117—134.

Zang, Dongsheng(臧东升). 2014a. "Civil Procedure and Anti-Modern Myths in the 'Harmonious Society': China and Pre-war Japan Compared." In *Legal Innovations in Asia: Judicial Lawmaking and the Influence of Comparative Law*, edited by John O. Haley and Toshiko Takenaka. Northampton, MA: Edward Elgar.

——.2014b. "The West in the East: Max Weber's Nightmare in 'Post-Modern' China." *Max Weber Studies* 14.1: 33−53.

Zheng Qin(郑秦). 1995. "Pursuing Perfection: Formation of the Qing Code." *Modern China* 21.3(July): 310−344.

译后记

    与胡宗绮教授联络并拜读其著作是在 2016 年夏。彼时我刚完成博士学位论文答辩，黄宗智教授建议我尝试接手这部书稿的翻译工作。早听黄老师提起过这位大洋彼岸的师姐，知道其一直致力于中国传统杀人罪的研究并在该领域卓有建树。我亦是法律史学出身，素来关注中国古代刑法，对历代律典及判例档案也有所涉猎，于是欣然应允。

    然而毕业以后，我来到远离求学之地、亦远离故土的成都，成为四川大学的一名"小青椒"，生活和工作都不大适应，再加上"非升即走"的压力，心情几起几落，使得翻译进展极为缓慢。再加上我总是高估自己的能力，即便在 deadline 临近之际奋发图强，每日的实际成效仍不及原计划的一半，以致立下的各种 flag 逐一崩塌。此书最后得以完成并付梓，全赖各方的包容和帮助。

    首先要感谢黄宗智教授一如既往的支持鼓励与大力促成，使我与作者胡宗绮教授因此书结缘，又因此书与广西师范大学出版社结缘。

在此书的翻译过程中,胡宗绮教授不厌其烦地帮我核对档案及古籍原文的字词表述;广西师范大学出版社的刘隆进编辑、孟建升编辑对文稿提出了许多细致的修订意见,没有他们以及出版社其他工作人员自始至终的编辑策划和协作统筹,这本书就不可能问世。

本书的校对者、沈阳师范大学法学院张田田副教授在本书的翻译过程中同样居功至伟。作为一名律学专家,田田老师以其对《大清律例》的稔熟以及常年编校专业文章的毒辣眼光,帮我避免了 N 个贻笑大方的滑稽错误。

还要感谢我的小师妹赵珊,当我的翻译进度停滞不前时,她总是一针见血地指出我的懒癌本质,并对我各种不切实际的幻想予以无情揭露,但是毒舌过后,她又兢兢业业地帮我核实书中译名的诸多细节。

翻译不是一项轻松的工作。我曾对自己的中文功底颇为自负,也同大多数读者一样,吐槽过当下学术书籍中的翻译体。然而待到自己捉笔之时,方才发现步履维艰。好不容易译出的段落,回头再阅时,总能发现一大串佶屈聱牙的长难句,不禁颇为沮丧。翻译的"信、达、雅"原则,也由此三失其二,唯期能够忠实于原著,将胡宗绮教授行文表意中的精当之处准确完整地传达给中文读者。

原著的第一章和第五章,此前在学界已有中文版单篇流传,分别为:"过失杀人:划分犯罪意图的谱系",李寒水译,邓建鹏校,载黄宗智、尤陈俊主编《从诉讼档案出发：中国的法律、社会与文化》，法律出版社 2000 年版，第 164—199 页；"清代法的'长臂'——清代杀人罪规范在民国法院中的影响"，朱琳译，陈灵海、方强校，载华东政法大学法律史研究中心编《法律史研究》（第 5 辑），法律出版社 2017 年版，第 350—376 页。我在翻译过程中曾部分参考了两篇文章的表述。

本书的引文体例沿用了原著中的美式标注法。即正文只标注作者、出版年份和页码，而具体的著作名称及出版社信息则需查阅文末的参考文献部分。例如正文第 7 页："在帝制晚期的法典中，这种'特殊主义'在清代的条例中可见一斑（［美］布迪和莫里斯 1967：29—38）"，其具体出处为参考文献中的：Bodde Derk, and Clarence Morris. 1967. *Law in Imperial China: Exemplified by 190 Ch' ing Dynasty Cases*. Philadelphia: University of Pennsylvania Press。

杀人罪在任何时间和空间，都是最为严重的罪行之一，也是最需慎重对待的罪行之一。胡宗绮教授以一个长时段视角，观察"人命关天"的理念之下，近世中国的刑律典章是如何围绕"犯罪意图"这一核心来构建有关杀人罪的体系结构、量刑原则及其"现代化"转型的。这一创见必会对法律史界及刑法理论界有所启示。

最后需要指出的是，本书英文标题为 *A Question of Intent: Homicide Law and Criminal Justice in Qing and Republican China*，本应直译为《犯罪意图：近代中国的杀人罪与刑事正义》，然而受到一些错综复杂的不可抗力的影响，标题表述只得将研究对象由明确的杀人罪扩展为含蓄的刑事法律。因此给读者带来疑惑和困扰，我感到十分抱歉。

景风华

2019 年 7 月初稿

2020 年 7 月定稿